Dieter Kreutzkamp, Jahrgang 1946, hat auf ausgedehnten Weltreisen mit Auto, Motorrad, Fahrrad, Kanu, Schlittenhunden oder Pferden fast jeden Winkel dieser Erde kennen gelernt. Zusammen mit seiner Frau und später auch Tochter Bettina ist er auf ungewöhnlichen Pfaden gereist. Neben Namibia und den Ländern des Polarkreises hat es ihm der australische Kontinent besonders angetan. Dieter Kreutzkamp hält Dia-Vorträge über seine Reisen, schreibt in Zeitschriften und Reisemagazinen und hat bereits zahlreiche Reisebücher und Reiseführer veröffentlicht.

Weitere Titel von Dieter Kreutzkamp:

Am schönsten Ende der Welt – Neuseeland
Husky Trail
Mit dem Kanu durch Kanada
Traumzeit Australien
Yukon River
Spurensuche in Namibia

DIETER KREUTZKAMP

RUND UM DEN ROTEN KONTINENT

*Mit dem VW-Bulli
auf Australiens Highway One*

*Ein Buch der Partner
Goldmann und National Geographic Deutschland*

Sämtliche Fotos
stammen vom Autor Dieter Kreutzkamp.

SO SPANNEND WIE DIE WELT.

Dieses Werk erscheint in der Taschenbuchreihe
NATIONAL GEOGRAPHIC ADVENTURE PRESS
im Goldmann Verlag, München.

1. Auflage Oktober 2003, Originalausgabe
NATIONAL GEOGRAPHIC ADVENTURE PRESS
im Goldmann Verlag, München,
in der Verlagsgruppe Random House GmbH
Copyright © 2003 Dieter Kreutzkamp
Alle Rechte vorbehalten
Lektorat: Daniela Weise, München
Karte: Margret Prietzsch, Gröbenzell
Umschlaggestaltung: Atelier Seidel, Neuötting
Herstellung: Sebastian Strohmaier, München
Satz: DTP im Verlag
Druck und Bindung: Clausen & Bosse, Leck
ISBN 3-442-71213-0
Printed in Germany
www.goldmann-verlag.de

Das Papier wurde aus chlorfrei gebleichtem Zellstoff hergestellt.

Inhalt

Wo der Kookaburra lacht 11

Sydney: Sprungbrett ins Abenteuer 14

Pacific Highway: Von Reiseträumen und Albträumen 27

Port Macquarie: Im siebten Himmel für Koalas 41

Byron Bay: Im Surf-Dorado ist der Teufel los 54

Fraser Island: Schiffswracks auf der größten Sandinsel
der Welt 66

Whitsunday Islands: Segeltörn im Pazifik 82

Cairns: Bei der Schlange mit dem Overkill 93

Cape York: Das Abenteuer auf die Spitze treiben 104

Tagebuchnotizen: Von Dschungelpfaden
und der Meuterei auf der Bounty 115

Kurt: Ein Leben als Abenteurer in Queensland 125

Four X: Ein Pferd säuft Bier
und andere Merkwürdigkeiten 136

Outback: Die Uhr tickt anders in Camooweal 148

Borroloola: Die Typen vom Gulf of Carpentaria 159

Tagebuchnotizen: Kurioses im Daly Waters Pub 172

Top End: Springende Krokodile
und der brennende Himmel über Darwin 176

Bonrook: Die letzte Zuflucht für Wildpferde 188
Werner Sarny: Der Pionier von Katherine 194
Tagebuchnotizen: Unter dem weiten Himmel
Westaustraliens 200
Broome: Perle am Rand der Kimberleys 209
Wunder der Westküste 218
Perth: Die einsamste Hauptstadt der Welt 231
Tagebuchnotizen:
Delfine und Baumgiganten 240
Nullarbor: Auf der Straße ohne Knick 249
Begegnungen – das Salz in der Suppe des Reisens 259

Infos für Australien-Reisende 267

*Meiner Frau Juliana gewidmet,
die mich auf allen meinen Reisen
um die Welt begleitet*

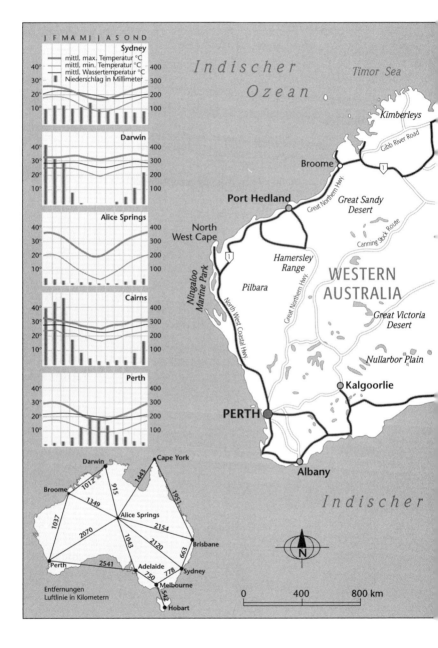

Wo der Kookaburra lacht

Der würzige Duft von roter Erde lag wie ein Parfum über Australien. Ein paar Tropfen benetzten das Land. Mir war, als würde sich mit dem ersten Regen die Erde auftun, überall spürte ich Aktivität. Der »Ameisenhighway« zwischen Campingtisch und Auto hatte sich von zwei auf vier Spuren erweitert. Wie schwerelos hopsten drei Kängurus durch das im Gegenlicht des späten Nachmittags rotgolden wogende Grasland.

Die hohen Halme mussten die Kängurus am Bauch kitzeln – allein die Vorstellung machte mich schmunzeln. In diesem Moment begann der Kookaburra, der »lachende Hans«, sein irres Gelächter. Ein paar Regentropfen perlten über mein Gesicht. Der Regen war warm, und doch kühlte er nach der Hitze des Tages. Wind quirlte die Luft und wirbelte den Geruch des Outback auf. Und der Kookaburra lachte. Wie der Lockruf Australiens, dachte ich. Ein anderer Kookaburra antwortete, dann ein zweiter. Die Sonne blinzelte im Westen durch den Spalt am Rande der Gewitterfront. Donner grollte. Doch all das wurde von dem gurrenden, keckernden, ansteckenden Lärmen der Vögel übertönt.

Die Bilder und Stimmen dieses Abends gingen mir, auch lange nach der Rückkehr von Australien, nicht aus dem Kopf. Sie tauchten auf im Stau am Kamener Kreuz und beim Stop-and-go auf der Autobahn zwischen Frankfurt und Kassel. Ich konnte mich nicht dem Ruf des Kookaburra entziehen. Doch warum sollte ich auch?

Je öfter ich darüber nachdachte, umso klarer zeichnete sich die Idee einer neuen Australienreise ab. Dabei kann dieses Land so abweisend sein! Es ist der flachste, der trockenste, der menschenärmste Kontinent, von der Antarktis einmal abgesehen. Andererseits locken mich hier gerade die Stille und die Leere, und dass auf den schnurgeraden Highways das Land wie der Bilderbogen eines Cinemascope-Films vorbeifliegt. Dann wieder ist da dieser bloody Staub, die Hitze, diese elenden Fliegen, von denen es im Outback mehr zu geben scheint als an irgendeinem anderen Platz der Welt. Andererseits locken kitschig schöne Pazifikinseln mit palmengesäumten Stränden und wilde Delphine, die ins knietiefe Uferwasser schwimmen, um den Menschen Fischhappen aus der Hand zu naschen.

Die Gesichter Australiens waren mir von früheren Reisen her vertraut. Dieser Kontinent beherbergt nur eine Nation, und die wurde zum Glück toleranter, seitdem die auf Erhalt der britischen Dominanz ausgerichtete Politik weitgehend überwunden ist. Ein weites, ressourcenreiches Land. Gleichwohl wies es im August 2001 den von Kapitän Arne Rinnan und der Mannschaft seines norwegischen Containerschiffes Tampa geretteten 433 Flüchtlingen die Tür. Die Welt schüttelte nur den Kopf.

Wobei die Aussies, wie sie sich selbst gerne nennen, ihre lockere Lebenseinstellung mit Vorliebe durch Worte wie »*take it easy*« und »*no worries*« unterstreichen. Und das wiederum gefällt mir, auch wenn dieses Land so viele wiedersprüchliche Gesichter zeigt. Ich musste zurück nach Australien. Juliana, meine Frau, würde sicherlich mit von der Partie sein.

»Welche Route?« Sie sah mich interessiert an, als ich ihr mit dem Vorschlag kam. Wir beugten uns gemeinsam über die Australienkarte, während mein Zeigefinger den Küstenhighway

Number One entlangfuhr: von Sydney nach Cairns, dann passierte er Darwin im tropischen Norden, kurvte schließlich durchs Land des großen Durstes, Westaustralien. Schon erreichte er den Süden. Nach einer 20000-Kilometer-Zeitrafferreise beendete mein Finger seinen Rundkurs in Sydney.

»Einmal rund um den Roten Kontinent!« Ich blickte hoch und wartete auf Julianas Reaktion.

Sie nickte, und wir beschlossen noch an diesem Abend, die Reise mit einem VW-Bus zu machen.

Der Zeitpunkt war passend. Fast auf den Tag genau 30 Jahre zuvor waren wir mit einem alten VW-Bulli von Deutschland nach Indien aufgebrochen. Das war unsere erste große gemeinsame Reise gewesen. Seitdem hatten wir mit den unterschiedlichsten Bulli-Typen auf abenteuerliche Weise viele Winkel der Welt durchstreift. Bis auf Australien.

Wir diskutierten auch, ob und, wenn ja, wo uns Bettina ein Stück auf dem Roten Kontinent begleiten könnte. Nun ist es nicht einfach, eine 16-jährige junge Dame für Reisen mit den eigenen Eltern zu begeistern. Es sei denn, es handelt sich um Australien …

Sydney:
Sprungbrett ins Abenteuer

»An 340 Tagen im Jahr scheint die Sonne in Sydney«, protzt die Statistik. Stattdessen kriechen jedoch bleiche Nebel vom Meer über die Uferklippen, kleben in den Tälern des hügeligen Küstenstreifens, während unser Flugzeug eine weite Schleife über Wollongong zieht.

Menschenleere und Stille im fünften Kontinent, das versprechen die Broschüren des »Australia Marketing«. Doch davon ist fürs Erste nichts zu spüren: Als wir mit der City-Rail vom Flughafen vorbei an Downtown Sydney Richtung Millers Point und The Rocks rumpeln, brummt mir der Schädel vom Gewirr der Schnellstraßen. Vier Millionen Einwohner zählt diese Stadt. In anderthalb Jahrzehnten wird eine halbe Million dazugekommen sein. Dann wird in Sydney fast ein Viertel aller Bewohner Australiens leben – in einem Land, das 22-mal so groß ist wie Deutschland.

In den Genuss der Tatsache, dass in Sydney statistisch gesehen an 340 Tagen im Jahr die Sonne scheint, kommen wir heute nicht.

Das klackernde Geräusch der Räder unter unserem Abteil wird lauter. Metallpfeiler fliegen draußen vorbei. Wir recken die Hälse, versuchen einen Blick auf Sydney Harbour zu erwischen. Nur wir drei. Die anderen im Abteil starren gelangweilt in den »Sydney Morning Herald«. Irgendwo klingelt es. Fünf Hände fahren gleichzeitig in die Jackentaschen, aber nur eine führt ein Handy

Captain Cook nahm 1770 als erster Europäer Besitz von der riesigen *terra australis*.

ans Ohr. Als kurz darauf Beethovens »Neunte« im Digitalsound quäkt, tastet eine Dame mit der Hand in die Tasche. Abends schreibe ich ins Tagebuch: »Die Australier scheinen mit einem Handy als Verlängerung des Unterarmes zur Welt zu kommen.« Unterhalb der Sydney Harbour Bridge fliegt jetzt Port Jackson vorbei. Wie mag es Captain Cook anno 1770 hier ergangen sein? Als Seemann hatte er einen Blick für diese weitläufige Küste mit ihren geschützten Buchten. Allerdings empfahl er für eine Siedlung die südlich gelegene Botany Bay. Er selbst war dort vor Anker gegangen, sein Botaniker Joseph Banks hatte hier erstaunliche Pflanzenproben gesammelt. Das gab der Bucht den Namen. Doch 18 Jahre später entschied sich Captain Arthur Phillip, der Kommandant der ersten Sträflingsflotte, für Port Jackson und Sydney Harbour.

Die Räder der City-Rail tackern im gleichen Stakkato wie zuvor. Die Harbour Bridge liegt hinter uns.

»North Sydney«, schnarrt eine Stimme, doch nur drei Fahrgäste erheben sich. Die anderen blättern weiter im »Sydney Morning Herald«. Das junge Paar mir gegenüber schmökert eng aneinander geschmiegt im selben Wälzer.

6.10 Uhr. Ein ganz normaler Arbeitstag in Sydney. Die Lebensgeister arbeiten noch mit halber Kraft, wie überall um diese Zeit. Draußen versucht die Morgensonne, die grauen Nebel zu verbrennen.

Ich habe Australien und dem Lachen des Kookaburra entgegengefiebert. Jetzt am frühen Morgen, wo die Stadt noch herzhaft gähnt, gähnt vermutlich auch der Kookaburra.

Während unser Zug nach Norden in Richtung Chatswood Station rumpelt, überfliege ich die Sydney-Karte. Darlinghurst lese ich, Haymarket, Pyrmont. Andere Stadtteile heißen Paddington oder Kings Cross. Bei Woolloomooloo verharre ich: die einzige Aborigine-Bezeichnung. Nicht einmal der Name von Bennelong, dem Aborigine, der es mit Hilfe der Kolonialherren zu trauriger Berühmtheit brachte, ist hier erwähnt. Gouverneur Philipp nahm ihn mit nach London und führte ihn als Exoten dem König vor. Zurückgekommen ergab sich Bennelong dem Suff. Dort, wo sich heute das Sydney Opera House befindet, stand 1788 seine Hütte.

»Aussteigen! Wir sind fast am Ziel.« Juliana reißt mich aus meinen Gedanken.

Rund 20 Minuten später erreichen wir Lane Cove Park, eine der vielen eukalyptusgrünen Lungen im Großraum Sydney. Der Morgennebel hat sich gelichtet, nur die Feuchtigkeit der Nacht liegt noch auf den Gräsern. Auch die wie Fäden von den Stämmen der *gum trees* herabhängende Baumrinde ist nass. Auf dem Campingplatz nehme ich die Großstadt nur als feines, fernes Summen wahr. Stattdessen schlägt uns ein verwirrendes Konzert fremder Vogelstimmen entgegen.

Juliana dreht sich zu mir und strahlt: »Da hinten steht er!«

Ich bin ein bekennender Bulli-Fan. Im Frühjahr 1970 stießen Juliana und ich unser persönliches Tor zur weiten Welt auf. Der Schlüssel dazu war ein rotweißer, stupsnasiger VW-Bus der ersten Bulli-Generation. Wir waren hoffnungslos in ihn verliebt. Vorn hatte er noch die geteilte Windschutzscheibe und hinten ein kleines Heckfenster. In seinem »Stammbaum« war als Geburtsjahr 1961 vermerkt. Seine Westfalia-Einrichtung war aus Echtholz. Kurzum, ein Prachtstück. Noch im selben Jahr fuhren wir mit ihm nach Nordafrika, ein Jahr später zum Nordkap, dann über Land nach Nepal im Himalaja und letztlich um die halbe Welt.

Meine Liebe zu Bullis blieb. Später in den USA kauften wir »Stanislaus«, einen blauweißen VW-Bus der zweiten Generation. Gemeinsam erkundeten wir mit ihm die Traumstraße der Welt zwischen Nord- und Mittelamerika.

Als wir uns Jahre später einen geländegängigen Synchro T3 zulegten, begann für uns ein neues Autozeitalter. Mit ihm drangen wir in Alaska und im arktischen Kanada auf abenteuerlichen Geländewagenrouten bis zum Nordpolarmeer vor.

Und nun Australien ...

Zaghaft blinzelt die Sonne durch die Zweige. Bettina und ich, die wir gerade mit dem Nachtflug von Kuala Lumpur gekommen sind, folgen Julianas ausgestrecktem Arm. Die Müdigkeit des langen Fluges ist schlagartig weggewischt.

»Unser rollendes Zuhause.« Juliana öffnet stolz die Seitentür des weißen VW-Bullis. In diesem Moment krakeelt es im Eukalyptusbaum über uns. Das anfangs kehlige Gurren wird zum heiseren Gickern und steigert sich zum Lachanfall.

Seit diesem Moment heißt unser Bulli Kookaburra.

Martha ist um die dreißig, John etwas älter. Der Steppke an ihrer Seite ist gerade mal acht. Die drei sind interessiert an unserem Camper stehen geblieben. Über *»How are you, nice day today, isn't it"* kommen wir ins Gespräch.

Bis vor knapp einem Jahr waren sie noch in London. John arbeitete als Grundstücksmakler, und Martha jobbte als Verkäuferin in einem Supermarkt. Doch dann hatten beide die Nase voll und beschlossen, eine Auszeit *down under* zu nehmen.

»Das Auto kam per Schiff nach Australien«, sagt John. Die drei selbst sind geflogen. »In England haben wir den VW-Bulli in einen Container gesteckt. Als wir ihn in Fremantle in Western Australia rausholten, war alles in bester Ordnung, nichts aufgebrochen, nichts gestohlen.«

Seitdem haben sie mit ihrem Bulli-Oldie Baujahr 1973(!), wie John stolz betont, Australien zehn Monate lang befahren: Von Fremantle ging es die Westküste hinunter nach Südaustralien, dann ab durch die Mitte über Alice Springs nach Darwin im Norden, weiter nach Cairns und von dort die Ostküste hinunter bis hierher.

»Hawaii ist unsere nächste Etappe«, schwärmt John.

Von dort werden sie nach Los Angeles fliegen, wo sie ihren Bulli erneut aus einem Container holen und dann den amerikanischen Westen erkunden wollen.

Wir sitzen im Gras neben unserem Camper. Juliana gießt Tee in Becher und verteilt Kekse. Auf der Nachbar-*campsite* rückt ein bärtiger Mann mit ausgebeulten Jeans und Schlapphut seinen Stuhl in die Sonne. Die Luft ist herrlich mild. Die Vögel im Lane Cove Park schlafen schon lange nicht mehr; sie gurren, schnalzen, schlagen, pfeifen, jubilieren. Der Nebel hat sich verkrochen. Es verspricht ein toller Tag zu werden.

»Mich verblüfft die Mobilität der Australier!«, meint John, »manche verkaufen hier Haus und Hof, legen sich einen Geländewagen mit Wohnanhänger zu und vagabundieren ein oder zwei Jahre kreuz und quer durch Australien.« Er hält einen Moment inne. »Das Reisen ist ja toll, aber ich könnte nicht mein Haus dem Nomadentum opfern. Vielleicht bin ich auch nur *very British*.«

Er schmunzelt: »In den Augen der meisten Briten ist Grundbesitz etwas Lebenslängliches ...«

Juliana und ich haben oft darüber gesprochen, was das Schönste am Reisen ist: gletscherbepackte Berge, Flüsse, die uns zu abenteuerlichen Kanufahrten einluden, eine oft paradiesisch anmutende Unberührtheit in den Nationalparks oder die Einsamkeit der australischen und amerikanischen Highways, die ich so liebe – der Straßen, die mir das Gefühl vermitteln, mobil und frei zu sein, mitten durch die Schönheit dieser Welt driften zu können.

Oder waren Begegnungen das Schönste? Mit den Menschen Schwarzafrikas, die das wenige, was sie hatten, mit uns teilten. Ich lebte unter Indianern, schlug mich mit Trappern bei Schlittenhunderennen 6000 Kilometer durchs Eis. Auch hier in Australien haben wir Freunde; in Townsville, Melbourne, Adelaide.

Ich bin kein Mensch der Städte. Selbst für Sydney, das wunderschöne Sydney, habe ich gerade mal drei Tage reserviert. Mich locken die wilden Strände und das hitzegebackene Outback. Und doch schreibe ich an diesem ersten Abend über das Treffen mit John und Martha ins Tagebuch: »Begegnungen sind das Salz in der Suppe des Reisens.«

Manchmal gestatte ich meiner Fantasie, Purzelbäume zu schlagen: Dann sehe ich, wie hier in Sydney graue Kängurus zwischen Clarence und Macquarie Street entlanghopsen, wie sie verharren, um über Nacht geschossene Grasspitzen zu naschen. Ich sehe behäbige Pelikane über den Cahill Expressway watscheln. In der Luft liegt das Krakeelen und Zwitschern all jener Vögel, die den schmalen Streifen zwischen Meer und Outback bevölkern.

In der Realität hingegen muss ich aufpassen, dass mich am Zebrastreifen nicht das Taxi streift oder der Expressbote auf dem Mountainbike, mit Rucksack auf dem Rücken und Handy am Ohr, über den Haufen fährt. Vor allem mittags füllen sich die Trottoirs, wenn die Wolkenkratzer die Sydneysider zum *lunch* in die Schluchten von Downtown Sydney speien.

Ich komme mir hier sehr klein vor. Meistens nehme ich für die Anfahrt vom Flughafen die Bahn und fahre bis Wynyard Station. Irre durch die Labyrinthe unterirdischer Gänge, über Treppen und durch Flure, auf denen rastlose Menschen hin und her drängen. »Geschafft«, sage ich, wenn ich endlich in der York Street stehe und Tageslicht sehe. Doch das Licht in den Hochhausfluchten ist gedämpft, gespiegelt, reflektiert aus dem immer grenzenloser gewordenen architektonischen Ensemble. Man spürt den wirtschaftlichen Aufbruch.

Ich bin schon zu den unterschiedlichsten Jahreszeiten durch Sydney gestromert, doch immer pfiff ein kühler Wind durch die Hochhausschluchten – mit einer Vehemenz, als sei er erbost, dass der Mensch ihm in nur zwei, drei Generationen diese Hindernisse aus Stahl und Glas in den Weg gestellt hat.

In Downtown Sydney fehlt mir der Charme, den die gemütliche, schnörkelige Kolonialarchitektur einmal ausgestrahlt haben mag. Im alten Hafen, in »The Rocks«, gibt es sie noch in Ansätzen.

Wie diese Stadt wohl in 200 Jahren aussehen wird? Immerhin hat es die »Krake Sydney« in ebendiesem Zeitraum vermocht, ihre Tentakel über sagenhafte 5000 Quadratkilometer auszubreiten. Ende des 18. Jahrhunderts, kurz nachdem Sydneys erste Einwanderer wider Willen von den Gewehrkolben ihrer Sträflingswärter an Land gestoßen worden waren, standen gerade mal 500 Holzhütten hier.

Also könnte mir Sydney Angst machen.

Tut es aber nicht. Bis auf den Verkehr vielleicht, denn der braust noch dazu auf der »falschen« Fahrbahnseite, nämlich links. Dabei sind die Straßen relativ schmal, sie schlängeln sich wie Achterbahnen über Hügel, nehmen rasant die Spitzen und Kehren der unzähligen Buchten. Gewöhnlich dauert es zwei Tage, bis ich mich anpasse. Dann fahre auch ich »wie der Teufel«, eben wie ein Sydneysider.

»Lasst uns heute Abend zum Opera House gehen und Sydney bei Nacht genießen.« Bettina ist nach dem langen Flug von Malaysia hundemüde. Juliana möchte am liebsten für die bevorstehende Reise packen, schließlich sind noch unzählige Kleinigkeiten zu erledigen – wie immer am Beginn eines Abenteuers. In drei Tagen soll es losgehen. Ich bleibe beharrlich. Juliana weiß nur zu gut, dass ich nicht locker lasse, wenn ich mir etwas in den Kopf gesetzt habe.

»Danach führe ich euch auch schön zum Essen aus.«

Der Köder funktioniert, und wir machen uns auf den Weg nach Downtown Sydney und zum Opernhaus.

Der Himmel ist leicht bewölkt, als wir von Wynyard Station der York Street Richtung Hafen folgen und einen Pfeiler der Sydney Harbour Bridge besteigen. Der Blick auf Sydney Cove, von wo Fährboote zwischen Parramatta, Watsons Bay, Manly oder dem Taronga Zoo pendeln, ist die Belohnung für die Kletterei.

Zwischen zwei Buchten mit den Namen Sydney Cove und Farm Cove wählten Sydneys Stadtväter vor fast einem halben Jahrhundert eine als Bennelong Point bekannte Landnase, um dort ein Opernhaus zu bauen. Dies ist eine sehr verkürzte Wiedergabe jener Ereignisse, denn der anderthalb Jahrzehnte dauernde Bau des Opera House war eine unendliche Geschichte von Krieg und Frieden. Die Kosten kletterten auf 102 Millionen Dollar statt der veranschlagten sieben Millionen. Der dänische Architekt Jørn Utzon überwarf sich mit seinen Auftraggebern, pfiff auf die Vollendung des von ihm in die Welt gesetzten Zankapfels und nahm seinen Hut. Als das Opernhaus, mitfinanziert durch 496 Lotterien, 1973 endlich fertig gestellt war, wählte man als eine der ersten Aufführungen tatsächlich Prokofjews »Krieg und Frieden«. Doch nicht erst seit der Olympiade 2000 gleicht der Zankapfel eher Evas Apfel. Er verführt Besucher aus aller Welt nach Australien. Das extravagante Bauwerk mit seiner an geblähte Segel erinnernden Architektur ist das australische Aushängeschild, auch wenn Journalisten damals kräftig Prügel in Form bissiger Schlagzeilen verteilten, etwa: »Das Ding sieht aus wie ein Haufen französischer Nonnen beim Fußballspiel.«

Wind zerrt an meinen Haaren. Hinter mir brandet der Verkehr über die Sydney Harbour Bridge. Unter mir dümpelt ein Nachbau der legendären Bounty. Auf dem Original meuterte die Besatzung, um ihren Captain Bligh zum Teufel zu schicken. Bekanntlich ist das misslungen. Später wurde Bligh Gouverneur der jungen Kolonie Australien.

Das Spiegelbild der Sonne blinzelt von den Fronten der Hochhäuser. Grüne, behäbige Fährschiffe und schnittige Ausflugsboote ziehen weiße Wasserwirbel durch Sydney Harbour. Möwen kreischen. Touristen erklimmen in schwindelnder Höhe den äußersten Bogen der Harbour Bridge. Ein halsbrecherisches Vergnügen, das noch dazu einen Batzen Geld kostet. Der Wind wird heftiger, in das Blau des Himmels drängen Wolken. Schiffshörner tuten. Zehn Stunden nach unserer Landung auf dem Kingsford Smith Airport bin ich wieder richtig drin im fünften Kontinent. Unser Abenteuer auf der »Traumstraße Australiens« kann beginnen.

Zu den Dingen, die man bei einem Kurzbesuch Sydneys einfach getan haben muss, gehört neben der Harbour Bridge und dem Fährausflug nach Manly auch ein Bummel vom Opera House zu Mrs. Macquaries Chair.

Noch an diesem ersten Nachmittag fahren wir zu dem im Nordosten gelegenen Vorort Manly. Wir kennen dort niemanden, wir haben dort nichts zu erledigen, aber die Schifffahrt vor dem Panorama der Stadt reizt uns. Unversehens zieht sich der Himmel zu. Regenwolken peitschen vom Meer, ein hässlicher Wind pustet, die Fähre schaukelt. Doch davon lassen sich weder wir noch die anderen auf dem Schiffsbug schrecken.

Der Blick auf Sydney fällt allerdings bei der Rückfahrt ins Wasser.

Es regnet.

Der Schein von Straßenlaternen reflektiert aus Pfützen. In den Hochhäusern glimmen die ersten Lichter. Diese Farben! Ein Abendbummel entlang Circular Quay und Opera Quay ist wie ein psychedelischer Trip. Auch die Harbour Bridge schimmert bereits im Licht der Scheinwerfer. Indirekte Beleuchtung unterstreicht die Formenvielfalt des Opernhauses. Und mitten zwischen den Ameisen gleichenden hin und her huschenden Passanten entdecke ich ein Kunstwerk, wie in Stein gemeißelt: eine griechische Statue, in weite silberne Tücher gehüllt. Vermutlich ein Student, der sein Taschengeld aufbessert. Das Gesicht des menschlichen Kunstwerks ist ebenso weiß geschminkt wie die Hände. Darin leuchtet eine rote Rose. Gleich nebenan drischt ein Melanesier mit Holzstäben auf Metallschüsseln, die mich an Omas Aluminiumkochtöpfe erinnern. Es klingt wie eine karibische Steelband.

Das ist Sydney! Eine Stadt, die sich fein macht für die Nacht. Wir beeilen uns, um pünktlich in den Royal Botanic Garden zu kommen. Seine schmiedeeisernen Pforten schließen gnadenlos pünktlich bei Sonnenuntergang.

Japanische Touristen vergnügen sich mit einem Gelbhaubenkakadu. Der springt vom einen zum anderen und bekleckert am Ende den Hut des Reiseleiters. Kurz bevor das Tor schließt, erreichen wir die gegenüberliegende Parkseite.

Auf meiner Sydney City Map ist hier »Mrs. Macquaries Chair« vermerkt.

Ich stelle mir vor, wie Elizabeth Macquarie diesen Blick genoss. Extra für sie hatte man einen Sitz in die Uferfelsen gemeißelt, nur damit sie die glühenden Sonnenuntergänge bewundern konnte.

»Von wegen glühender Sonnenuntergang!«, mault Bettina. Nur ein mickriger rosa Streifen liegt über der Harbour Bridge. Zum Glück hat es aufgehört zu regnen.

»Wie war das eigentlich mit Mrs. Macquarie?«, fragt Juliana.

Millionen Lichter flimmern um uns, spiegeln sich in der glatten Wasseroberfläche. Wie geschäftige Bienen summen grüne Fährschiffe zwischen Sydney Cove und den Vororten.

»Sie war die Frau von Lachlan Macquarie, dem bedeutendsten Gouverneur der frühen Kolonialzeit.«

Juliana lächelt. »Sie begründete ihren Ruf für die Nachwelt also dadurch, dass sie die Frau an der Seite ihres Mannes war!«

»Sieh es doch mal so: Heute kommen Menschen aus aller Welt, um eben den Blick zu genießen, den sie favorisierte. Nach ihrem Mann ist in Sydney gerade mal eine Straße benannt.«

Lachlan Macquarie war der Nachfolger von William Bligh, der als Gouverneur der Kolonie New South Wales – erst später setzte sich für den Kontinent die Bezeichnung Australien durch – ein ebenso unglückliches Händchen hatte wie als Kapitän der Bounty. Es ging drunter und drüber. Seine Offiziere putschten und stellten Bligh 1809 schließlich unter Hausarrest. Lachlan Macquarie beendete das Chaos. Der Aufschwung kam, und New South Wales wandelte sich vom Sträflingslager zur attraktiven Kolonie.

1819, als seine Elizabeth den Blick von hier genoss, lebten 26026 weiße Einwanderer in New South Wales. 9986 davon waren Sträflinge. In Van Diemen's Land, dem heutigen Tasmania, war das Verhältnis noch krasser: 47 Prozent der Zuwanderer waren *convicts* in Ketten.

Das waren schlimme Zeiten für die Ureinwohner. Man jagte sie und knallte sie wie tolle Hunde ab. Gouverneur Arthur von Tasmania ließ die Aborigines dort sogar von 3000 weißen Helfern wie bei einer Treibjagd quer über die Insel hetzen. Die wenigen Überlebenden deportierte er. In New South Wales belustigte man sich zur selben Zeit, indem man Aborigines im Suff übereinander herfallen und sich abmetzeln ließ.

Der Himmel über Sydney Harbour ist jetzt von einem seltsamen Grün. Grün leuchtet auch die Harbour Bridge. Wie ein Windjammer unter Segeln scheint das Opernhaus am Bennelong Point vor Anker zu liegen.

All das sah Elizabeth Macquarie natürlich nicht, auch nicht die klimatisierten Tourbusse, von denen begeisterte Japaner, Italiener, Deutsche, Schweizer, Amerikaner ausschwärmen.

»Du wolltest uns doch zum Essen einladen«, erinnert mich Bettina. »Versprochen ist versprochen.«

Also machen wir uns auf den Weg.

Sydney bietet von allen australischen Städten die größte ethnische Vielfalt. Das macht das Straßenbild bunter und das, was auf die Teller kommt, spannender. Natürlich widerstehe ich Bettinas Vorschlag, bei McDonald's einzukehren.

»Ich lade euch zum Chinesen ein.«

Noch vor wenigen Jahrzehnten bestimmten die in den Sechziger- und Siebzigerjahren eingewanderten Griechen und Italiener die Gastronomieszene. Heute haben Asiaten die Nase vorn. Im Vorort Campsie glaubt man sich nach Fernost versetzt. Chinesen fühlen sich vor allem in Strathfield heimisch, Vietnamesen bevorzugen Cabramatta.

Abends, wenn die großen eisernen Tore des Royal Botanic Garden geschlossen sind, wird der Spaziergang von Mrs. Macquaries Chair zurück nach Downtown zum Fußmarsch. Vor uns blitzen die tausend Lichter der Hochhäuser, in denen jedes Stockwerk beleuchtet ist.

»Ich bin müde«, sagt Bettina. Seit 15 Stunden sind wir auf den Beinen.

»Gleich werden wir ein tolles chinesisches Restaurant finden«, muntere ich sie auf. Wir finden aber keines. Letztlich treibt uns der Bärenhunger doch in einen Fastfood-Laden.

»*Pies* wie in England!«, schwärme ich, um uns Mut zu machen, und kaufe drei fleischgefüllte Teigtaschen. Dass die Dinger von erstarrtem Fett zusammengehalten werden, bemerken wir erst beim Reinbeißen. Zu spät. Was mir einen Seitenhieb meiner Tochter einbringt: »Du und deine ethnische Vielfalt.«

Pacific Highway:
Von Reiseträumen und Albträumen

Dave Berry treffen wir im Norden von Sydney. Dave hat unseren Kookaburra nach meinen Vorstellungen hergerichtet. Er ist Anfang fünfzig. Gut die Hälfte seines Lebens hat er an Autos herumgeschraubt und Transporterfahrzeuge nach den individuellen Wünschen seiner Kunden zu robusten Campern umgebaut.

»Wie kommt jemand in Australien dazu, VW-Transporter aus Hannover/Germany in geländegängige Wohnmobile zu verwandeln?«

Dave schmunzelt und erzählt.

Zwei Stunden haben wir für den Besuch bei ihm eingeplant. Mittags lässt er uns riesige Sandwiches bringen, die wir mit eisigen Cokes hinunterspülen. Nachmittags sind wir noch immer dabei, Erfahrungen auszutauschen.

»Ich bin mit dem Volkswagen aufgewachsen«, sagt Dave. »Während meiner Schulzeit steckte Vater uns Kinder in den Familien-Bulli und fuhr mit uns die Küste hoch nach Queensland. Von Beruf wurde ich später Tischler, und jedes Mal wenn ich von einer meiner Wüstendurchquerungen – mal auf dem Strzelecki Track, dann auf dem Oodnadatta Track – zurückkam, bastelte ich an meinem VW-Camper, verbesserte hier etwas, hatte dort neue Ideen. Irgendwann machte ich das Hobby zum Geschäft.«

Anfangs nannte er seine Produkte »Trecker«, doch er wollte den Namen noch griffiger: TRAKKA. Und so kennt man seine Campmobile heute in ganz Australien.

»Meine Reiseleidenschaft«, so Dave Berry, »ist ungebrochen. Aber da sind der Betrieb und drei schulpflichtige Kinder …«

Dennoch erfüllte er sich 1999 einen Traum: »Die ›Australian Safari‹ von Sydney quer durchs Outback nach Darwin … mörderische Pisten, manche *tracks* waren seit zehn Jahren nicht mehr befahren worden!« Aber sein geländegängiger Syncro-Bulli schoss an allen vorbei und landete als serienmäßiges Fahrzeug auf Platz eins seiner Kategorie!

Auch bei uns kann es jetzt losgehen.

Kookaburras Vorratsbehälter sind gut gefüllt. Mein letzter Blick gilt den Ersatzteilen: vom Spaten zum Freischaufeln (für alle Fälle, obwohl auch unser Kookaburra ein geländegängiger Syncro ist) bis hin zum Kocher, der sich mit ein paar Handgriffen von innen mit hinaus nehmen lässt, ist alles komplett. Zwar ist der Highway One fast durchgehend asphaltiert. Doch hier und da planen wir Abstecher, zum Beispiel nach Fraser Island, vielleicht auch auf die Cape-York-Halbinsel, den nördlichsten Punkt Australiens. Es ist mir einfach lieber, für alle Fälle gerüstet zu sein. Das gibt Unabhängigkeit, Freiraum zur Spontanität.

Mehr als zwei Monate Zeit stecken in unserem Reisegepäck. Bettina wird uns zwischen Sydney und Nord-Queensland begleiten und dann nach Hause fliegen. Den Rest der Traumstraße haben Juliana und ich für uns beide vorgemerkt. Sollte die Reise länger dauern als die grob geplanten zehn Wochen, wird sie eher nach Hause fliegen müssen.

Morgen können wir starten.

Die australische Traumstraße ist, wie der Name sagt, die Number One. Wie eine Kette schmiegt sie sich an die Außenkante des fünften Kontinents. Einige Perlen dieser Kette sind Städte mit klangvollen Namen: Sydney, Brisbane, Darwin, Perth, Adelaide und Melbourne. Uns allerdings locken Queenslands tropische *beaches*, die von Krokodilen bewohnten Mangrovenwälder im Northern Territory und die mancherorts von Milliarden Muscheln bedeckten Küsten Westaustraliens. Mit fast 20 000 Kilometern hält die Number One den Weltrekord als längster nationaler Highway. Da kann selbst der kanadische Trans Canada Highway mit »nur« 7821 Kilometern nicht mithalten.

Außer ihrer Eins im Logo trägt Australiens Küstenstraße zusätzlich die Namen von Entdeckern: »Stuart Highway« im Norden oder »Eyre Highway« im Süden – ihre Geschichten stehen für die abenteuerliche Erschließung des fünften Kontinents. Doch war diese »Eroberung« keine Heldentat, denn Eroberern liegen immer auch Eroberte zu Füßen. Wie hier.

Auch von denen, die bereits 60 000 Jahre vor den Weißen dieses Land durchzogen hatten, wollte ich mehr wissen. Die Geschichte Australiens ist so spannend wie die des amerikanischen Wilden Westens. Doch während es eine fantasievolle Hollywood-Maschinerie verstand, den legendären Wettlauf der 30 000 Glücksritter zum Klondike-Gold oder Wyatt Earps filmreife Schießerei am O.K. Corral in die guten Stuben der ganzen Welt zu tragen, nahm man die Geschehnisse auf dem australischen Kontinent fast nicht zur Kenntnis.

Das ist inzwischen anders geworden.

Seit sechs Stunden sind wir bereits auf dem Highway One. Doch die Traumstraße macht ihrem Namen keine Ehre. Jedenfalls jetzt noch nicht. Sie ist eher ein Albtraum.

Südlich und nördlich von Sydney heißt sie Pacific Highway. Meine Hoffnung, auf einer lauschigen Straße dicht am Pazifik entlangzubummeln, zerschlägt sich angesichts einer mehrspurigen Verkehrslawine. Die Tatsache, dass ich die vorgeschriebenen 110 Stundenkilometer einhalte, hindert schwer beladene Lkws nicht, mit Tempo 130 an uns vorbeizubrettern.

»Hektischer als auf einer deutschen Autobahn!«

Juliana meint, ich hätte die Worte grimmig zwischen den Zähnen zerbissen.

Beim Pläneschmieden habe ich von einsamen Highways geträumt. Von schnurgeraden Straßen, auf denen mehr Kängurus als Autos unterwegs sind. Stattdessen erkenne ich die Kelle der beiden Polizisten gerade noch rechtzeitig. Ich bremse, kurbele das Fenster herunter.

Random breath test«, erklärt der eine und reicht mir ein Röhrchen. Alkoholkontrolle.

»Premiere«, zische ich und bin sauer. Nie zuvor habe ich pusten müssen.

Später steuere ich den ersten Parkplatz an und überschlage noch einmal die Fakten: 17 von insgesamt 20 Millionen Australiern leben in nur einer Hand voll Großstädten, fast acht Millionen davon in Melbourne und Sydney. 60 Prozent wohnen im südöstlichen Landeszipfel zwischen Adelaide, Melbourne, Canberra und Sydney, und insgesamt 85 Prozent leben auf einem relativ schmalen Küstenstreifen.

Aber dahinter liegen Riesenfarmen wie Strangeray Springs, tröste ich mich. Die größte *cattle station* Australiens ist sagenhafte 30 028 Quadratkilometer groß, fast so groß wie Nordrhein-Westfalen! Doch während 17 Millionen Menschen die Fläche des Bundeslandes unter sich aufteilen, ist Strangeray Springs für Rinder reserviert.

Das Kreischen malträtierter Reifen reißt mich aus meinen Gedanken. Die Räder eines maroden alten Datsun radieren über das Pflaster des Parkplatzes. Das Wrack auf Rädern zieht einen weiten Kreis, schleudert, bricht aus, fängt sich aber und kommt kurz vor dem Toilettenhaus zum Stehen. Türen fliegen auf. Drei Typen, einer davon ein blasser Crocodile-Dundee-Verschnitt, schieben sich heraus. Jeder gönnt sich noch einen tiefen Schluck aus der Pulle, dann poltern die Flaschen auf den Boden des Datsun. Der Erste geht zum Pinkeln ins Toilettenhaus, kurz danach folgt der Zweite, dann der Dritte. Das Trio sitzt bereits wieder im Auto, als der Typ hinten noch einmal seine Tür aufstößt und mit einem Karton voll leerer Flaschen zum »Häuschen« geht. Ohne Flaschen kommt er zurück.

Räder kreischen. Gummi stinkt. Noch lange nachdem die drei fort sind, klingt mir das asthmatische Röcheln ihres löchrigen Auspuffs in den Ohren.

Im Toilettenhaus finde ich die Flaschen wieder: im Waschbecken...

Der Beschluss, noch an diesem Abend vom Highway weg ins stille Hunter Valley zu fahren, wird einstimmig gefällt. Als wir den *campground* von Chessnock, einer Kleinstadt mit 22 000 Einwohnern, erreichen, lärmen dort nur die Enten. Bläuliche Flammen von Gaskochern züngeln vor Kombi-Pkws, die man hier *station wagon* nennt. Davor hocken zumeist Jugendliche, die ihr Geld in eine 15 Jahre alte Klapperkiste und den Traum von der Freiheit auf australischen Highways investiert haben.

Juliana fragt mich später, warum ich so merkwürdig gegrinst hätte.

»Freiheit auf australischen Straßen...«, erwidere ich.

Australien ist das Land des großen Durstes. Die immer durstigen Männer heißen *bloke* oder *mate* und sind mächtig stolz darauf, neben den Bayern die Weltmeister im Biertrinken zu sein. Wobei man das Bier aus dem *stubby* kippt, der 375-ml-Flasche. Vorzugsweise natürlich eiskalt, am liebsten nahe dem Gefrierpunkt.

Im *pub*, der Bar, ordert man nicht etwa *a beer*. Man sagt: »*Hey mate, a pot.*« Oder *pint, schooner, butcher* oder *middy*. Australier lieben es, ihre Freizeit mit eisigem »Foster«, »Carlton« oder

»Four-X«, »Emu Draught«, »Matilda Bay Bitter« oder »Tooheys Gold« zu zelebrieren.

Im Schatten der übermächtigen *beer can* und des allgegenwärtigen *stubby* erblühte eine Weinindustrie. »Klein, aber fein«, hieß es anfangs. Das ist Vergangenheit. Australische Weine genießt man heute in der ganzen Welt.

Im Hunter Valley besuchen wir eines der Anbaugebiete. Verglichen mit dem Barossa Valley, der Nummer eins des australischen Weinanbaus, ist das Hunter Valley klein.

»Und doch gibt es hier 60 Winzereien«, berichtet mir Tim Moen stolz, der Manager von Lindeman's. Wir hocken im Probierraum seiner *winery*. Um uns herum Flaschen und große Fässer.

Ich bin überrascht, dass die weltweit vertretene Marke hier ihr Stammhaus hat.

»Das ist sie und doch wieder nicht«, meint Tim Moen. »Hier im Hunter Valley baut Lindeman's zwar auf hundert Hektar Fläche Wein an. Doch genau genommen gehören wir zu Southcorp Wines, einem südaustralischen Konzern, der auch bekannte Weinmarken wie Seppelt und Penfolds unter seinem Dach vereint.«

»Lindeman's klingt in meinen Ohren deutsch.«

Auch im südaustralischen Barossa Valley hatten deutsche Einwanderer den Grundstein für den noch bestens florierenden Weinanbau gelegt.

»Nein, Dr. Henry John Lindeman war Sergeant in der britischen Navy, 1843 kam er ins obere Hunter Valley, wo er die Farm Cawarra kaufte. Eigentlich wollte er Rinder züchten, der Weinanbau war nur ein zusätzliches Standbein.«

Ein langlebiges, denn Lindeman's kennt man heute in der ganzen Welt, genauso wie den Farmnamen Cawarra.

»Ein guter Tropfen dieses Namens geht hauptsächlich in den Export«, wie Tim weiß. Southcorp Wines ist mit 7000 Hektar Weinanbaufläche Australiens größter Weinbauer.

»Verwischen sich bei so großen Anbauflächen und so vielen Winzereien unter einem Dach nicht die Charakteristika der einzelnen Weine?«

»Jede Sorte besitzt ihre unverwechselbare Identität. Das ist ihr Gütesiegel. Unsere Hunter Valley Weine sind vor allem Merlot, Cabernet Sauvignon oder Shiraz, die auf dem inländischen Markt verkauft werden.«

Bleibt noch zu erwähnen, dass ich nach diesem Gespräch die Geldbörse zücke und den Grundstock für ein paar stimmungsvolle Abende am Lagerfeuer lege. Wir verstauen die Weinflaschen im Bulli und fahren zurück nach Chessnock.

Wir sind halb durch die kleine Ortschaft hindurch, als Juliana aufgeregt nach vorn zeigt: »Aldi?!« Wenn man in Anchorage/Alaska auf McDonald's oder in Neu-Delhi auf ein Kentucky-Fried-Chicken-Restaurant stößt, dann ist das eigentlich nicht der Rede wert. Aber hier ein Aldi?

Bettina klappt erfreut ihre Illustrierte zu, ich setze den Blinker nach rechts, und schon sind wir auf dem Aldi-Parkplatz.

Wir fühlen uns hier gleich zu Hause. Mit dem Unterschied, dass auf dem Parkplatz von Chessnock viel mehr Geländewagen stehen, die männliche Kundschaft ausnahmslos Shorts trägt und die Tätowierungen an ihren muskulösen Oberarmen Drachen und halbnackte Frauen zeigen.

Bettina lacht, als sie an der Kühltruhe den deutschen Hinweis entdeckt: »Hier schieben!« Wir bedienen uns aus aufgeschnittenen Pappkartons und behaupten: »Das ist hier viel billiger als in anderen Supermärkten.« Also alles wie gewohnt. Bis auf die nicht vorhandene Alkoholabteilung. Wein, Bier und Stärkeres wird in Australien nur in *liquor stores* verkauft.

Bettina fingert aufgeregt an ihrem Handy und tippt eine SMS an ihre Freunde: »Das glaubt mir keiner: Habe nördlich von Sydney bei Aldi eingekauft!«

»Nachricht gesendet«, bestätigt ihr Display.

Ich genieße nach Sydney die Beschaulichkeit der Kleinstadt. »Wo gibt es hier einen Buchladen?«, erkundige ich mich bei einer älteren Dame. Sie zeigt mir den Weg und fügt schnell hinzu: »Die haben sogar neue Bücher!«

Die Buchhandlung, ein kunterbuntes Durcheinander von viel bedrucktem Papier, erinnert auf den ersten Blick an einen Flohmarkt. Man kann Bücher ausleihen, es gibt gebrauchte Bücher zu kaufen, auch ein paar brandneue entdecke ich.

»Haben Sie Reiseführer über Queensland?«

Die ältere Dame mit den frisch aufgedrehten Locken schraubt sich lächelnd hinter ihrer Kasse hervor.

»Einen ›Loneley Planet Guide‹ sollten wir doch noch haben …«

Sie kramt zwischen übereinander gestapelten Papieren, findet ein Buch und hält es triumphierend hoch: »Hier, ein ›Loneley Planet Guide‹!« Doch dann: »Ach nein! Der ist ja über Hawaii.«

Also beginne ich selbst zu stöbern. Zwischen eselsohrigen Romanen und abgegriffenen Atlanten entdecke ich einen fünf Jahre alten Bildband mit dem Titel »Die schönsten Routen durch Australien«. Eigentlich hätte ich ihn nicht gebraucht, aber da ich mein Stöbern auf Flohmärkten auch gern mit einer Trophäe belohne, kaufe ich ihn.

Von Chessnock fahren wir über Kurri Kurri zur Küste zurück. Laut Hinweis am Ortseingangsschild bedeutet Kurri Kurri »der zuerst Dagewesene«. Was Zweifel aufkommen lässt, denn die Gegend von Newcastle, wenige Kilometer entfernt, wurde bereits 1797, neun Jahre nach Ankunft der ersten Sträflingsflotte, entdeckt. Eigentlich war diese Entdeckung ein glücklicher Zufall, denn Leutnant John Shortland hatte nur den Auftrag, einen entsprungenen Sträfling einzubuchten. Man stelle sich Shortlands Freude vor, als er hinter einem Hügel eine weite Bucht ausmachte. Eines Tages, so malte er sich aus, würde diese einen prächtigen Hafen abgeben. Shortland spürte den beißenden Geruch unterirdischer Feuer und fand sogar Kohle. Einen ebenfalls von ihm entdeckten Fluss nannte er folgerichtig »Kohle-Fluss«, Coal River. Nachfolgende Siedler- und Weinbauergenerationen werden nicht böse gewesen sein, als der in Hunter River umbenannt wurde. Ich stelle mir einen roten Cabernet Sauvignon aus dem Kohletal vor ...

Drei Daumen gehen entschieden nach unten, als wir in Kurri Kurri darüber abstimmen, ob wir Newcastle einen Besuch abstatten.

»500 000 Einwohner!«, sagt Juliana nur. Das reicht als Argument für die Weiterfahrt. Newcastle ist Australiens sechstgrößte Stadt und ein Industrierevier zudem.

200 Kilometer sind wir seit Sydney vorangekommen, gerade mal ein Prozent dessen, was wir uns vorgenommen haben. Wie ein Pferd, das nach langer Rast mit den Hufen scharrt, zieht es mich weiter.

Der Highway One trägt hier noch den Zusatz Pacific Highway. Nach wie vor gleicht er einer autobahnähnlichen Schnellstraße. Doch so wie die Äste eines Baumes vom Stamm wegführen, zweigen stille Nebenstraßen nach rechts und links ab. Wobei diejenigen in Richtung Osten schon bald am Südpazifik enden.

In der Siedlung Kew biegen auch wir ostwärts ab. Zwischen dem Pacific Highway und dem Meer herrscht ausgelassene Urlaubsstimmung. Urlauber prosten uns von den Terrassen ihrer Ferienhäuschen zu. Wir sehen die ersten Surfer, und dunkelblaue Blüten hängen wie Matten von den Zweigen niedriger Bäume. Es duftet nach Meersalz, Brackwasser und Blumen.

Ich parke Kookaburra auf dem Beach Front & Bonny Hills *campground* ein und sehe mir den Platz an. Hier und dort plaudere ich und bestaune Geländewagen, an deren mächtigen *roobars*

Halterungen für riesige Hochseeangeln angebracht sind. Die Allradpiloten lassen es sich derweil vor ihren bulligen Landcruisern gut gehen. Kinder spielen Federball oder tollen herum. Frauen plaudern und brutzeln derweil das Abendessen. Es ist Freitagabend, der Exodus ans Meer hat begonnen.

Ich liebe die Unabhängigkeit und Ungebundenheit – und das natürlich ganz besonders beim Reisen. Für Campingplätze bin ich nicht geschaffen. Das Herz geht mir auf, wenn ich in den Sonnenuntergang hineinfahre und dann im letzten Tageslicht einen Seitenweg finde, der mich an sonnengebackenen Kuhfladen und umgestürzten Baumstämmen vorbei in den *bush* bringt. Dann lausche ich den Stimmen der Vögel. Bierseliger Rummel auf engen *caravan parks* ist nichts für mich. Dann schon lieber ein Camp an einem von Krokodilen verseuchten Mangrovendschungel.

Doch zugegeben: In Australien gibt es auch tolle Campingplätze, so wie dieser.

Gum trees, Eukalypten, werfen lange Schatten, Hibiskusblüten (»fünfmal so groß wie bei uns im Wohnzimmer«, schwärmt Juliana) verbreiten einen Hauch von Tropen. Mild, feuchtschwer, aromatisch ist die Luft. Weit in der Ferne geht ein lokaler Gewitterschauer nieder. Ein *currawong* schreit in der Baumkrone über mir.

Zum Strand sind es nicht einmal 200 Meter. Ein junger Wellenreiter, mit Surfbrett unter dem Arm, kommt Bettina und mir entgegen. Ein Angler badet seine Füße, zwei Frauen bummeln am Strand entlang, ihr Hund jagt Krebse, die ihn foppen und blitzschnell vor seiner Nase im Sand abtauchen. Müde blinzelt die Abendsonne durch eine dünne Wolkenschicht im Westen.

»Segelte man von hier aus in gerader Linie nach Osten, stieße man bei Santiago de Chile auf Südamerika.«

»Weiß ich«, sagt Bettina. Wir setzen uns in den warmen Sand. »Und wenn du von Westaustralien übers Wasser schaust, kannst du mit einiger Fantasie Durban in Südafrika erahnen …«

Australiens Lage »im Abseits der Weltkarte« hat lange dazu beigetragen, dass die Welt wenig Anteil an dem nahm, was *down under* geschah.

Als wir Ende der Siebzigerjahre erstmals australischen Boden betraten, waren deutschsprachige Touristen die Ausnahme. Der heute als Uluru bezeichnete Ayers Rock, dieses Synonym fürs Outback schlechthin, war nur über eine marode Erdstraße erreichbar. Australien hatte gerade mal 14 Millionen Einwohner, und die Fahrt auf dem Highway One war im Northern Territory wie auch in Western Australia oft noch ein echtes Abenteuer.

Erst die 200-Jahr-Feier aus Anlass der Erschließung des Landes sowie die Weltausstellung in Brisbane brachten Australien ab 1988 dem Rest der Welt nahe.

In jenem Jahr setzte Bettina erstmals ihren Fuß auf den fünften Kontinent. Sie war gerade mal zwei Jahre alt. Klar, dass es an Warnungen seitens der Familie nicht gefehlt hatte.

»Als wenn es *down under* keine Pampers gäbe …«, hatten wir gekontert. Also kauften wir uns einen Camper und fuhren 35 000 Kilometer durch Australien.

Bettina, im Sand neben mir, hat die Augen geschlossen.

»Erinnerst du dich an ›Zeckeru‹?«

»Klar doch.« Sie schmunzelt.

Es war oben in Queensland unweit von Townsville gewesen. Bettina spielte gerade mit Puppen und ihrem Teddy, als uns ein dumpfes Plopp, Plopp, Plopp aufschreckte. Es klang so, als pochte jemand mit der flachen Hand auf den Boden. Plötzlich hopste ein großes graues Känguru ins Camp. Auffordernd schaute es in die Runde. Offenbar wartete es auf irgendetwas. Bettina spurtete los und kam mit einem Apfel und ihrer alten Kindersonnen-

Auf Du und Du mit einem Känguru. Bettina im Gespräch.

brille zurück. Das Känguru grabschte nach dem Apfel und knabberte daran.

»Igitt!«, krähte Bettina, »das ist ja ganz voller Zecken!«

Seitdem hieß das graue Känguru nur noch Zeckeru. Nachdem unser neuer Bekannter seinen Apfel gefuttert hatte, setzte Bettina ihm ihre Sonnenbrille auf die Nase.

Als ich am nächsten Morgen aus dem Fenster unseres VW-Busses über den Campingplatz schaue, perlen Regentropfen über die traurig herabhängenden Blüten. Wasser rinnt an weißgrauen Eukalyptusstämmen herunter. Mit einigen Sprüngen über große Pfützen erreiche ich leidlich trocken den Waschraum.

Zwei Männer waschen und rasieren sich dort.

Ich: »*Good morning!*"

Der eine: »*G'day mate!*« ('n Tach, Kumpel!)

Der andere wendet sich mir zu und fragt irgendetwas. Ich sehe, wie die umschäumten Lippen einen Satz formen, verstehe allerdings überhaupt nichts.

Englisch ist Australiens Landessprache. In den Städten hört man auch Indonesisch, Chinesisch, Vietnamesich. Arabisch nimmt zu. Doch je weiter man von der Küste in Richtung Outback kommt, umso fremder erscheint einem das Englische; man spricht es schnell und nasal, Endsilben werden zerhackt und verschluckt. Wenn ich mich auf früheren Reisen leidlich eingehört hatte, meinte ich in jedem Satz ein *bloody* oder ein *bullshit* zu hören. Und nachdem mich ein *bloke* aufgeklärt hatte, dies sei *Australian strine* (beides nasal gesprochen, wobei die Wortenden lustig hochgezogen werden), wusste ich: Jetzt hast du den *slang* des Outback kennen gelernt.

Ich gestehe, dass ich noch immer Verständigungsprobleme habe, obwohl ich in englischsprachigen Ländern gelebt habe. Doch nach und nach wurde ich mit der Outback-Sprache vertraut. Lernte, dass ein *banana bender* (Bananenbieger) ein Einwohner von Queensland ist, dass Autoreifen *bulldust* aufwirbeln, ein *drongo* ein Dummschwätzer ist und wenn jemand *pissed* ist, hat er ein Bier (*piss*) zu viel in sich reingekippt.

Ich frage also das Schaumgesicht, was denn sei.

»*It's not such a bad day* (gesprochen: daaii) *today!*« (Is' kein so'n schlechter Tag heute ...)

Was er damit meint, frage ich.

»*It's 21 degrees!*« 21 Grad, damit scheint für ihn alles gesagt zu sein. Der *bloke* starrt auf sein Kinn, wo die Klinge erneut über Stoppeln kratzt. Nachzufragen traue ich mich nicht, habe mir aber eine Interpretation zurechtgelegt: Dass dies »kein so'n schlechter Tag« sei, ist ein Kompliment an die Wettergötter. Es regnet. Und ein »kühler« Morgen mit 21 Grad ist für einen Aussie ein Geschenk des Himmels.

Also richtig: »*It's not such a bad day today.*«

Während Juliana uns drei nach Port Macquarie fährt, nehme ich mir unser »Australian Phrase Book« vor und lerne ein neues Kapitel *Aussie strine*. Seitdem weiß ich, dass die Polizei Alkoholsünder mit einem *booze bus* jagt, ein Farmassistent ein *jackaroo* und die Assistentin eine *jillaroo* ist, bei der Einladung zum *tea* ein komplettes Abendessen mit riesigen Steaks und jeder Menge Bier auf einen wartet. Und wo vor *salties* (Krokodilen) gewarnt wird, ist das Baden ungesund. Die Lektüre ist spannend. Auch jene über Tümpel, die hier *billabong* heißen, an deren Ufern man sich gern abends in seine *matilda* (Schlafdecke) kuschelt. Als wir in Port Macquarie ankommen, meint Juliana, ich hätte vor lauter Lesen einen reizvollen Küstenabschnitt verpasst.

Port Macquarie:
Im siebten Himmel für Koalas

Weder auf den ersten noch auf den zweiten Blick hätte ich Jason McManus für den Chef eines Hospitals gehalten. Sein Büro ist klein, aber voll gestopft mit Büchern und Möbeln. Auf dem Tisch liegen Kekse.

»Bedien dich«, sagt er.

An den Wänden sehe ich Patientenlisten, Zeitungsartikel und Bilder, die seine Kranken vor und nach der Einlieferung zeigen.

»Die meisten von ihnen kamen nach Buschbränden.«

Jason ist vielleicht Anfang dreißig. Aus seinem freundlichen runden Gesicht sprießt ein Dreitagebart. Jason schiebt die Mütze mit der Aufschrift »Australia« neben der Landesflagge in den Nacken und tippt auf ein Foto auf dem Tisch. »Dieser Patient heißt Cathie Ernie und dieser Curduroy Brendan.«

Wir haben uns durch Port Macquarie bis zu Jason durchgefragt, weil mich seine Patienten, putzige 50 Zentimeter große Koalas, bereits von Kindesbeinen an fasziniert haben.

»Wie viele Patienten sind denn derzeit im Koala Hospital?«

»35«, weiß Jason. »Das kann sich aber jeden Moment ändern. Nur ein Buschfeuer, und schon wird es rappelvoll bei uns. Neun Tiere haben wir an Privatpersonen abgegeben, die sie mit Liebe und Geduld zu Hause pflegen.«

400 Koalas leben in der Region von Port Macquarie, erfahre ich.

»Wir können uns auch auf den Namen ›Port‹ einigen. Viele Leute nennen unsere Stadt so.« Jason lächelt, wird aber gleich wieder ernst. »Port ist die am zweitschnellsten wachsende Stadt in diesem Küstenabschnitt, und somit wird's eng für unsere Koalas: Viele fallen dem zunehmenden Verkehr zum Opfer. Und immer neue Wohngebiete lassen die Umwege zu den Futterplätzen länger werden. Das löst stressbedingte Krankheiten aus.«

»Wie bekam Cathie Ernie seinen Namen?«, frage ich.

»Der erste Namenteil deutet auf die Fundstelle, in diesem Fall Lake Cathie, danach folgt der Vorname des Retters. Auf diese Weise kriegten auch Kempsey Carolina und Fuzzy Roy ihre Namen.«

Doch die Vergangenheit dieser knuddeligen Kletterbeutler ist alles andere als »lustig«, denn als die Weißen in Australien einzogen, ging es ihnen an den pelzbesetzten Kragen. Zwar nicht gleich, denn es dauerte bis 1798, bis auf einer Expedition in die Blue Mountains westlich von Sydney der erste Koala gesichtet wurde. Rund 80 Jahre später fanden Koalas bereits unter obskuren Umständen ihren Weg in den Londoner Zoo. Eine Sensation! Man wusste bereits, dass der so entspannt wirkende Pelzträger ein ausgemachter Feinschmecker ist, der nur an Eukalyptusblättern Gefallen findet. Ein reiner Vegetarier ist er zudem, dazu auch noch wählerisch, denn er hat sich auf ein oder zwei Eukalyptusarten seiner Region spezialisiert. Doch die in den Londoner Zoo gebrachten Tiere waren offenbar hart im Nehmen, denn sie lebten trotz aller Entbehrungen noch 14 Monate. Spätere Bestrebungen, Koalas in Europas Zoos heimisch zu machen, schlugen fehl. Einen erneuten Versuch startete der Londoner Zoo, nachdem 1927 ein Seemann zwei putzmuntere Koalas an ihn verkauft hatte. Einen Monat lang vergnügten sich abertausend Londoner, indem sie die Urväter aller Teddybären bewunderten. Doch dann starben auch diese.

Einzelschicksale rühren immer das Herz. Doch von dem Schicksal Millionen anderer Koalas in den Wildnissen Australiens nahm kaum jemand Notiz. In jenem Jahr 1927, als die Londoner die australischen Exoten bestaunten, waren Koalas in Victoria und New South Wales als Folge einer gnadenlosen Bejagung faktisch ausgerottet. Drei Jahre zuvor hatte man noch zwei Millionen Koalafelle exportiert!

»Koalas sind heute geschützt. Was sage ich ... extrem geschützt!«, bekräftigt Jason. »Und dass Koalas geschossen werden, kommt nur noch selten vor. Die Strafen dafür sind drakonisch: bis zu 250 000 Dollar und vier Jahre Knast!«

Auch Pat, Jasons Assistentin, bringt sich hier aus Liebe zur Sache ein, wie er natürlich ohne Bezahlung. Die jährlichen Spendengelder von 100 000 bis 150 000 Dollar reichen gerade mal für die Patienten.

»Für Medizin und die Betriebskosten unseres Trucks, mit dem wir die Blätter herankarren. Von den circa 350 Eukalyptusarten im Land sammeln wir die Blätter von 20 bevorzugten Arten. Jeder Koala braucht täglich ein halbes Kilo solcher *gum leaves* zum Überleben.«

In diesem Moment signalisiert uns Pat, ein neuer Patient auf der Küstenstraße bedürfe Jasons Hilfe. Wir begleiten ihn.

»Ein Verkehrsopfer«, stellt er fest, als wir den am Straßenrand liegenden Koala erreichen. Einige Kinder stehen scheu dabei und sehen uns zu. Eine Stunde später hat Jason das Tier im Behandlungszimmer verarztet und dann in den Raum für Schwerkranke geschafft. In einigen Wochen, wenn die Verletzungen verheilt sind, wird das Tier ins Freigehege kommen.

Mir scheint, als wollten Jason und all die anderen eine historische Schuld aus einer Zeit abtragen, in der es auch ein Sport war, diese possierlichen Gesellen abzuknallen, oft aus Spaß! Aber was für ein Spaß?! Sterbende Koalas klagen wie weinende Kinder.

Manchmal, so erzählt Jason, treffe er Koalas mitten auf der Fahrbahn eines Highway in Port Macquarie. Verängstigte Koalas flüchteten auch schon mal in Kaufhäuser – einen befreite er kürzlich aus einem Fahrstuhlschacht.

»Dass ihr Lebensraum immer enger wird, verleitet sie zu verzweifelten Handlungen.«

Hier sind Jason und seine Freunde, auf der anderen Seite steht eine starke Lobby, die noch immer Aufträge zum Abschuss wilder Tiere erteilt, weil sie angeblich den Interessen des Menschen im Wege stehen: denen von Farmern und Politikern, die die als *roo shooter* bezeichneten Kängurujäger dafür bezahlen, dass sie nachts Kängurus ins Licht ihrer starken Scheinwerfer locken und sie abknallen.

Die Begegnung mit Jason McManus und seinen Koalas will mir während der Weiterfahrt nicht aus dem Kopf gehen.

»Nicht wenige Koalas in Gehegen sterben stressbedingt innerhalb der ersten Woche«, klingt es mir noch im Ohr. Später hatten wir allerdings gelacht, als er berichtete, dass liebeskranke Koalamännchen den Einwohnern von Port Macquarie zwischen September und Januar eigentümliche »Ständchen« bringen. »Bei der Begattung klingt der Ruf des Koalamännchens wie das Grunzen eines Schweins, dazwischen vernimmt man das hohe Tremolo des Weibchens. Vier Wochen nach diesen Liebesnächten stellen sich winzige Koalas ein, so groß wie eine Zwei-Cent-Münze, die sich in Mamas Brusttasche verstecken.«

Es ist bereits später Nachmittag, als wir nördlich von Port Macquarie entlang der North Coast weiterfahren. Der Name Nordküste erscheint mir wie ein Witz angesichts der noch 2000 Kilometer weiter nördlich liegenden Küsten. Gemeint ist hier allerdings die nördliche Küste von New South Wales. Wobei diese nicht einmal die nördlichste Küste ist, denn es folgt die Mid North und dann die Far North Coast, an deren Ende die Gold Coast steht.

Damit stoßen wir das Tor zum australischen Mekka für Wellenreiter auf.

Wir haben uns für den Abend mit Rex Grant südlich von Byron Bay nahe einem kleinen Fischerort namens Yamba verabredet. Er arbeitet als Wissenschaftler an der Universität von New South Wales in Armidale. Ich habe Rex vor langer Zeit auf einer der vielen zu Australien gehörenden Pazifikinseln getroffen, wo er ein Hotel betrieb. Nach diesem Ausflug in die Welt des Unternehmertums wandte er sich wieder seinen beruflichen Wurzeln zu. Seit Jahren habe ich Rex nicht gesehen.

In meinem Tagebuch steht über die reizvolle Fahrt entlang der Küste dorthin: »Immer wieder überqueren wir Flüsse, die wie tief ins Land reichende Meeresbuchten wirken. Die Ufer dieser von New England kommenden River sind dschungelhaft bewachsen und sattgrün. Kinder tummeln sich im Wasser. Krokodile gibt es hier offenbar nicht.«

Das Land westlich des Highway One trägt den Namen New England. Und so wie in »Old England« gibt es auch hier vier Jahreszeiten. New England liegt auf dem Rückgrat der Great Dividing Range, einem Höhenzug zwischen Queensland und Newcastle im Süden. Dass es sich hier gut leben lässt, wussten schon die früheren Anaiwan-Aborigines, die bereits vor 10 000 Jahren am Mount Yarrowyck lebten und eindrucksvolle Malereien schufen.

Armidale, der Hauptort von New England, ist mit seinen hübschen Kolonialgebäuden einer der reizvollsten Orte hier. Wegen seiner für australische Verhältnisse außergewöhnlichen herbstlichen Laubfärbung kommen die Besucher von weither.

In Macksville stoppen wir, um uns die Beine am Ufer des Nambucca River zu vertreten. Das legendäre »Pub with no Beer« (die Bar ohne Bier, in Australien eine Horrorvorstellung!) liegt nur 20 Kilometer weiter flussaufwärts. Auch für den Country-Star Slim Dusty war eine solche Kneipe eine Tragödie fast nationalen Ausmaßes. Er besang sie und landete mit dem Song »Pub with no Beer« einen Erfolgshit.

Wir sind spät dran, die Sonne geht bereits unter. Heute können wir uns nicht mehr mit Rex in der kleinen Siedlung Angourie treffen. Also verabreden wir uns per Telefon für morgen.

Jim und Bonny bewiesen 1966 den richtigen Riecher. »Damals kaufte ich unser Grundstück für den lächerlichen Preis von 3000 australischen Dollar. Heute sind Grundstücke mit einem alten Kasten wie diesem«, Jim zeigt auf sein einfaches, selbst gebautes Holzhaus, »mindestens 300 000 australische Dollar wert.«

Wir sitzen auf der hölzernen Terrasse und blicken auf den nur wenige hundert Meter entfernten Pazifik. Rex Grant hat uns hierher, zu Jim und Bonny, seinen Schwiegereltern, eingeladen. Aus der offenen Terrassentür dröhnt lautstark »In München steht ein Hofbräuhaus«.

»Als Rex mir sagte, dass Besuch aus Deutschland kommt, habe ich noch schnell meine alte Schallplattensammlung durchforstet und diese schöne Musik gefunden.« Jim strahlt und schiebt mir den Teller mit Garnelen und Hummer zu.

»Ein Paradies«, schwärme ich und tippe in Richtung der Delikatessen. Rex hat mit uns zuvor am Seafood-Laden von Yamba gestoppt und kräftig eingekauft. Einem solchen Angebot an Meeresfrüchten bin ich selten zuvor begegnet: Es gab *mud crabs* und *sand crabs, lobster, shrimps,* Hai und eine Fülle anderer Meerestiere.

Rex legt ein paar Fotos auf den Tisch. »Gelegentlich gibt's aber auch Schatten im ›Paradies‹. Seht mal.«

Auf den Fotos erkennt man die Konturen unserer Terrasse.

Zwanzig Meter dahinter tobt ein Buschbrand, aus dem zehn Meter hohe Flammen lodern.

»Wir hatten damals Glück«, wirft der alte Jim ein, »Glück, weil die Pufferzone zwischen dem Yuraygir Nationalpark und unserem Haus breit genug war und die Flammen nicht drüber hinwegkamen. Wie die Teufel spritzten wir mit unseren beiden Gartenschläuchen und kamen gerade noch mit einem blauen Auge davon.«

Ursprünglich hatten Jim und Bonny sich ihren Besitz als Wochenendgrundstück zugelegt. Es gab damals in den Sechzigerjahren weder Strom noch Wasser, und so taten sie, was im Outback gang und gäbe ist, und legten Zisternen an. Darin fingen sie den während *the wet*, der Regenzeit, aufs Dach trommelnden Regen und kamen so gut über die Runden.

»Während in den Sechzigern 5000 Menschen in dieser Region lebten, sind es heute bereits 8000«, mischt sich Rex in unser Gespräch. Die Schönheit dieser Küste ließ sich nicht verheimlichen.

»Im Vorfeld der Olympiade 2000 verkauften viele Sydneysider ihre Häuser dort zu Spitzenpreisen und kauften sich hier günstig Grundstücke. Heute leben sie vom Überschuss aus diesem Geschäft.«

Seit 15 Jahren sind auch Jim und Bonny hier *permanent residents*. »Durch die Neuankömmlinge und ihre Siedlungen ist das Leben aber auch ein wenig einfacher geworden«, räumt Bonny ein. »Denn jetzt gibt's auch Strom und Leitungswasser.«

»Fosters schmeckt aber immer noch am besten«, meint Jim und schwenkt seinen Bier-*stubby*.

Es dauerte lange, bis die Australier begannen, ihr eigenes Hinterland zu lieben. Ich meine nicht als Kapitalanlage, nicht mit den Augen des Buchhalters. Das klappte bereits zuvor bestens, denn die Rinderzucht im Outback warf vorzügliche Rendite ab, und Bodenschätze gab es reichlich. Die Masse der Menschen aber igelte sich in den Städten ein. Wie in Trutzburgen, die größer und größer wurden. Für die meisten Australier etwa aus Perth oder Melbourne war der Trip nach Großbritannien, ins *United Kingdom*, attraktiver als die Tour durchs eigene Land.

Der Name der im Inneren von New South Wales gelegenen Stadt Bourke steht für all das, was dieses Outback-Australien so fremd und feindlich erscheinen lässt: Hitze, Dürre, trockene Stürme, Buschfeuer, verheerende Überschwemmungen. Back o' Bourke (jenseits von Bourke) ist ein Kürzel für das Fremde im eigenen Land. Und so blieben Bourke und das Outback für die meisten Menschen in Melbourne und Sydney unbekannter als das ferne Europa.

Ähnlich ambivalent war das Verhältnis der Aussies zu ihren Küsten. Vor gut hundert Jahren verbot ein Gesetz doch tatsächlich das Baden im Meer. Unschicklich war das, verstieß gegen die Moral. Und außerdem, so befanden die Sittenwächter, sei es zu gefährlich. Der Zeitungsschreiber William Gocher sah das anders, er sprang bei Manly westlich von Sydney ins Meer und rief damit die Polizei auf den Plan. Die griff sich den Übeltäter, doch anstatt »William, den Eroberer der Badestrände«, hinter Schloss und Riegel zu stecken, wurde das Gesetz geändert.

In Australien entwickelte sich ein neues Ideal: der Typ braun gebrannter *beach boy* bzw. *beach girl*. Nachdem 1915 der Hawaiianer Duke Kahanamoku hier das erste Surfboard gefertigt hatte und in die Brandung gebrettert war, ließ sich die Nation nicht mehr halten. Wellenreiten wurde Kult.

Der Küstenabschnitt zwischen Angourie und Byron Bay ist des Surfers Sahnehäubchen.

Seit fünf Minuten vernehme ich ein Knistern aus dem Inneren des Hauses. Es muss die Nadel des Plattenspielers sein, die sich in der letzten Schallplattenrille endlos dreht. Münchner Hofbräuhaus, Wiener Walzer und Kufsteiner Lied – ein Völker verbindendes Potpourri. Auf dem Tisch türmen sich die Reste einer Honigmelone, die Bonny als Nachtisch serviert hat. Warmer Wind bläst vom Meer.

Rex erzählt, das Gebiet des heute fast bis ans Haus reichenden Yuraygir Nationalparks sei bis vor 30 Jahren ausgebeutet worden. Man baute Sand ab und gewann unter anderem Wolfram. Nach der Ausweisung als Nationalpark folgte die Aufforstung.

Vorbei an vier Meter hohen Banksia-Büschen mit zitronengelben Blüten wandern wir zum Strand. Australiens Küstenlinie beträgt 36735 Kilometer. Fast so viel wie der Erdumfang! An diesem Tag bekommen wir einen Vorgeschmack auf das, was vor uns liegt.

Angourie Point, der Endpunkt unserer Wanderung, gilt als ein Highlight unter den *surfspots*. Zwanzig Wellenreiter liegen auf der Lauer. Noch ruht man entspannt auf den *long boards*, plantscht mit den Armen. Doch plötzlich geht ein geheimes Signal durch die Surfer. Bewegungen werden schneller und kraftvoller, Arme drehen sich wie Flügel. Die Surfboards, eben noch gegen die heranrollende See gerichtet, fliegen herum. Plötzlich stehen drei Mann auf ihren Brettern, die anderen haben offenbar den richtigen Moment zum Start verpasst.

Wir setzen uns auf die scharfkantigen Ufersteine. Keine 50 Meter von uns gleiten die drei Surfer vorbei. Jetzt sind es nur noch zwei, über dem dritten schlägt eine mächtige Welle zusammen.

Matthew Wills treffen wir an der Treppe, die vom Parkplatz zum Strand führt. Auch unter dem Neoprenanzug kann er seine waschbrettartigen Bauchmuskeln nicht verbergen. An die Zeit vor seinem Leben als Wellenreiter erinnere er sich nicht mehr, behauptet er und grinst. Matthew ist einer von 1,5 Millionen surfenden Aussies. Manche tun's hemmungslos und leidenschaftlich, manche sportlicher, wieder andere entspannter. Wann immer er Zeit erübrigen kann, kommt Matthew von Sydney hierher: 700 Kilometer hin, 700 Kilometer zurück!

Die blonden Haare fallen ihm über den Nacken. Wenn der promovierte Anwalt aus North Sydney in seiner Kanzlei arbeitet, bändigt er sie zu einem Pferdeschwanz.

Was er außer Surfen am liebsten mache, frage ich ihn.

»Nach Hawaii fliegen!« Er grinst.

»Und warum?«

»Weil Wellenreiten dort noch besser ist als hier!«

Rex will uns an diesem Abend unbedingt den Golfplatz von Yamba zeigen. »Allerdings bin ich kein Golfer«, betont er. »Das Schönste für mich ist, abends dort die Kängurus beim Äsen zu belauschen.«

Doch leider nicht an diesem Abend. Stattdessen treffen wir am Leuchtturm, wo der Clarence River in den Pazifik mündet, auf Ross, der von sich behauptet, ein Aborigine zu sein. Ich habe meine Bedenken, weil er so aussieht wie Zehntausende anderer englischstämmiger Australier auch.

»Doch, doch, einer meiner Vorfahren war ein Aborigine«, betont Ross und dreht dabei am Verschluss seines *stubby*. Nach einem geräuschvollen Schluck setzt er die Flasche ab.

»Jahrtausendelang lebten hier die Goorie ...« Er sieht zu uns hoch. »Aber setzt euch doch.«

Okay, wir setzen uns.

Wie schon während der letzten Tage ist der Himmel auch an diesem Abend regenschwer. Die Menschen hier haben uns schon als Regenbringer beglückwünscht. Das Land habe gedürstet, es sei extrem trocken gewesen, man brauche endlich Wasser. Wenn uns das beim Reisen auch nicht gerade gelegen kommt, so kann ich mich doch der Einsicht nicht verschließen, wie lebensnotwendig *down under* Wasser für Mensch und Natur ist.

»Jahrtausendelang lebten die Goorie hier vom Fischfang«, beginnt Ross. »Sie legten Fischfallen an, indem sie Abschnitte der Bucht bis auf eine Öffnung abriegelten. Wir bezeichnen das als Angourie-Fallen. Die Flut stieg, und die Fische kamen. Sobald das Wasser zurückging, schlossen die Gourie die Öffnungen ihrer Fallen, und schon hatten sie ihre Fische. Die Alten unseres Stammes sagen, die Fische seien in Lehm gerollt und dann in der Glut des Lagerfeuers gebacken worden. Die Haut ließ sich nach dem Backen samt Schuppen leicht entfernen. Die Innereien zogen sie heraus. Die Goorie verschwendeten nichts, und sie nahmen nur, was sie zum Leben brauchten.«

Ross blickt stolz in die Runde, nimmt einen Schluck, wirft die leere Flasche hinter sich und greift zum nächsten *stubby*. »*Cheers!*«

Als wir Kookaburra erreichen, fallen erste dicke Tropfen. Beim zweiten vergeblichen Versuch, unser Camper-Hubdach zu entriegeln und hochzustellen, ahne ich, dass Juliana heute Morgen offenbar irgendein Malheur passiert ist. Das Hubdach ist verklemmt! Wir holen Werkzeuge hervor, ich schraube, leuchte mit der Taschenlampe hierhin und dorthin. Aber ich komme nicht an das Problem ran. Mir wird heiß. Es ist Wochenende, die Werkstätten haben geschlossen! Und ohne aufgestelltes Hubdach hat Bettina keinen Schlafplatz. Da gleitet die Spitze des Schraubendrehers in meinen Finger.

»Autsch! Konntest du heute Morgen nicht besser aufpassen!«
Ich spüre, wie ich zunehmend gereizter werde.

Der Regen hat sich in einen Gewitterguss verwandelt. Schweiß perlt in meine Augen, rinnt mir den Rücken hinunter. Wenn wir jetzt nach Sydney zurückmüssen, damit Dave Berry das Problem löst, verlieren wir drei oder vier Tage!

Da nehme ich aus den Augenwinkeln eine Bewegung an der geöffneten Campertür wahr. Ein schlanker Mann mit schmalem Musketier-Bärtchen zwischen Unterlippe und Kinn steht draußen im Regen und wirkt doch völlig entspannt. So ganz anders als ich.

»Ich sah euch und dachte, die haben wohl ein Problem... Kann ich euch helfen?«

Bettina bezeichnet später Peter Wright, so sein Name, als »Retter in der Not«. Peter hat eine analytische, ruhige Art, unser Problem anzugehen. Wir legen die Verkleidung des Schlosses frei, erkunden die Ursache, richten daraufhin einen Haken und schrauben die Verkleidung wieder zu. 20 Minuten später ist alles vergessen.

»Besucht mich in Millicent, in Südaustralien«, meint Peter zum Abschied. Gut 18 000 Kilometer sind es allerdings noch bis dahin. Drei Jahre lang ist er mit einem zu einem Camper umfunktionierten Autobus durch Australien gezogen. Zwischendurch hat er immer wieder mal gearbeitet. Ich bin gespannt auf seinen Bericht. Wir wollen kommen.

Am Morgen darauf erwäge ich einen Moment lang, ins Outback zu flüchten. Die Wetterkarte im »Australian« verheißt »31 Grad Wärme in Bourke«, dazu »blauer Himmel«. Vor der Küste hingegen klebt ein Tief.

Wären wir allerdings schon hier ins Outback gefahren, hätten wir zwischen Yamba und Byron Bay viel verpasst. Wen stört hier schon Wasser, das von oben kommt. Schließlich kommen sie des Wassers wegen – Byron Bay ist das Mekka der Surfer, das, was Daytona Beach für den Harley-Freak ist: Kult.

Leider bin ich kein Wellenreiter. Ich male mir aber aus, wie es sein muss, mit dem *long board* über Wogenkämme zu reiten und beim Tauchen durch den Wellentunnel den ultimativen Kick zu spüren.

Zunächst aber ist mir, als hätte jemand das Rad der Zeit angehalten. Nirgendwo zuvor habe ich so viele VW-Busse der Siebzigerjahre auf einem Fleck gesehen wie hier zwischen Ballina und Lennox Point. Später, bei der Einfahrt nach Byron Bay werde ich meine Schätzung sogar noch nach oben hin korrigieren.

In Ballina folge ich der Ausschilderung »*lookout*«, wo ich wie aus einem Adlernest auf das hundert Meter unter uns tosende Meer blicke. Sturm rüttelt am Bulli. Ein wütendes Meer wirbelt Dunstschleier über den Küstenstreifen und schmiert ihn auf die Windschutzscheibe. Möwen tanzen im Aufwind und kreischen. Unten stürzen sich die Surfer in die Wellen.

Da reißt mich das Wummern eines Achtzylinders aus meinen Betrachtungen. Neben Kookaburra parkt ein Mercedes 300 ein, genau genommen ist es nur der Aufbau einer Mercedes-Limousine, das Chassis stammt von einem amerikanischen Truck auf riesigen Reifen. Byron Bay ist der Platz für alle, die anders sein wollen; viele sind Träumer, einige extrovertiert, manche sind alt gewordene Hippies und nette Spinner, vor allem aber ist dies *der* Platz für Surfer.

Byron Bay:
Im Surf-Dorado ist der Teufel los

Byron Bay feiert sich wieder mal selbst, wie so oft in den letzten 40 Jahren, seit Hippies ihren Weg zu den Surfstränden unterhalb des wie ein Stachel in den Pazifik ragenden Cape Byron fanden. Strände wie Watego Beach, Clark's Beach und The Pass wurden Legende. Kein Geringerer als Captain Cook war es, der dieses Kap nach einem berühmten Seefahrer seiner Zeit benannte: Sir John Byron – dem Großvater des späteren Poeten und Schriftstellers Lord (George) Byron. Heute kommen die Besucher auch aus New York, München, Madrid oder Melbourne. Es sind Studenten, Handwerker, Künstler, Schüler und viele, die nach dem Motto leben: »Arbeiten sollen getrost all jene, die nicht surfen können«.

Juliana vermerkt den 40. VW-Bulli des Tages. Als diese in allen Regenbogenfarben schillernden VW-Veteranen zwischen 1960 und 1980 im VW-Werk Hannover-Stöcken das Licht der Welt erblickten, waren die meisten ihrer Fahrer noch nicht einmal geboren.

Die Zufahrt zum Cape-Byron-Lighthouse ist steil.

Beim Aussteigen schlägt mir der steife Ostwind wie eine Backpfeife ins Gesicht, dann reißt er mir die Autotür aus der Hand. Sturm heult und zerrt an meinen Haaren, zwischendurch schleudert er Wasser auf mich. Schwarzgrau ist der Himmel, Wolken segeln vom Meer aufs Land zu, wo sie sich schon bald über die grünen Hügel New Englands ergießen werden. Hundert Kilometer landeinwärts wird der Himmel bereits wolkenlos sein.

»*Where the sun first hits the sand*«, lautet Cape Byrons Motto. Das pauken bereits die Zweitklässler, denn nirgendwo sonst küsst die Sonne das australische Festland früher als hier.

Da reißt der Himmel auf, gibt Stahlblau frei, die Sonne lacht, und der eben noch düstere Leuchtturm strahlt mit einem Mal blendend weiß. Ich versuche das zu fotografieren, doch der Sturm reißt mich auf einem der wie Dohlennester an die Klippen geklebten Aussichtspunkte von den Füßen. Als ich mich hochrappele, sehe ich tief unten Surfer und bilde mir ein, ihre Freudenschreie zu hören. In Wahrheit pfeift der Wind in meine Ohren.

»Warum wollt ihr denn ganz um den Kontinent herumfahren?«, hatte mich Rex Grant gefragt: »Alle Schönheit Australiens gibt es doch hier.« Nun ... er hat ja Recht. Doch ich suche das noch stillere Australien.

Zwei Tage später haben wir es immer noch nicht gefunden. An der Gold Coast war es allerdings auch nicht zu erwarten.

Ich habe einige der klassischen Outback-Pisten wie den Oodnadatta, Strzelecki und Tanami Track befahren. Ich kippte eisige Biere im Birdsville Hotel, einer Kneipe, die im Sommer ein Vorposten der Hölle ist. Im Walkabout Creek Hotel, wo Crocodile Dundee seine Film-Späßchen machte, hockte ich zwischen staubverkrusteten Schafscherern, später ritt ich auf Kamelen durchs Outback.

Aber ich war noch nie an der Gold Coast.

Ich habe Alaska mit Schlittenhunden durchquert und Kanada von Süd nach Nord im Kanu durchpaddelt. Aber ich war noch nie in New York. Vielleicht werde ich das ja eines Tages nachholen, so wie wir jetzt beschlossen haben, der Gold Coast und Surfers Paradise unsere Aufwartung zu machen. Der Highway One führt geradewegs hindurch.

Goldene Küste …?! Dass ich nicht lache. Seit der Grenze zwischen New South Wales und Queensland übertrumpft ein Hochhaus das andere, bis 30 Kilometer später in Surfers Paradise die Bauwut ihren vorerst letzten Höhepunkt findet.

Man schließe einen Moment die Augen und stelle sich vor, dass dies vor 50 Jahren ein stiller goldener Strand war, über den Pazifikwellen plätscherten. Die wenigen Naturfreunde hier hinterließen kaum mehr Spuren als die Aborigines während der 10000 Jahre vor ihnen. *Umbi-gumbi*, Ort der Ameisen, hatten die diesen Küstenabschnitt genannt.

Ob sie wohl hellseherische Fähigkeiten besaßen?

Denn ameisengleich geht es in Surfers Paradise während der Saison zu. Die begann, als ein Jim Cavill 1936 ein hübsches kleines Hotel namens Surfers Paradise baute. Als das Großkapital dieses Juwel entdeckte, wichen die Stille und die Unberührtheit dem Trubel und dem *fun*. Im Jahr 1985 wurde das gemütliche kleine Hotel durch eine mächtige Bettenburg ersetzt.

Was verbirgt sich hier hinter Namen wie Palm Beach, Miami und Mermaid Beach? Ganz einfach: Urlauber, die im Sand braten, und knackige Burschen, die am Meer entlangschlendern, ihr Surfboard wie ein Schätzchen im Arm. Also Bilder wie in Palm Beach und Miami in Amerika. Über allem wachen die Rettungsschwimmer der *beach patrol*.

Während Juliana und Bettina über die Esplanade bummeln, plaudere ich mit Jenny Hancock, die zur Mannschaft der *surf lifesaver* gehört. Ich helfe ihr, das gut zwei Meter lange Rettungs-Surfboard vom Gepäckträger ihres Landcruiser zu hieven.

»Schon Daddy war *lifesaver*«, erzählt die 20-Jährige. »Das war vor meiner Geburt und auch bevor der pfiffige Bernie Elsey seine *meter maids* medienwirksam in ihren glitzernden Bikinis ausschwärmen ließ, um die Parkuhren der Gäste zu füttern.«

Diese *meter maids* sorgten für eine Publicity, die bis nach Asien reichte, denn Japaner kamen nun bald in Scharen. Die goldenen Sechzigerjahre des 20. Jahrhunderts machten den Goldstrand zur Goldgrube.

An der Esplanade wählen wir zum Essen eine der drei hier weltweit vertretenen Imbissketten aus. Eine Entscheidung, die nicht schwer fällt, denn alle servieren Hamburger und Pommes. Unsere Tischnachbarn sind Mitte zwanzig. Popmusik schwingt durch die Luft, in der Ferne hört man das Rauschen der Brandung. Surfers Paradise ist eben Kult, und nach dem Surfen folgt die Party.

Brisbane erreichen wir bei Einbruch der Dunkelheit. Unser Beschluss, östlich der City nahe dem Meer einen Campingplatz zu suchen, fällt einstimmig. Der Blick auf den Stadtplan ist zu verführerisch: Nur die Spannweite einer Hand von Downtown entfernt soll dort ein ruhiger Platz sein. Doch auch an einem verkehrsarmen Abend bedeutet die Spannweite meiner Hand eine halbe Stunde Fahrzeit.

»Eigentlich müsste der *caravan park* hier sein.« Bettina späht aus dem Fenster. Nirgendwo ist ein Schild zu entdecken. Bei einem Imbiss erkundigt sich Juliana nach dem Weg.

»Zwei Kilometer zurück, und dann nach links. Der *caravan park* ist nicht zu verfehlen.«

Also wieder zurück. Das Büro ist verriegelt. Es gibt weder Klingel noch Haustelefon, wie man es sonst für *late arrivals*, Spätankömmlinge, vorfindet.

Ich fahre langsam über den Platz, der offenbar von Langzeitcampern bewohnt ist, von Leuten, die auf Arbeitssuche durchs Land ziehen und sich so als moderne Nomaden etablieren. In einem dieser »Nomadenzelte« brennt Licht. Drinnen sitzen zwei Männer, beide um die sechzig.

Juliana fragt, ob wir hier bleiben können. Sie sagt mir später, die *blokes* hätten ein anderes als das ihr bekannte Englisch gesprochen: heftigstes *Aussie strine*.

Immerhin können wir bleiben. Da vorn, auf der großen Wiese, dürfen wir einparken.

Beautiful one day, perfect the next lautet zwar das Motto des Sonnenscheinstaates Queensland – »ein Tag schöner als der andere« –, doch an diesem Abend rieselt feiner Spray aus dem Himmel über der Hauptstadt. Dafür ist die Blütenpracht verschwenderisch, Farne erreichen hier die Größe von Palmen.

Als Bettina und Juliana später aus dem Waschraum zurückkommen, liegt ein breites Grinsen auf ihren Gesichtern.

»Dem stillen Örtchen kannst du getrost ein Kapitel widmen«, feixt Bettina.

Was ich natürlich nicht vorhabe, aber neugierig bin ich doch. Als ich mich anderntags dorthin aufmache, erfüllt ein Vogelspektakel die Luft. Eine *magpie,* ein Schwarzrückenflötenvogel, übertönt die akustische Kulisse mit einer variantenreichen Imitation anderer gefiederter Sänger.

Das Bad ist eine Bruchbude. Das einzige Fenster ist von innen mit einem Lappen verhängt. Sacht pendelt er im Morgenwind. Die hölzerne Waschbeckenumrandung ist durch Feuchtigkeit pockennarbig geworden. Verklebter Staub bedeckt die Armaturen. Immerhin bin ich froh, dass heißes Wasser läuft.

Die eleganten Glasfassaden von Downtown Brisbane später sind ein echtes Kontrastprogramm. Baulücken auf Fotos, die ich vor zehn Jahren aufgenommen habe, sind jetzt mit modernen Bürohäusern gefüllt. Doch für nachdenkliche Betrachtungen bleibt mir keine Zeit. Einbahnstraßen führen uns überallhin, aber nicht nach dort, wo wir eigentlich hinwollen. Schließlich lotst mich Juliana in den Stadtteil Kangaroo Point.

John Oxley, der erste Europäer hier, muss rechtschaffen hungrig gewesen sein, nachdem er vor rund 180 Jahren den Fleck ausgemacht hatte, an dem die spätere queensländische Metropole entstehen sollte. Er legte am Ufer eines *creek* an und frühstückte. Der Bach heißt seither Breakfast Creek, so wie der heutige Stadtteil. Und gut frühstücken kann man nach wie vor dort. Die Steaks im Breakfast Creek Hotel zählen zu den besten der Stadt.

Wäre ich vor die Wahl gestellt, mir eine australische Metropole zum Leben auszusuchen, dann würde ich wohl Brisbane nehmen. Da ist zum einen die zauberhafte queensländische Küste, zum anderen erscheint mir diese Stadt noch überschaubar, auch wenn ihre Lage nicht so spektakulär sein mag wie die von Sydney. Der Blick von Kangaroo Point über den Brisbane River auf die Skyline von Downtown ist allerdings atemberaubend. Noch in den Sechzigerjahren des 20. Jahrhunderts war die alte City Hall, das Rathaus, das höchste Gebäude der Stadt. Heute duckt es sich hinter Glas, Beton und himmelwärts strebendem Stahl. Der Bauboom der Achtzigerjahre und die Weltausstellung von 1988 haben Brisbane in aller Munde gebracht.

Um ein Land zu verstehen, sollte man seine Pubs besuchen, seine Zeitungen lesen, den Menschen begegnen und Augen und Ohren aufsperren.

Also habe ich mir bereits seit den ersten Tagen in Sydney australische Zeitungen besorgt. Eine spannende Lektüre für mich, denn dieselben Ereignisse stellen sich aus einem anderen als dem bekannten geografischen wie politischen Blickwinkel oft anders dar.

Nachdem ich am Morgen des 14. April auf dem Campingplatz von Maleny nördlich der Glass House Mountains meinen Campingstuhl in den Schatten gezogen und die Zeitung »The Australian« aufgeschlagen habe, springt mir die Überschrift ins Auge: »Entschuldigung gegenüber Aborigines längst überfällig«.

Der Artikel fährt fort: »Der frühere Generalgouverneur William Dean hat dem Wunsch nach einer Entschuldigung gegenüber den Aborigines Auftrieb gegeben, indem er sagte, dass ein vollständiges Eingeständnis vergangener Ungerechtigkeiten ›längst überfällig‹ sei ... Sein (Deans) Kommentar verstärke den Druck auf die Howard-Regierung, die – bisher von dieser verweigerte – Entschuldigung auszusprechen. Premier John Howard steht nach wie vor auf dem Standpunkt, dass heutige Generationen nicht für vergangene Fehler verantwortlich gemacht werden sollten.«

An diesem Morgen verrät mir die Zeitung allerdings auch, dass 50 Kilometer weiter landeinwärts aus einem tiefblauen Outback-Himmel die Sonne brennt, und außerdem, dass das Wetter an der Küste bald besser werden soll.

Glücklich in Australien: Sabine Wienand fand nach einem abwechslungsreichen Leben in Deutschland eine neue Heimat in Maleny.

Dabei habe ich schon begonnen, mich auch zu freuen, wenn die Menschen sich freuen, dass es hier endlich einmal regnet. Freude an dem Regenintermezzo spüre ich auch bei Sabine Wienand, die nach einem abwechslungsreichen Leben in Deutschland und der Welt eine neue Heimat in Maleny, in den grünen Hügeln der Blackall Range, gefunden hat.

»Wir haben 123 unterschiedliche Vogelarten, die sich irgendwann alle mal bei uns im Garten einstellen. Und jeden Tag füttere ich meine wilden Papageien.« Sie lächelt. »Mach das mal in Hamburg oder Hessen.«

Dort nämlich wuchs sie auf, mit 16 ging sie nach Wien, mit 24 nach München, später lebte sie in Venedig. Das war, bevor sie den Australier Hugh kennen lernte, der in einem Hamburger Nobelrestaurant kochte. Sabine folgte ihm später in seine Heimat.

Auf meine Frage, ob sie den weiten Schritt nach Australien je bereut habe, lacht sie.

»Gib dir die Antwort selbst! Einen Wecker brauche ich nicht, das erledigen unsere lärmenden Rosellas. Und wenn ich aus dem Haus trete, kommen *magpies*, um mir die Körner aus der Hand zu picken. Später stellen sich große Königssittiche, die Männchen mit rotem Kopf, die Weibchen in Hellgrün, ein. Und irgendwann foppt mich der *bowerbird*, der Laubenvogel.«

Sie lacht: »Und das sollte ich bereuen?«

Dann erzählt sie mir, wie der *bowerbird* sie von einer Ecke des Hauses in die andere jagt. »Er imitiert das Weckerrasseln genauso virtuos wie das Bimmeln des Telefons. Nimm nur Hughs Trimm-dich-Gerät: Wenn er seine Fitnessübungen macht, quietscht das Ding, vermutlich weil es geölt werden muss. Heute Morgen hörte ich dieses typische Quietschen. Komisch, dachte ich, Hugh ist doch schon längst aus dem Haus. Ich sah raus ... das Gerät stand still dort. Aber dann entdeckte ich den *bowerbird* und hörte seine Parodie auf das Quietschen.«

Sie hält inne. »Mich zieht nichts zurück.«

Während wir miteinander plaudern, balgen sich zwei Hunde im Garten.

»Der dort ist ein Blue Heeler, das sind die besten Hütehunde für Schafe«, versichert Sabine, »der andere ist ein Red Cattle Dog, ein Meister im Rinder-Zusammentreiben.«

Doch außer beim *barbecue,* wenn T-Bone-Steaks auf dem Grill liegen, haben sie und Hugh keine nähere Beziehung zu Rindern, umso mehr aber zu Soßen. Das liegt bei Hughs Beruf als Koch natürlich auf der Hand, und so haben sie sich auf die Herstellung von Speisesoßen spezialisiert, deren Zutaten aus dem australischen *bush* kommen.

»Sie werden von Aborigines gesammelt«, erklärt Sabine. Hugh und Sabine vermarkten ihre Produkte selbst und präsentieren sie bei »Australischen Nächten« in Deutschland, Österreich und Dänemark.

Während Hugh australische Spezialitäten, auch solche aus Känguru- und Krokodilfleisch, zubereitet, tanzt Wirungga, ein befreundeter Aborigine.

Die Vögel lärmen noch so laut wie bei unserer Ankunft. »Dein Leben erscheint mir wie ein buntes Abenteuer«, sage ich.

Woraufhin Sabine lacht: »Das Problem, dass ich nie erwachsen werde, begleitet mich mein Leben lang.« Auch mit Ende vierzig würde sie, wenn sie etwas wirklich reizen würde, noch mal von vorn anfangen.

»Bist du eine Abenteurerin?«

»Ich habe viermal alles zurückgelassen, meine Habseligkeiten auf die Größe zweier Koffer reduziert und in einem neuen Land, einer neuen Kultur von der Pieke auf von vorne begonnen. Aufregend ist das. Ja – ich bin eine Abenteurerin.«

Doch ihre Liebe zu Australien macht sie nicht dafür blind, dass auch im »Sonnenscheinstaat« Schatten fällt.

»Nimm das Beispiel unserer Kängurus. Da wir traditionelle Speisen zubereiten, verwenden wir zwangsläufig auch Kängurufleisch. Hugh und ich sind ›grün‹ im Herzen. Deswegen verpflichten wir uns, nur Kängurujagden nach weidmännisch-ethischen Grundsätzen zu akzeptieren. Aber viele andere scheren sich einen Teufel darum.«

Gerade dieser Tage habe ich in der deutschsprachigen Zeitung »Australien Kurier« gelesen, dass von rund 60 Millionen Kängurus jährlich sieben Millionen geschlachtet werden. Doch Sabine weiß zu berichten, dass vor sechs Jahren die New-South-Wales-Regierung eine halbe Million Kängurus vergiften ließ, um, wie es hieß, der »Plage« Herr zu werden.

Neben der Straße, die uns zum Küstenhighway Number One zurückführt, liegt dichter Regenwald wie eine Tarnkappe über den Berghängen. Doch es gibt ihn nur noch in Abschnitten, und schon kurz danach erreichen wir Farmland mit Ananaskulturen. Dieser Küstenabschnitt erinnert uns an Tasmania, sattgrün ist es wie dort, mit großen Wiesen, auf denen die Axtklingen der ersten Siedler hier und da Eukalyptusbäume aussparten, unter denen jetzt braune Rinder grasen.

Das ist Fortschritt!, sagt stolz der Pionier, denn Eingewanderte beackern dieses Land erst seit wenigen Generationen. Doch die kurze Spanne reichte, um das Land einzuzäunen, gegen andere abzugrenzen und formal mit Eigentumsansprüchen zu etikettieren.

Ich muss in diesem Moment an die Artikel denken, die ich dieser Tage in australischen Zeitungen über die Behandlung von Asylbewerbern, hier als »illegale Einwanderer« bezeichnet, gelesen habe. Asylsuchende wie jene bereits erwähnten vom Schiff Tampa des Kapitäns Arne Rinnan, deren Geschichte um die Welt ging. Doch Asylsuchenden gesteht man im weiten und reichen

Australien nicht etwa eine »Freiheit auf Zeit« zu, sondern steckt sie in Internierungslager, die in Wüsten liegen.

In der Ausgabe Nr. 3 des »australien kurier« von März 2002 steht: »Hungerstreik im Flüchtlingslager Woomera beendet«.

Ein anderer trägt die Überschrift: »Heftige Kritik an Australiens Asylpolitik«. Demnach sind in fünf entlegenen Camps 3000 Asylsuchende interniert.

In Australien leben durchschnittlich nur 2,4 Menschen pro Quadratkilometer. In Deutschland sind es 227!

Sabine hat mir verraten, dass sie einer Initiative angehöre, die die *refugees* aus humanitären Gründen unterstütze.

»In Maleny leben viele weltoffene Menschen. Wir haben beschlossen, den Asylsuchenden Telefonkarten zu schicken, damit sie aus dem Lager heraus mit der Außenwelt, vielleicht auch mit ihren Familien daheim, Kontakt aufnehmen können.«

Vor wenigen Tagen flüchteten zwölf Internierte von Woomera, nachdem australische Demonstranten von außerhalb den Zaun des Camps niedergerissen hatten. Einige Flüchtlinge könnten es bereits bis Melbourne geschafft haben.

Je weiter wir nach Norden vordringen, umso »tropischer« werden die Bilder: Bilder von Queensland-Häusern auf Stelzen, mit flach auslaufenden Dächern und weitläufigen Arkaden. Bilder, wie sie mir auch aus anderen Winkeln des ehemaligen British Empire vertraut sind. In einem kleinen Dorf sehe ich ein Grundstück, an dessen Zaun mehr als 200 komplette Autoräder geschraubt wurden. Dann wieder säumen Zuckerrohrplantagen und Ananasfelder den Highway One. Die tief stehende Sonne überschüttet das Land mit goldenem Licht. Schatten zerfließen. Es wird Nacht. Und noch immer rollen wir nach Norden.

»*Pen Ink Artist*« steht auf dem Anhänger vor uns in großen Buchstaben. Offenbar ein Künstler. Vermutlich zieht er gerade um, denn Möbel und anderer Hausrat türmen sich auf dem Hänger. Und jedem, ob er es wissen will oder nicht, teilt der Fahrer seine Überzeugung mit: »*Jesus saves*«, Jesus rettet.

Aber erst einmal wird es finster. Das Scheinwerferlicht streift über den Highway. Nachts zu fahren bereitet mir durchaus Vergnügen, es sei denn, ich bin in Australien. Denn hier sind nachts nicht nur alle Katzen, sondern auch die Kängurus grau. Und die hopsen in großen Sprüngen übers Land ... und nicht selten vor Autos.

In Gympie verlassen wir den Highway One in Richtung Fraser Island. Vor uns liegt die größte Sandinsel der Welt.

Fraser Island:
Schiffswracks auf der größten Sandinsel der Welt

Eliza Fraser schmollte mit ihrem Mann. Sie wäre zu gern noch in Sydney geblieben. »Darling ...«

Captain James Fraser sah auf seine junge Frau, die ihn erstmals auf einer seiner Weltumsegelungen begleitete. »Die Fracht muss pünktlich in Singapur gelöscht werden.«

Ihre erste große Fahrt ..., sagt er sich. Daher die Unruhe vor dem Aufbruch. Die vielen Male, die er zwischen England und Hongkong, Singapur und Sydney gesegelt war, ließen sich nicht mehr an den Fingern zweier Hände abzählen.

Verstohlen blickte er zu seiner hochschwangeren Eliza. Es war ein besorgter Blick. Viel Zeit blieb ihnen nicht. In Singapur würde ihr Kind zur Welt kommen.

Wenige Tage später, in den ersten Maitagen des Jahres 1836, ließ James Fraser auf seinem Schiff Stirling Castle die Segel setzen. Es war ein sonniger Tag, an dem der schlanke Segler von Sydney Harbour aus Kurs nach Norden nahm.

Wieder befiel Eliza diese merkwüdige Angst, wie sie sie bereits auf der Herfahrt verspürt hatte. Sie wollte mit ihm darüber sprechen. Noch heute.

Vielleicht würde er lachen. Nicht abfällig. Aber er kannte die Weltmeere wie seine Westentasche. Nicht von ungefähr hatte man gerade ihm dieses Schiff anvertraut. Er war sich so sicher, dass alles glatt verlaufen würde.

James und Eliza aßen gerade zu Abend, als der Schiffsrumpf der Stirling Castle schmerzhaft aufstöhnte. Im selben Moment schoss das Geschirr über die Tischkante und zersplitterte an ihrer Kajütenwand.

Es war der 13. Mai 1836.

Über das, was folgte, berichten Chronisten. Demnach war Eliza selbstsüchtig: Während sich die Männer des havarierten Segelschiffs in eine Ecke des Rettungsbootes zwängten, ließ sie dort Koffer auf Koffer mit ihren persönlichen Dingen ausbreiten – Kleider, Schuhe und Windeln.

Kapitän James Fraser sah, wie die Stirling Castle manövrierunfähig mit Schlagseite über das Riff trieb. Es war jetzt müßig, darüber nachzudenken, ob sein langjähriger Steuermann das Schiff fahrlässig auf ein Riff gesetzt hatte oder ob das Riff gar nicht auf der Seekarte vermerkt gewesen war.

So ruderte die Mannschaft mit Captain James und Frau Eliza Fraser wochenlang nach Süden. 16 Menschen in einem Boot, einer dem anderen ausgesetzt.

Das Trinkwasser ging zur Neige. Eliza Frasers Kind kam nicht im sauberen Hospitalbett in Singapur zur Welt, sondern auf den Planken dieses Rettungsbootes. Es überlebte die Seereise nicht.

Unter anderen Umständen hätte James Fraser dem weißen Strand und den grünblauen Lagunen der großen Sandinsel vor ihnen mehr Interesse entgegengebracht. Jetzt aber drehte sich alles nur um Wasser und Nahrung. Der Kapitän gab Befehl anzulegen.

Rund 160 Jahre später heißen die Bäche hier Bowarrady und Woralie Creek. Als die Schiffbrüchigen sich an dieser Stelle auf den Boden warfen und gierig das Wasser tranken, bemerkten sie nicht, dass sie von bewaffneten Butchalla-Aborigines beobachtet wurden.

Die anfangs durchaus freundliche Haltung der Inselbewohner schlug bald in Aggression um. Die Männer der Stirling Castle wurden zusammengetrieben, Eliza schleppte man zu den Aborigine-Frauen, mit denen sie von nun an auf Nahrungssuche ging.

Eliza Fraser nahm die Schönheit der Insel nicht wahr. Sie hatte auch kein Auge für den in Süd-Nord-Richtung verlaufenden Strand, der heute 75-Mile-Beach heißt. Anderthalb Jahrhunderte später sollte dies ein Geländewagen-Dorado sein. Manchmal ruhte Eliza sich im Inselinneren im Schatten hoher Bäume aus. Sie konnte nicht ahnen, dass diese mächtigen Stämme bereits 30 Jahre später gefällt würden, um beim Bau des Suezkanals Verwendung zu finden.

Eliza Fraser dachte an ihren Mann. Lebte er noch? Was war mit der Besatzung geschehen?

Die Butchalla-Frauen schlugen sie, die ungewohnte Arbeit ging ihr nicht flink genug von der Hand. Sie weinte bei dem Gedanken an ihr verlorenes Kind. Und sie lachte grimmig, als sie das Boot mit den nutzlosen Koffern voll nutzloser Ballkleider und schicker Schuhe sah.

Tage später entdeckte Eliza Fraser ihren Mann. Sie fielen sich in die Arme. Da schleuderte ein aufgebrachter Aborigine seinen Speer, und James Fraser brach tödlich getroffen zusammen.

Während die restliche Mannschaft sich nach Süden in Richtung Moreton Bay durchschlagen konnte, blieb Eliza weiterhin gefangen.

Bei Bekanntwerden ihres Schicksals stellte die Sträflingskolonie Brisbane einen Suchtrupp zusammen. James Graham gehörte dazu, einer von tausend gesichtslosen Strafgefangenen dort. Er war es, der die verzweifelte Eliza Fraser befreite, sein Lohn war die Begnadigung.

Schon wenige Jahre nach der Tragödie hieß die große Sandinsel allgemein Fraser Island.

Im Gegensatz zu Eliza Fraser bin ich auf unseren Besuch auf Fraser Island sehr gespannt. Doch die Fähren zwischen Inskip Point auf dem Festland und Hook Point am Südende der Insel verkehren nur bei Hochwasser. Wir müssen uns beeilen.

Der Name Fraser Island steht heute für die in Australien beliebtesten drei »As«: Ausspannen, Angeln, Allradvergnügen.

Damit Letzteres auch ein Vergnügen bleibt, reduziere ich vorsichtshalber den Luftdruck unserer Reifen. Diese Insel bietet zwar den ultimativen Allradkick, doch ein paar Spielregeln sind dabei zu beachten: »Nie mit dem Auto bis dahin, wo die Wellen über den Sand lecken«, lautet die wichtigste. Das Meerwasser wird die Reifen unterspülen, und hängt das Bodenblech erst einmal auf dem breiigen Sand, ist der Wagen so gut wie verloren.

Die 75-Mile-Beach ist ein Strand vom Feinsten, 120 goldene Kilometer lang!

»Stopp!«, ruft Bettina und zeigt aufgeregt aufs Meer. Im knietiefen Wasser tummeln sich drei Delfine. Sie scheinen ihre Bäuche auf dem Ufersand zu reiben. Ein feines Zwitschern liegt in der Luft, als würden sich die Delfine untereinander verständigen.

Kurzzeitig steigt mein Adrenalinspiegel, als ich Kookaburra im ersten Gang an einem auf der Piste im Sand versackten Geländewagen vorbeidresche. Unsere Belohnung ist Orchid Beach, vor der das Wrack der Marloo auf dem Meeresboden ruht.

Abends erreichen wir das Wrack der Maheno, die seit dem 8. Juli 1935 in stoischer Gelassenheit am Rand der 75-Mile-Beach ruht.

Ich liebe es, in die Vergangenheit hineinzuhorchen, dem Leben der Menschen, die Teil dieser Geschichte waren, nahe zu sein. Oberhalb des stählernen Kolosses schlagen wir daher zwischen Dünen unser Camp auf.

Maheno ist kein Name, den man kennt, keine Titanic, keine Queen Elizabeth.

Vermutlich spielte eine Dudelsackkapelle beim Stapellauf, denn der erfolgte in Schottland. Ob hier ein Toast auf die Krone ausgerufen wurde, mag bezweifelt werden. Ich stelle mir aber vor, dass schottischer Whisky ins Meer tropfte, als bei der Schiffstaufe die obligatorische Flasche am Bug der Maheno zerschellte.

Könntest du mir doch mehr von deinem Leben erzählen!

Du warst ein 5282-Tonnen-Luxusliner, der mehr als ein halbes Tausend Menschen transportierte. So viel steht fest: 254 Menschen waren First-Class-Passagiere. 201 weitere reisten zweiter Klasse. Dazu kam die Besatzung. Deine Wände waren mahagonigetäfelt, deine Böden mit Teppichen ausgelegt. Und jetzt liegst du wie ein welkes Blatt im Ufersand, rostzerfressen, vom Meer umspült.

Vor rund hundert Jahren fuhrst du die Spitzengeschwindigkeit von 19 Knoten und brachst zwischen Melbourne und Sydney alle vorausgegangenen Rekorde.

Doch nach dem Ersten Weltkrieg ging der Puls der Zeit schneller, dein Geschwindigkeitsrekord von 1905 war jetzt nur noch ein blasser Eintrag in der Schifffahrtschronik. Als eine Firma aus dem japanischen Kobe dich 1935 zum Ausschlachten erwarb, tratest du deine letzte Reise an. Doch im Sturm riss dein Schleppseil. Herrenlos triebst du auf dem Pazifik, bis du bei Fraser Island strandetest, unterhalb der Stelle, wo jetzt unser VW-Bulli steht.

Die Sonne ist untergegangen. Langsam bummele ich zurück ins Camp, wo es nach Bratkartoffeln duftet. Bettina schmökert im Schein der Petroleumlampe in ihrem Buch. Erste Sterne sind zu sehen. Juliana sagt später, ich sei der Unterhaltung bei Tisch nur »mit halbem Ohr« gefolgt.

Vielleicht wegen der Maheno? Denn ihre Geschichte war

noch nicht zu Ende. Es gab eine Art »Leben nach dem Tod«. Für die Piloten der »Bundaberg Aviation Training School« hielt sie während des Zweiten Weltkriegs als Ziel für Bombenabwürfe her.

Um Mitternacht zieht es mich noch einmal an den Strand. Das Meer ist gestiegen, Wellen klatschen jetzt gegen den Rumpf des Schiffes. Das diffuse Mondlicht gaukelt mir Bilder vor. Ich sehe Personen an der Reling, mit Sherrygläsern in den Händen, die sich zuprosten. Schiffssirenen tuten, eine Bordkapelle spielt. Männer und Frauen winken mit Taschentüchern.

Eine Wolke schiebt sich vor den Mond, das Bild verschwindet. Als wir anderntags hier aufbrechen, kreuzt nur ein Dingo unseren Weg.

Zwei Tage später verlassen wir die größte Sandinsel der Welt mit dem Ziel Bundaberg.

»Wer in aller Welt fährt denn schon nach Bundaberg?«, hatte Bettina gefragt. Einige Besucher sicherlich wegen der mehr als tausend Wale in der angrenzenden Hervey Bay oder wegen der hier Eier legenden Meeresschildkröten. Für Aussies steht jedoch Bundaberg für Rum, und aus diesem Grund haben auch wir uns hier mit Kim verabredet.

»*Bundy is famous around Australia*«, begrüßt uns die junge Frau. Klar, dass die Popularität der Rum-Hauptstadt mit der australischen Vorliebe für Hochprozentiges zu tun hat.

»Bundaberg blickt auf 110 Jahre Erfahrung bei der Rumherstellung zurück«, schwärmt Kim. »Aussies lieben Bundy, unseren Rum!« Schließlich wächst das Zuckerrohr dafür gleich vor der Haustür.

Süßlicher Melassegeruch liegt in der Luft.

Bettina rümpft die Nase. Ich allerdings mag ihn, denn ich wuchs in einem Ort auf, in dem der Herbstwind von unserer Zuckerfabrik her ähnliche Gerüche über die Häuser wehte. Die einen liebten den Duft, andere hassten ihn. Der einzige Unterschied zwischen dort und hier ist, dass es bei uns Zuckerrüben waren.

Wir folgen Kim in die *destillery*, das »Allerheiligste«. »Bitte Kameras und Handys ausschalten.« Sie lächelt. »Gleich werdet ihr wissen, warum.«

Berauschender Alkoholgeruch schwängert die Luft.

»Ein Funke könnte hier eine Katastrophe auslösen«, erklärt Kim.

Das Holz der riesigen Rumfässer stammt aus Kanada, die Kosten eines einzigen Fasses liegen bei 70000 australischen Dollar. Ehrfürchtiges Staunen, als Kim nachsetzt, hier lagere Rum im Wert von 80 Millionen australischen Dollar.

Ich staune ein zweites Mal, als ich ans Tageslicht trete und vor der Rum-*destillery* ein Dutzend Harley-Davidson-Motorräder sehe: Soft Tails, Fat Boys und Electra Glides. Über dem Empfangsgebäude weht die australische Flagge.

»Dieses Gebäude gibt es ebenso wie die Fabrik erst seit 1936«, hatte Kim berichtet und dann vom 21. November 1936 erzählt. Da jagte einer dieser gegen Ende der Trockenzeit typischen Nachmittags-Gewitterstürme über den Ort. Ein Blitz fackelte die Rum-*destillery* ab. Der aus den 63 Fässern mit je 45 000 Litern Inhalt auslaufende Rum schwamm noch lange in den Gossen und Gullys, bis er sich allmählich mit dem Löschwasser vermischte.

Es folgten harte Zeiten für die Australier, denn zwei Jahre lang gab es keinen Bundy. So lange musste der neue Rum reifen.

An diesem Abend erreichen wir Mackay.

Während ich die Eindrücke der Anfahrt zusammenfasse, stibitzt ein Opossum direkt neben mir eine Banane aus dem Auto.

Tagebucheintrag: Zwischen Rockhampton und Mackay

Trockenes Gras tanzte am Straßenrand im Wind. Und immer wieder warben Schilder mit Slogans wie »Rest and stay alive«. Miriam Vale, ein kleines Nest am Highway, der hier Bruce Highway heißt, wäre kaum erwähnenswert, hätten wir nicht zum Picknick gestoppt.

Starkes Lkw-Aufkommen vor Gladstone. Vor 30 Jahren lebten hier 6000 Menschen, dann explodierte die Bevölkerung auf das Fünffache von damals. Die Aluminiumproduktion gehört zur Weltspitze, und der Hafen ist der größte in Queensland.

Die Sonne stand tief. In einer Kurve des Highway entdeckte ich zwei Kreuze mit Blumen davor.

In diesem Moment wirbelte das vor mir fahrende Auto ein Steinchen auf, es klatschte auf dem Wagenfenster, und der kleine Riss in der Windschutzscheibe war bereits wenige Minuten später drei Zentimeter lang.

Die Bilder wechselten. In Rockhampton begrüßte uns die Statue eines überlebensgroßen Bullen. Zweieinhalb Millionen Rinder im Fitzroy-River-Tal machen diese Stadt zur Fleischkammer des Kontinents.

Flüchtige Bilder huschten vorbei, auch das des zerlumpten Aborigine im Park mit seiner Weinflasche, auf den zwei Polizisten beharrlich einredeten.

Der Verkehr wurde geringer. Und überall Rinder auf den Weiden.

»Weiden« – dass ich nicht lache. Der Boden war kahl und brüchig, Regen war lange nicht gefallen.

Bei Marlborough sank die Sonne. Fast 150 Kilometer zog der Highway One sich von hier nahezu geradlinig nach Nordwesten. Doch runter vom Gas! Hier und da entdeckte ich die Köpfe von Kängurus, die mit ihrem Leben spielten.

Gegen 22 Uhr erreichten wir Mackay. Der Sprung in der Windschutzscheibe war zwei weitere Zentimeter zur Mitte der Scheibe hin gekrochen.

»Die Zeitungen hatten natürlich viel zu berichten, als ein zehn Meter langes Krokodil mitten in der Innenstadt von Mackay geschossen wurde.«

Col, ein stämmiger Mittfünfziger mit breitkrempigem Hut, Shorts, Schnürstiefeln, über denen er zum Schutz gegen Schlangen Stulpen trägt, grinst: »Das war allerdings 1880!«

Doch Col hat noch jede Menge anderer schnurriger Geschichten zu erzählen. Vor 14 Jahren kam er hierher, in Australiens »süßeste Ecke«. Ursprünglich stammt er aus Victoria.

»Die Queenslander nannten uns *Mexicans*.«

»Warum?«

»Weil wir von *south of the border* kommen, von ›südlich der Grenze‹, eine Anspielung auf die Mexikaner und die USA.«

Doch seitdem fühle er sich als *cane toad,* als Zuckerrohrkröte. So lautet der Spitzname für die Menschen hier.

Col hat uns früh am Morgen mit dem Tourbus seiner »Reeforest Adventure Tours« auf dem Caravanpark von Mackay abgeholt. Es war still auf dem Platz, vermutlich lagen jetzt auch die Opossums der Nacht schon auf dem Ohr. Zwei Frauen und ein Junge, Emilia, Jody und ihr Sohn Simon, saßen bereits im Bus, in den wir zustiegen.

»Ich halte kurz beim Bäcker, um *damper* zu kaufen.«

Nach wenigen Minuten kommt Col mit einem Arm voll Brot zurück.

Damper ist das Brot des Outback. Für die weißen *bushmen* des Outback, die *drover* und *overlander,* waren die Zutaten – als da sind Mehl, Fett, Salz, Zucker und Milch – früher fester Bestandteil in den Packtaschen. Das Ganze wurde geknetet und auf die heiße Glut des Lagerfeuers gelegt. Wenig später brachen die *bushmen* die verkohlte Kruste ab und schmausten das frische Innere.

Mit einem Seitenblick auf die Frauen an Bord verspricht Col, dass es bei unserem Frühstück »zivilisierter« zugehen wird.

Col ist mächtig stolz auf diesen Teil Queenslands: »Drei Begriffe stehen für Mackay: *cattle, cane, coal*, Viehzucht, Zuckerrohr und Kohle. Hay Point im Süden ist einer der größten Kohleverladehäfen der Welt, ein Drittel des gesamten australischen Zuckers wächst in den hiesigen Zuckerrohrfeldern, und unsere Viehzucht ist nach wie vor das wirtschaftliche Standbein.«

Dass ein Gutteil des wirtschaftlichen Erfolgs der Vergangenheit auf fragwürdige Praktiken der Kolonialzeit zurückgeht, weiß auch Col.

»Dass wir heute in Mackay den größten Anteil an Südseeinsulanern haben, hat mit Anwerbepraktiken im 19. Jahrhundert zu tun. Man versuchte damals mit allen Mitteln, billige Arbeitskräfte für die Schinderei in den Zuckerrohrfeldern zu kriegen.« Er berichtet von skrupellosen Kapitänen, die die Arbeiter nach Erfüllung ihres Dreijahresvertrags auf der Heimfahrt kurzerhand über Bord warfen. »So waren die Schiffe schnell wieder für andere lukrative Einsätze frei. Und war es nicht auf den Südseeinseln eine gute Werbung für den ›Standort‹ Australien?! Kehrte niemand heim, konnte das nur heißen: Den Männern gefällt es in Queensland. Umso schneller bekam man neue Arbeiter. Erst nach dem Anwerbestopp für *South Sea Islanders* kamen Arbeiter aus Spanien, Italien und Griechenland.«

Wir fahren mit Col nach Westen.

Zuckerrohr und nochmals Zuckerrohr, soweit das Auge reicht. In der Siedlung Marian passieren wir die dritte Zuckerfabrik dieses Morgens. An der Wand eines Schuppens sticht eine acht Meter hohe Malerei ins Auge, die ein Buschfeuer darstellt.

»Als die Malerei neu war, rückte zweimal die Feuerwehr an, so echt wirkt das Motiv«, behauptet Col.

Kurz darauf das Zuckerdorf Mirani.

»Eine *country town* wie hundert andere in Australien. Die Leute sind hier stolz auf das, was sie geschaffen haben. Aber vor Jahren schloss die einzige Bank hier und man nannte es ›Fortschritt‹. Wie ich sagte: eine typisch australische *country town*…«

Fünf Meter hohe Palmen in den Vorgärten von Mirani erinnern mich an japanische Fächer. Blüten säumen die Straße. Aber schon sind wir wieder im Dickicht der Zuckerrohrplantagen. Ich erinnere mich an Bilder, bei denen ganze Landstriche zu lodern schienen, wenn Zuckerrohrfelder großflächig abgebrannt wurden – ein unheimliches Flammenmeer, das den Nachthimmel gespenstisch erhellte.

»Man tat das vor allem, um die durch den Urin von Ratten eingeschleppten Krankheitserreger zu vernichten. Aber auch um Schlangen zu vertreiben. Dank moderner Erntemaschinen sind solche Brände heute eigentlich nicht mehr notwendig«, sagt Col.

Derweil biegt er von dem nach Eungella führenden Highway auf eine Nebenstraße ab. Unser Straßenkorridor durch die Zuckerrohrfelder Richtung Finch Hatton wird immer enger. Man benannte den kleinen Ort nach Noel Finch Hatton, dem übermütigen Spross einer englischen Adelsfamilie.

»Noel hatte daheim viele Frauenseskapaden, die seiner Familie über die Hutschnur gingen. Also wurde er in die Kolonien geschickt. Als Finch Hatton hier ankam, musste er sich noch mit der Machete seinen Weg durch dichten Regenwald schlagen.«

Das ist heute natürlich nicht mehr nötig, und die nach Noel benannte Finch Hatton Gorge ist Teil des Eungella-Nationalparks.

»Mit 54 000 Hektar Regenwald ist Eungella der größte *rainforest*-Nationalpark in Australien«, weiß Col.

Am Rande des Regenwaldes stoppt er das Auto. »Habe mir hier vor Jahren ein paar Hektar Land gekauft.«

Er war nicht der Einzige, der das tat, denn dann und wann stoßen wir auf andere Zeichen menschlicher Ansiedlung. Hier das originelle Haus eines Künstlers. Dort ein ehemaliger Linienbus, der einem Aussteiger als Behausung dient.

»Was kostet der Traum vom Regenwald?«, will ich wissen.

»Rund 10 000 Dollar pro *acre*.« (Ein *acre* entspricht etwa 4047 Quadratmetern.)

Während wir uns in seinem jetzt knochentrockenen Regenwald die Beine vertreten, bereitet Col das Frühstück zu. Neben einem Baldachin, an dessen Seitenwänden Blumenampeln mit Orchideen baumeln, plätschert ein kleiner *creek*. In einer vorbereiteten Feuerstelle züngeln bereits Flammen. Col befüllt eine Fünf-Liter-Obstdose mit Wasser und hängt sie an einem Drahtbügel über das Feuer. Als das Wasser kocht, gibt er Tee hinein.

»Passt auf – so lässt man Tee im Outback ziehen.« Sagt's, nimmt den heißen Pott am Henkel und schleudert ihn am ausgestreckten Arm ein Dutzend Mal kreisförmig durch die Luft. Dann gießt er den Tee in Becher. Jeder von uns würde schwören, nie zuvor köstlicheren Tee als diesen getrunken zu haben. Anerkennung findet auch das *damper*.

Plötzlich nehme ich eine Bewegung hinter mir wahr.

»Das ist nur Leroy«, beruhigt mich Col und weist auf einen fast zwei Meter langen Buntwaran.

»Er besucht mich immer.« Col wirft dem Waran ein Fleischstück zu und dann noch eins. Immer näher kommt das unheimliche Tier. Col hat zwar davor gewarnt, dem Waran Fleischstücke mit der Hand zu reichen, tut es aber selbst. Doch offenbar hat dieser *lace monitor* mehr Angst vor dem Menschen als dieser vor ihm. Obwohl beide nur noch 40 Zentimeter voneinander entfernt sind, verzichtet Leroy auf den letzten Happen und schlängelt sich fort.

Wir brechen zu zwei verträumten Wasserfällen auf. Col behauptet, man habe 1936 hier einen Frosch entdeckt, der Eier in seinem Bauch ausbrüte und die Jungen später ausspeie. »Die

Froschpopulation hat während der letzten Jahre zum Glück zugenommen. Ich werte das als Indiz dafür, dass der Mensch seine Umwelt respektvoller behandelt als zuvor. Früher gab man fürs Angelvergnügen Fischeier in die *creeks*, doch als die Fische groß waren, fraßen diese die Frösche, und der Nachwuchs blieb aus.«

Für den Naturfreund Col ist der Regenwald »*a big recycling bin*«: Alles, was hier herabfällt und verrottet, schafft die Basis für neues Leben. Er weist auf blassgrüne, tot wirkende Moose an einem großen Felsen. »Nach einem Regentag wird das Moos senkrecht stehen!«

Unser Ziel, das *wheel of fire*, ist ein versteckter Pool mit glasklarem Wasser zwischen gelb, orange und braun schimmernden Uferfelsen. Col schöpft von dem Wasser und gibt jedem zu trinken.

»Früher lebten ein paar *black fellows** in dieser Region. Einer, der für mich als *tracker*** arbeitet, sagte mir, seine Vorfahren hätten hier, wenn das Wasser hoch stand, kleine Dämme gebaut. Sobald das Wasser sich zurückzog, ließen vorbereitete kleine Löcher nur die jungen Fische durch. Auf diese Weise sicherte man den Bestand für die Zukunft. Die Aborigines fingen nur die ausgewachsenen Fische.«

Col lächelt: »›Mein Volk ist smart‹, hat mir der *black fellow* gesagt, ›so fingen wir die Fische. Und wir erfanden den *boomerang*, der traf die Ente in der Luft, und die fiel runter. Dann schickten wir unsere Frauen los, um die Ente zu holen.‹ Der alte Aborigine hat bei diesen Worten wie ein Lausejunge geschmunzelt. ›Und ihr *white fellows* haltet euch für smarter als uns *black fellows*…‹«

Ein großer Schmetterling mit kobaltblauen Flügeln tänzelt zwischen uns. Im Sonnenschein schimmert das Blau seiner Flü-

---

* Häufige Bezeichnung für Aborigines
** Führer

gel noch betörender als im Schatten der Bäume. Ein Kookaburra lacht schrill. Auf einem Felsen bewegt ein Lurch den Schwanz, als schlüge jemand eine Peitsche in Zeitlupe. Im nächsten Moment huscht er in eine Felsspalte.

Mit zwei Meter Niederschlag pro Jahr ist der Eungella-Nationalpark zunächst wenig verlockend. Doch dann hat Col von Wasserfällen geschwärmt und von Schnabeltieren berichtet – eigentümlichen Säugetieren, die Eier legen, aber Entenschnäbel und Biberschwänze tragen. Nach der Abenddämmerung stromern *ringtail possums*, Ringschwanzbeutler, durch die Büsche. Hunderte Vogelarten lärmen in diesem Park, der in der Aborigine-Sprache »Land in den Wolken« heißt.

Das Kernstück dieser weitgehend unerschlossenen Wildnis liegt oberhalb der Abbruchkante der schwer zugänglichen Clarke Range. Vor Jahren sind wir bereits mit dem eigenen Camper und voller Erwartungen in den Eungella-Nationalpark gefahren. Doch zwei Tage lang hockten wir nur im Auto, lauschten dem Trommeln der Tropfen und warteten auf eine wenigstens halbstündige Unterbrechung des Dauerregens. Vergeblich! Irgendwann gaben wir auf und fuhren zurück. Drei Stunden später waren wir an der Küste im Sonnenschein.

Doch an diesem Tag brennt die Sonne. Ich stutze, da brennt doch noch etwas anderes...

»Ein Buschfeuer!«

»Vermutlich in Straßennähe«, spekuliert Col. Drei Autos parken bereits am Straßenrand. Weißgraue Rauchwolken treiben über den Berg. Schon höre ich das Prasseln der Flammen, die sich rasch den Berg hochfressen.

Wir erfahren, dass ein *backpacker*-Auto während der Bergfahrt plötzlich Feuer gefangen habe – »wahrscheinlich Überhitzung, kaputte Spritleitung« – und ausgebrannt sei. In Sekundenschnelle hat der Busch in Flammen gestanden. Aber zum Glück ist den beiden jungen Leuten nichts passiert.

Ich denke auch an die zahllosen Tiere, die jetzt durchs Unterholz flüchten, die Spinnen, Schlangen, Insekten. Ich erwähne es gegenüber Col, der das viel gelassener sieht. Queensländer leben mit der Gefahr von Buschbränden.

Eine halbe Stunde später stirbt das Feuer ab, wir können weiterfahren.

Neben dem ausgebrannten Ford Falcon, Modell 1988, stehen zwei junge Leute, so Mitte zwanzig. Sie weint. Er legt tröstend den Arm um sie. Das Ende eines Urlaubstraums.

Während der lautstarke Dieselmotor unseres Kleinbusses mit uns die steile Straße hochkriecht, erzählt Col die tragische Geschichte eines jungen Deutschen: »Vor einem Jahr hatte er sich bei mir zu einer Tour angemeldet, war dann allerdings nicht pünktlich. Wir warteten. Als er nach einer halben Stunde immer noch nicht da war, brachen wir auf. Aber der junge Mann war offenbar erpicht darauf, Eungella kennen zu lernen, und so mietete er sich in Mackay ein Auto, mit dem er uns folgte. An der Abbruchkante des Plateaus lagen an diesem Tag Nebel. Er fuhr vorsichtig in den Nebel rein, bis ihm plötzlich ein Auto entgegenkam... Wir rekonstruierten später, dass die Situation den jungen Burschen wohl überfordert hat. Vielleicht dachte er, als er die Scheinwerfer des Wagens im Nebel auftauchen sah: ›Mein Gott, du bist auf der falschen Straßenseite!‹ Jedenfalls riss er sein Auto von der linken auf die rechte Spur – und damit in die Gegenfahrbahn. Frontalzusammenstoß! Der von oben kommende Geländewagen verzeichnete nur einen leichten Blechschaden. Der junge Deutsche aber war auf der Stelle tot.«

Keine Nebelwolke klebt heute an der Kante des Plateaus. Atemberaubend klar ist der Blick vom historischen Eungella Chalet, das wie ein Adlerhorst an der Abbruchkante klebt Auf einer Wiese lärmen 50 Kakadus. Am Broken River belauschen wir Schnabeltiere, ein Kookaburra lacht. In einem Busch, weniger als einen Meter von mir entfernt, sitzt ein Gelbhaubenkakadu. Verschmitzt legt er den Kopf zur Seite, spielt mit der Zunge zwischen den scharf gebogenen Schnabelspitzen und schaut mir spitzbübisch ins Gesicht. Ein Känguru federt durch den Regenwald.

Als wir abends ins Camp heimkehren, stelle ich fest, dass der Riss in unserer Windschutzscheibe zehn Zentimeter länger geworden ist.

Whitsunday Islands:
Segeltörn im Pazifik

Auf der vor mir liegenden Karte trägt die Küste nordöstlich von Mackay den blumigen Namen Hibiscus Coast. Im Blau des Meeres entdecke ich hier grüne Tupfer mit Namen wie South Cumberland Island, Conway National Park und Whitsunday Islands. Und über allem steht groß und verlockend »Great Barrier Reef«.

Doch als ich hier am 6. April morgens um sechs aufstehe, huste ich. Die Nachwirkungen des Regentiefs vor der Küste stecken mir noch in den Knochen, auch Bettina fühlt sich »zerschlagen«. Nach einem heißen Kaffee und ein paar *doughnuts* kehren die Lebensgeister zurück, und wir brechen auf.

Der Highway One zieht sich zwischen endlosen Zuckerrohrfeldern unter einem azurblauen Himmel nach Norden. Die Kleinstadt Proserpine erreichen wir, bevor das Leben dort so richtig erwacht. Ein paar Frauen breiten neben dem Touristenbüro auf Tischen Bücher, Zeitschriften, Torten, Eingemachtes und tausenderlei Trödel aus.

»Heute findet unser jährlicher Wohltätigkeitsflohmarkt statt«, schwärmt eine von ihnen.

Juliana ist begeistert, Bettina auch, als sie mitbekommt, dass es in der Touristeninformation einen Internetzugang gibt. Wir bleiben.

Juliana und ich sind leidenschaftliche Flohmarktbesucher. Auf den *flea markets* im kanadischen Calgary oder Winnipeg ergänzten wir die Ausrüstung für unsere monatelangen Kanuabenteuer. Auch während unserer Reisen durch Neuseeland feilschten wir auf diesen Plätzen. Unvergessen sind mir die Flohmärkte in San Francisco, unserem Sprungbrett für den amerikanischen Westen.

Hier auf dem Flohmarkt von Proserpine fesseln mich alte National-Geographic-Hefte, die bis in die Fünfzigerjahre zurückreichen. Was mir einen warnenden Blick von Juliana einbringt, der besagt: Wir haben keinen Platz mehr im Auto!

Airlie Beach, ein freundliches Touristenstädtchen am Rande der Whitsunday-Inseln, erreichen wir ein paar Stunden später.

Es war ein schöner Pfingstsonntag, als Captain Cooks Forschungsschiff Endeavour hier zwischen dem Festland und den vorgelagerten Inseln durchsegelte. »Die gesamte Passage ist wie ein sicherer Hafen«, schwärmte der Forscher am 3. Juni 1770 in seinem Logbuch und benannte den Durchlass nach jenem Festtag »Whitsunday Passage«.

Ein permanentes Fest sind die Whitsunday Islands heute für alle Sonnen-, Bade- und Erlebnishungrigen. Weiße Strände laden zum Faulenzen, das blaue Meer zum Tauchen, türkisfarbene Lagunen zum Baden und dunkelgrüne Wälder zum Wandern ein. Whitehaven Beach ist ein Strand, wie ihn sich die Fantasie nicht weißer malen könnte. Und all diese Schätze liegen am größten Korallenriff der Welt.

Airlie Beach ist für mich ein Schlüssel zum Tor dieser maritimen Wunderwelt. 1960 bestand es nur aus einer Ansammlung kleiner Ferienhäuschen und einem Tante-Emma-Laden. Heute brummt der Tourismus hier.

Auf einem romantisch im Busch gelegenen »Big 4 Caravan Park« – so nennt sich eine Australien-weite Kette mit exzellenten Campingplätzen – quartieren wir uns ein, besorgen uns Informationen beim gegenüberliegenden Nationalparkbüro und fahren anschließend nach Shute Harbour, dem Bootsanleger für die Whitsundays.

Der Blick von dem (ganz unromantischen) Parkplatz oberhalb von Shute Harbour über die weite Bucht mit ihren vorgelagerten Inseln gehört zu jenen Bildern, wie ich sie gern an einem nasskalten norddeutschen Novembertag aus meiner Erinnerung abrufe.

Die Farbe des Wassers schimmert grünblau. Schnittige Yachten dümpeln neben teuren Motorbooten. Palmen bewegen ihre Köpfe sanft im Wind. Über allem liegt schläfrige Nachmittagsruhe. In drei Stunden allerdings, wenn die Schiffe mit ihren rotbraun gebrannten Sonnenanbetern heimkehren, wird hier der Teufel los sein.

Abends zurren wir die Pläne für morgen fest: Juliana und Bettina werden South Molle Island erkunden, ich habe vor, mit dem Katamaran »On the Edge« zum Tauchen nach Hayman Island zu segeln.

7.30 Uhr. In einer halben Stunde ist Aufbruch – 20 Personen warten mit mir.

»Wir sorgen dafür, dass ihr eine gute Zeit habt!«, behauptet Andy, der als Einziger seine gute Stimmung über das Ende der langen Nacht von Airlie Beach hinaus gerettet hat. Die jungen Gäste gähnen verhalten. Noch liegen ein paar Wolken über den Whitsunday-Inseln, nach und nach aber wird die Sonne sie verbrennen, so wie von Kaffeebecher zu Kaffeebecher an Bord mehr Schwung aufkommt.

Kieran, unser Skipper, steuert das Schiff behutsam in die Whitsunday Passage hinein. Ursprünglich sei »On the Edge« 1997 als Rennkatamaran gebaut worden, berichtet er. Das 32 Meter lange Boot erreiche eine Spitzengeschwindigkeit von 27 Knoten. Doch an diesem verzauberten Morgen segeln wir ge-

Mit Käpt'n Kieran (Mitte) durch die Whitsundays.

mütlich mit elfeinhalb Knoten nach Hayman Island, einer der Topadressen in Australien. Kürzlich war sogar die Rocklegende Rod Steward hier zu Gast.

Als wir Stunden später die Insel erreichen, tragen die Passagiere der »On the Edge« bereits die zweite Schicht Sonnencreme auf. Ein Dutzend Segeljachten liegt bereits hier vor Anker. Andy bringt uns mit einem Dingi ans Ufer, wo uns Millionen angeschwemmter Korallensplitter in die Füße pieksen. Er hat uns gewarnt: »Wer auch nur ein Stück Koralle als Souvenir mitnimmt, kriegt ein Problem mit mir, dies ist ein *Marine National Park*.«

Doch es gibt noch ein anderes Problem: Australien ist der Kontinent mit den giftigsten Schlangen und den giftigsten Spinnen; auch im Wasser lauern Gefahren.

»Während der Regenzeit werden *stingers*, gefährliche Quallen, aus den Mangrovensümpfen in die Uferregionen geschwemmt«, hat Kapitän Kieran erklärt. Man nennt sie auch *box jellyfishes* oder *sea wasps*, Seewespen. Die Berührung mit ihren durchsichtigen, fadenartigen Armen und deren Nesselgift führt schnell zum Tod. Vorsichtshalber haben wir Schutzanzüge angezogen. Ich setze die Taucherbrille auf, richte den Schnorchel und watschele mit meinen Schwimmflossen ins Wasser.

Genussvoll haben Juliana und ich mit Brille und Schnorchel die Unterwasserwelt vor der ostafrikanischen Küste, in Südostasien und im australischen Great Barrier Reef bis zu einer Tiefe von fünf Metern durchstreift. Dieses Schnuppern hat meine Neugier geweckt, auch hier, denn Andy hat mir »dunkle Schatten« unweit der Uferfelsen beschrieben, zu denen ich unbedingt hinschwimmen müsse.

Ich erinnere mich, wie ich in Paris im La Géode, einem Domkuppel-förmigen Kinosaal, in meinem Sessel lag und auf die von den Füßen bis hinter meinen Kopf auf den Boden reichende Leinwand sah. Um mich herum lief ein packender Unterwasserfilm ab, der so realistisch war, dass ich den Eindruck hatte, mich zwischen Millionen Fischen zu bewegen.

Aber was war das schon gegenüber den Fischen vor Hayman Island …

Ich gleite durch eine dunkle Masse unendlich vieler Leiber, die die Sonne über dem Pazifik verlöschen lassen. Die Fische weichen nicht vor mir aus, sie verharren, bis meine Hand, ohne sie dabei zu berühren, in ihre Masse hineinfährt. Mit einem nur Zentimeter weiten Abstand folgen sie jeder Bewegung wie ein Schatten. Hole ich beim Schwimmen aus, folgen sie wie in einstudierter Choreografie dem Vorstoß meiner Arme. Fährt die Hand zurück, kommen auch sie zurück. Alles ist im Fluss. Als ich kraule, spritzen sie explosionsartig auseinander. Licht blinkt auf einmal von oben, aber schon fließen die Leiber von allen Seiten her erneut zusammen! Millionen silbern glänzender Fischkörper. Immer tiefer dringe ich in den Schwarm vor, bis es um mich herum pechschwarz ist.

Hundert Meter weiter beginnt die Symphonie hellgrüner, goldgelber und blaugrüner Unterwasserfarben. Schwarz kontrastiert, wo Korallen Schatten werfen. Dazwischen leuchtet ein blauer Mund, ein gelb gerändertes Kullerauge, das mich groß und unverwandt anstarrt. Ich begegne Fischen so flach wie Flundern, Fischen mit spitzen Mündern und mit runden Mäulern. Es ist so friedlich hier unten. Mir ist, als triebe ich unter dem Hickhack der nervösen Welt dort oben mit all ihren kulturellen, weltanschaulichen, politischen Auseinandersetzungen still hindurch. In diesem Moment nähert sich ein leuchtend gelber Fisch einem unscheinbaren felsartigen Gebilde. Das öffnet einen Rachen und ... schwupp, ist der schöne Fisch verschluckt. Das Gesetz vom Fressen und Gefressenwerden gilt auch hier.

Als mich Tim, die *deckhand*, mit dem Dingi zurück an Bord nimmt, ist das Lunch bereitet: Früchte, Bratwürste und Steaks. Beim Kaffee erzählt mir Andy, dass seine Mutter aus Deutschland stamme. Er kommt aus Melbourne, wo er beruflich tätig war. Das war bis vor drei Jahren, denn da traf er die Entscheidung seines Lebens.

»Steig fünf Jahre aus, sagte ich mir, du wirst für weniger Geld arbeiten als zuvor, aber du wirst das tun, was dir Freude macht. Du wirst leben!«

Und so fand er sich auf dem Katamaran »On the Edge« in der Coral Sea wieder. Wir unterbrechen unser Gespräch, als Amy aus dem Stand heraus einen Salto rückwärts macht. Applaus! Amy, die Studentin aus Philadelphia/USA, kam nach Australien, um hier acht Wochen Urlaub zu machen. Daraus wurden acht Monate, für die sie sogar die begehrte Arbeitserlaubnis erhielt.

Kieran – »das ist ein keltischer Name«, erklärt er stolz – setzt sich zu uns. Seit dreieinhalb Jahren arbeitet er als Skipper in den Whitsundays, aber bereits 1988 fuhr er während des australischen *bicentennial*, der 200-Jahr-Feier, mit dem historischen Segelschiff »One and All« im Fahrwasser der *first fleet* nach England. Später war er Kapitän eines schnittigen Fährboots, zwischendurch überführte er Luxus-Segeljachten von Kalifornien zu den neuen Eignern in aller Welt.

Der Himmel funkelt, während wir plaudern, in jenem betörenden Blau, wie man es für einen Urlaubstag auf dem Pazifik erwartet. Aus dem Grünblau des Meeres reflektiert die Sonne, grün schimmert im Gegenlicht der Urwald, der die Inseln bedeckt.

Als Juliana und Bettina von ihrer Exkursion nach Airlie Beach zurückkehren, gibt es viel zu erzählen. Und da wir durstig sind, setzen wir unseren Erfahrungsaustausch abends im Magnum fort, einer rustikalen, von einem segelartigen Dach geschützten Freiluftkneipe. Am Tresen gehen die Victoria-Bitter- und Carlton-Draught-Humpen weg wie warme Semmeln. Die Gesichter der Gäste sind von der Sonne und dem Kick des ersten Biers gerötet. Draußen flutet rosarote Dämmerung über das Land. Drinnen huscht der Schein von Fackeln über die Gäste, während ein stämmiger Südseeinsulaner zur Gitarre singt.

Wem wohl der 40 Zentimeter lange Schwanz gehört? Eben huschte er vor mir in die Duschkabine des Campingplatzes. Jetzt lugt er unter der Tür der Nachbardusche hindurch. Ein Opossum vielleicht. Ich stelle die Dusche an, und doch übertönt das Lärmen der Vögel draußen das Spritzen des Wassers hier. Holländische Seefahrer, die lange vor den Engländern ein Auge auf Australien geworfen haben, nannten Westaustralien *terra psittacorum*,

Land der Papageien. Doch dieser Name muss für ganz Australien gelten. Der Wellensittich stammt von hier, und überall hört man das Kreischen rotblauer Pennantsittiche. Als wir am nächsten Morgen zu den ausladenden Bäumen am Eingang unseres *caravan parks* kommen, muss ich an Hitchcocks Filmklassiker »Die Vögel« denken.

Morgens um acht sei hier die Stunde der Regenbogenloris (englisch: *rainbow lorikeet*), hat mir unser Campnachbar verraten.

Acht Uhr fünf: Noch immer zeigt sich keiner.

Acht Uhr zwölf: Wie ein Blitz stoßen drei der buntesten aller australischen Papageien vor. Das ist das Signal für alle anderen. Das Rauschen Hunderter Flügel erfüllt die Luft, die Vögel kommen jetzt von allen Seiten. Es ist unheimlich, wie bei Hitchcock! Mehr als hundert hauen sich auf den Ständern mit Brotbrei die Fittiche an die Köpfe. Ein Vogel zerwuschelt mir das Haar. Auf Bettinas Händen streiten sich vier Regenbogenloris. Während sich ein anderer auf ihren Kopf setzt und mit dem Schnabel an ihrem Ohrläppchen zupft, hockt sich ein ganz dreister auf ihre Schulter. Als Bettina lauthals lacht, pickt er ihr ungeniert zwischen die Zähne.

Noch immer flattern, picken, krakeelen und kreischen 150 Vögel. Doch was der Herrgott ihnen an Farbenpracht schenkte, versagte er ihnen an Stimme. Ein Höllenspektakel liegt über dem Platz.

Juliana, die an diesem Abend unser Tagebuch aufarbeitet, beschreibt den Morgen als »Highlight der bisherigen Australienreise!«. Sie fährt fort:

Gegen Mittag brachen wir in Airlie Beach auf. Von hier bis Townsville war es – mit australischer Elle gemessen – nur ein Katzensprung. Ei-

ne Fahrstunde südlich von Townsville erreichten wir die Schwesterstädte Homehill und Ayr. Das Leben muss süß sein, denn man lebt hier vom Zuckerrohr, zunehmend allerdings auch vom Reisanbau. Die Marke »Queensland's Own« geht sogar ins ferne Hongkong.

Aus »Ayr's Queenshotel« dröhnte Musik. Ein Cowboy-Typ auf der Veranda lutschte filmreif an seinem stubby und schnippte die zerkaute Kippe auf die Fahrbahn. Gleich danach entdeckte ich im Stadtpark hundert Ibisse.

Der Lion's Club von Brandon warb mit dem Slogan »Du machst Pause, wir spendieren dir 'nen Kaffee«. Das klang gut, wir stoppten. »Nehmt viel Zucker, schließlich seid ihr in Queensland!«, beschwor uns die nette Lady vom Lion's Club. Mit hoffnungslos übersüßtem Kaffee im Bauch überquerten wir die Didgeridoo Lagoon.

Ein großes Schild am Straßenrand behauptete später: »Du bist kein richtiger Aussie, wenn du jetzt nicht nach Mount Isa abbiegst.« Stattdessen zweigten wir beim Bowling Green Bay Nationalpark nach Westen ab.

Ein Highlight dieses Parks ist der Mount Elliott, ein Granitfels, der sich 1342 Meter über das Küstenland erhebt. 1971 unterzeichneten in der iranischen Stadt Ramsar zahlreiche Nationen Vereinbarungen zum Schutz von Küstenabschnitten. Australien zählt mit 45 »Ramsar-Schutzgebieten« und einer Fläche von fünf Millionen Hektar geschützten Landes dazu. 244 Vogelarten sind hier zu Gast, und sogar Brolgakraniche brüten in diesem Gebiet.

Doch uns zog die Erinnerung hierher.

Bettina drückte aufgeregt ihre Nase an die Windschutzscheibe. »Hier war es, wo ich damals Zeckeru die Sonnenbrille aufgesetzt habe.«

Doch nur zehn arrogante brush turkeys – Großfußhühner – stolzierten erhobenen Hauptes über den Campingplatz. Wenn die großen Vögel riefen, klang es wie ein heiseres Knurren.

Bettina sah es als Erste: »Unser Känguru!« Mit einem Satz war sie *draußen und hielt dem Känguru den Apfel hin. Doch der Enkel von Zeckeru knabberte nur kurz, reckte ihr undankbar das Hinterteil entgegen und hopste weiter.*

Am Nachmittag stellten wir bei Bettina leichtes Fieber fest.

Der Highway One folgte jetzt unmittelbar der Küstenlinie. Im Licht des Spätnachmittags sahen wir im Osten Hinchinbrook Island, Australiens größte Nationalparkinsel. Und in Tully begann es doch tatsächlich zu regnen! Womit die Statistik bestätigt wird, denn Tully ist mit vier Metern Regen die rain capital of Australia.

Der Scheibenwischer kämpfte gegen das Wasser, das förmlich aus dem Himmel fiel. Es vermischte sich mit den zahllosen Insekten auf der Windschutzscheibe zu einem widerlichen Brei.

Bettina schlief währenddessen unruhig. Ihr Fieber war gestiegen. So erreichten wir Cairns. Ich las: »Fun in the Sun«, doch der Regen stoppte erst, als Dieter an der Einfahrt eines bottle shop *hielt.*

Der vierschrötige Typ mit dem Bierbauch blickt mich verdutzt an, als ich an meterhohen Bierreklamen vorbei zu Fuß auf ihn zukomme.

»Ich hätte gern ein *sixpack*«, sage ich.

»Genau da drüben, *mate*!« Er nickt mit dem Kopf nach hinten.

Derweil fährt ein Landcruiser in das Gebäude, der Fahrer tippt an seine Hutkrempe, der andere schiebt 24 frostige Four X durchs Autofenster. Der mit dem Hut zahlt, gibt Gas und ist schon aus dem Gebäude heraus. Im Land des großen Durstes fährt man bis ans Bierregal. Dass ich Kookaburra draußen geparkt habe, hat mich als Greenhorn entlarvt.

Was denn das hier für ein Wetter sei, meine ich und wische mir Regentropfen vom Gesicht.

»Feines Wetter, *mate*, wir brauchen Regen!«, und er fügt hinzu: »*Cairns is a sun baked city.*«

Sonnengebackene Stadt, dass ich nicht lache. Der Regen prasselt noch immer auf die Blätter, als wir den *campground* von Redlynch an den Hängen des Atherton Tablelands erreichen.

Am nächsten Morgen ist Bettinas Fieber noch weiter gestiegen. Wir werden einen Arzt aufsuchen. Der Himmel über Cairns aber ist so blau, wie man ihn sich an der Pforte zum Urlaubsparadies nur wünschen kann.

Cairns:
Bei der Schlange mit dem Overkill

»Meine Vorliebe für Schlangen begann in Victoria, wo ich aufwuchs«, erzählt David Leyden. Mit 14 bekam er einen Job im Melbourner Zoo, ein paar Jahre später avancierte er zum Chef der Reptilienabteilung.

Wir hatten uns mit David auf der Hartley's Crocodile Farm 40 Kilometer nördlich von Cairns im Busch verabredet, der wegen seiner Ursprünglichkeit von der UNESCO als World Heritage Site eingestuft worden ist. Ein acht Meter langes Kunststoffkrokodil wies uns den Weg. »Wenn man bedenkt, wie viele giftige Tiere über Australiens Boden kriechen, könnte man direkt Angst bekommen, hierher zu fahren«, frotzele ich.

»Die Statistik widerlegt dich. Die Gefahr für Menschen ist gering. Ein erhöhtes Risiko besteht nur, wenn du unvorsichtig oder schlecht ausgerüstet bist.« Und David fügt hinzu: »Sieh mich an! Ich bin noch nie von einer Schlange gebissen worden.«

So viele Menschen haben eine Höllenangst vor diesen lautlos kriechenden Tieren mit dem kalten Blick. Ich frage David, ob es Momente der Angst auch bei ihm gebe.

»Wenn man Tag für Tag mit ihnen zusammen ist, denkt man nicht darüber nach, und das ist gut so. Aber ich habe mir einen gesunden Respekt bewahrt. Und das ist es auch, was wir unseren Gästen vermitteln wollen. Wir möchten ihr Verhältnis zu Schlangen normalisieren, Vorurteile abbauen. Schlangen sind keine Feinde, die es in jedem Fall zu vernichten gilt.«

Keine Angst! Dieses Krokodil ist nur Dekoration.

So sieht es auch der australische Gesetzgeber: Nur bei Lebensgefahr darf man eine Schlange töten.

»Überhaupt wären die meisten Schlangenbisse vermeidbar«, meint David. »Aber die Leute latschen mit ihren Gummisandalen an den nackten Füßen durchs dichte Gras, unter dem sie nicht mal den Boden sehen. Wenn man dabei einer Schlange zu nahe kommt, fühlt sie sich schon mal bedroht … und beißt zu.«

Er trägt selbst an heißen Tagen hohe Schnürstiefel und dicke Socken, denn gewöhnlich ist der Mund einer Schlange klein, und durch dicke Strümpfe dringen Giftzähne kaum hindurch.

Während meiner jahrelangen Aufenthalte in Afrika und Australien habe ich es mir zur Gewohnheit gemacht, im Busch immer fest aufzutreten.

»Das ist richtig«, bestätigt David, »Schlangen hören zwar sehr schlecht, haben dafür aber ein geradezu seismografisches Gespür, das jede Vibration am Boden wahrnimmt. Fast alle Schlangen werden flüchten, wenn man fest auftritt.«

Aber eben nicht alle ...

Zu den Ausnahmen zählt die Todesotter. Dem Biss dieser nur 80 Zentimeter langen Schlange fielen zwischen 1919 und 1926 244 Australier zum Opfer. Ihr hochwirksames Gift führte zumeist den Tod durch Atemlähmung herbei. Heute allerdings sind Opfer dank wirkungsvoller Seren selten.

»Gefährlich ist die Todesotter vor allem deswegen, weil sie normalerweise nicht flüchtet«, sagt David. »Sie gräbt sich gern unter Blattwerk ein und lässt einen sogar auf sie drauftreten. Dann aber beißt sie zu.«

Im Ranking der zehn giftigsten Schlangen ist Australien in Spitzenposition vertreten: der Kupferkopf (*copper head*), eine hochgiftige Schlange, ist hier genau wie die Schwarz- und die Tigerotter zu Hause.

Dass es gelegentlich auch Probleme mit den eher harmlosen Würgeschlangen gibt, las ich kürzlich in der Zeitung. Eine Frau im Stadtteil Palm Cove, Cairns, vernahm merkwürdige Geräusche auf ihrem Hausboden. Sie traute sich nicht allein hinauf und rief einen Schlangenfänger. Der entdeckte dort drei mächtige Amethystpythons; der größte wog 27 Kilo und maß fünfeinhalb Meter. Natürlich entfernte man ihn, setzte ihn aber gleich darauf in der Natur aus. Eine reine Vorsichtsmaßnahme, denn dass Pythons Menschen erwürgten, wurde in Australien nie nachgewiesen.

»Die einzige merkwürdige Geschichte ist die eines kleinen Kindes, das mit seinen Eltern auf einem Campingtrip war«, erzählt David. »Das Kind schlief, ließ dabei aber das Ärmchen über den Bettrand hängen. Offenbar versuchte ein Python, den Arm zu schlucken. Das Kind erwachte und schrie. Zum Glück bekamen die Eltern den Arm wieder aus der Schlange heraus. Sie ließen dem Python sogar das Leben, und auch das Kind kam mit dem Schrecken davon.«

Wer in Australien über Schlangen spricht, kommt zwangsläufig auf den hochgiftigen Taipan. Erst im Jahr 1950 war es dem Commonwealth Serum Laboratory in Melbourne gelungen, einen lebenden Taipan zu »melken«. Die Menge des ihm abgenommenen Giftes übertraf alle Erwartungen und füllte einen halben Teelöffel. Das daraus gewonnene Gegengift rettete vielen Menschen das Leben. Aber deren Rettung wurde mit dem Leben eines Menschen erkauft.

Kevin Budden aus Sydney war klar, dass ein winziger Kratzer vom Giftzahn eines Taipan ausreichte, um sein Schicksal zu besiegeln. Das Gift lähmt blitzschnell das zentrale Nervensystem und zerstört die roten Blutkörperchen.

Doch den jungen Museumssammler Kevin trieb eine brennende wissenschaftliche Neugier in den Norden Queenslands, wo er tatsächlich mit zwei Mitarbeitern im entlegenen Busch einen Taipan fand.

Kevin war erfahren und ging behutsam vor. Er fasste blitzschnell hinter den Kopf der Schlange und schob ihn in einen mitgeführten Beutel, doch da ritzte der Giftzahn des Taipan Kevins Finger.

Kevin Budden wusste um die Folgen. Er starb wenig später, doch zuvor hatte er noch Anweisungen gegeben, die Schlange nach Melbourne zu bringen.

Heute wissen wir, dass die Giftstärke dieses Taipan von jener des Kleingeschuppten Taipan (*fierce scaled snake*) bei weitem übertroffen wird. Ihn umgab lange etwas Mythisches – von allen tödlichen Schlangen ist er die »tödlichste«.

Ich frage David, ob es in Hartley's Crocodile Farm einen Kleingeschuppten Taipan gebe.

»Klar, ich hole ihn dir.«

Es heißt, der Biss dieser etwa zweieinhalb Meter langen Schlange produziere genug Gift, das ausreiche, um blitzschnell eine Viertelmillion Mäuse zu töten.

»Warum die Verschwendung?«, frage ich. »Sonst ist die Natur doch sparsam mit ihren Ressourcen.«

»Der Kleingeschuppte Taipan lebt in einem extrem lebensfeindlichen Terrain. Um zu überleben, muss jeder Biss erfolgreich sein«, weiß David.

Doch ich habe einen Mann kennen gelernt, der den Biss des Kleingeschuppten Taipan als Einziger überlebte. Sein Name ist Graeme Gow, und er lebt im Northern Territory.

Ich werde in meinen Gedanken unterbrochen, denn David Leyden steht vor mir. In der rechten Hand hält er den meterlangen Stab mit der Verästelung vorn, über die die Schlange scheinbar entspannt herabhängt. Das Schwanzende des Kleingeschuppten Taipan umfasst spielerisch die linke Hand. Unglaublich angesichts der Todesgefahr, die von dieser Schlange ausgeht. Andererseits hat er sie so bestens unter Kontrolle.

Eine verrückte Idee geht mir durch den Kopf: Ist dies nun gefährlicher als einen 30-Tonner-Lkw im Winter über die vereiste Autobahn durch die Kasseler Berge zu steuern? In beiden Fällen muss man wissen, was man tut, sonst endet es – hier wie dort – im Desaster.

Ich hatte schon so manche Schlangenbegegnung, auch merkwürdige. Vor Jahren saß ich in Zentralafrika in der Mittagshitze unter der Krone eines mächtigen Baumes. Ich genoss die Kühle des Schattens. Doch nur so lange, bis ein Junge mit einer Zwille auf eine grüne Mamba schoss, die klammheimlich über mir entlangkroch. Als ich unlängst in Namibia auf einen Baum stieg, um besser fotografieren zu können, plumpste von einem Ast neben mir eine Schlange auf den Boden und kroch fort. In Australien hatte ich sogar eine Schlange im Zelt ...

Natürlich bin auch ich gefragt worden, ob ich Angst vor ihnen habe. Nein, eher Respekt – und eine hohe Wachsamkeit.

Ähnliches sagte mir vor Jahren auch Graeme Gow, einer der angesehensten Krokodil- und Schlangenspezialisten. Ich hatte ihn im Dorf Humpty Doo unweit von Darwin getroffen, wo er seinen Schlangenpark betreibt.

»Wie fängst du Schlangen?«, wollte ich von Graeme Gow wissen.

»Gott gab mir zwei Hände zum Zupacken, auch für den Moment, wenn ich einer Schlange gegenüberstehe.« Graeme lächelte grimmig. »Jeder, der Schlangen mit Zangen fängt, und manchmal zeigen sie solche Praktiken im Fernsehen, handelt unverantwortlich. Die Verletzungsgefahr ist für die Schlange zu groß.«

Allerdings gestand Graeme ein, bereits 138-mal von Giftschlangen gebissen worden zu sein, und schmunzelnd fügte er hinzu, dass sein Blut kürzlich zur Analyse an die London Medical Academy gegangen sei. »Die staunen, dass ich immer noch lebe.«

Auch Graemes Leidenschaft für alles Giftige begann in seiner Jugend, als er durch die Straßen Sydneys streifte.

»Mein Nachbar war mein Vorbild, denn er sammelte Spinnen. Mann, ich war begeistert, und so fing ich auch damit an. Doch auf Dauer waren mir Spinnen zu klein, ich besorgte mir meine erste *tiger snake*.«

Die Tigerotter ist die viertgiftigste Schlange auf Erden.

»Eines Tages bat mich ein Freund, vorübergehend seine Reptilien zu betreuen. Ich sehe sie noch genau vor mir. Einer der Kästen mit einem Taipan war etwa in Augenhöhe. Vorsichtig öffnete ich die Tür, doch die Schlange flog förmlich auf mich zu und landete auf meiner Schulter. Ich packte zu und erwischte sie hinter dem Kopf. Die Schlange kämpfte wie toll, ihr Leib flog wie eine Peitsche, sie kam frei ... An dem Tag trug ich ein Hemd mit weitem Kragen – in dem sie verschwand.«

Graeme sah mich nachdenklich an. »Um es kurz zu machen, sie biss mir in die Schulter, den Rücken und den Allerwertesten. Nachdem ich mein Hemd vom Leib gerissen hatte, fiel die Schlange auf den Boden und verschwand. Ich hatte unglaubliches Glück, keiner der Bisse war in eine Hauptschlagader gedrungen – sonst stünde ich nicht hier.«

Was ihn an Schlangen denn so fasziniere, fragte ich Graeme.

Er schmunzelte wie ein Schelm. »Sie buddeln nicht wie Katzen und Hunde im Garten, sie kriegen weder Flöhe noch werfen sie Mülltonnen um. Sie kosten mich keinen Cent Steuern, und wenn ich längere Zeit wegfahre, stelle ich ihnen nur eine Schüssel Wasser hin. Schlangen sind großartige Kreaturen.«

Früher arbeitete er mit Schlangen im Zoo von Sydney, später konzipierte er Darwins Crocodile Farm, und dann eröffnete er seine eigene Reptile World. Seine Zucht ist beachtlich, viele seiner Tiere sind bereits »zweite Generation«, also von ihm gezüchtet.

Gelegentlich melden sich auch große Filmgesellschaften bei ihm, die seinen Sachverstand benötigen. Bei dem Hollywoodstreifen »Mad Max« und auch bei »Crocodile Dundee« war er Berater.

1985 allerdings geschah das Unglaubliche. Der Kleingeschuppte Taipan biss ihn – aber Graeme überlebte.

»Freunde fragten mich, ob ich die Schlange hinterher getötet hätte. Natürlich tat ich das nicht, es war ja nicht ihr Fehler. Ich hatte zuvor tote Mäuse angefasst, doch anstatt meine Hände gründlich zu waschen, fütterte ich anschließend die Schlangen.

Als ich den Kasten der *fierce scaled snake* öffnete, um ihr eine Maus mit der Zange zu geben, schoss sie vor und biss mir in die Hand. Der Duft meiner Hände war offenbar verlockender gewesen als das eigentliche Dinner.«

Es dauerte zwei Jahre, bis Graeme wieder richtig auf die Beine kam.

»Aber ich bin seitdem nicht mehr der Alte. Ich nahm zwar später die Kleingeschuppte Taipan für meine Shows, doch am Ende der Tage war ich nervlich und auch körperlich fix und fertig. Nach und nach gelang es mir, die Angst zu verdrängen, schließlich war unsere Beziehung wieder genauso gut wie zuvor. Wie gesagt, nicht sie hatte einen Fehler gemacht …«

Graeme überlebte den Biss des Superkillers als einziger Mensch auf Erden. Sein Blut ist weltweit von wissenschaftlichem Interesse. In den Kneipen des Northern Territory behauptet man nach dem dritten oder vierten Bier: »Wenn heute eine Schlange den Graeme Gow beißt, vergiftet sie sich.«

Wir haben uns vorgenommen, Graeme auch dieses Mal in Humpty Doo zu besuchen.

Neben den Schlangen leben 400 Krokodile in Hartley's Crocodile Park, in der dazugehörigen Krokodilfarm sind es 2500. Während ich mit David Leyden spreche, sind Juliana und Bettina bereits dorthin gegangen, denn die Crocodile-Show hat begonnen. Ich folge ihnen und komme rechtzeitig, um Drew Melvio bei einer atemberaubenden Krodkodildemonstration zu erleben.

»Würdest du in freier Natur auch bis auf zwei Meter an ein Krokodil rangehen?«, frage ich Drew nach der Show. Er lacht.

»In der Wildnis weißt du ja nicht, dass überhaupt ein Krokodil da ist. Und wenn du tatsächlich bis auf zwei Meter rankommen solltest, ist es zu spät für dich.«

Ich kenne Leute, die denken mit zwanzig bereits an die Sicherheit im Alter. Drew hingegen sieht dreimal am Tag fies dreinblickenden sechs Meter langen Riesen ins Auge. Ein Moment der Unaufmerksamkeit, und es könnte sein letzter sein.

»Wieso hast du dir diesen verrückten Beruf ausgesucht? Ein Bürojob in Brisbane oder Cairns ist doch viel gesünder.«

»*Well* ... ich war nie der Typ fürs Büro. Nach einem Universitätskursus, der mich zum Nationalparkranger machte, wusste ich, dass ich mit Krokodilen arbeiten wollte. Das war vor 13 Jahren.«

Wenn der Automechaniker den Motor falsch einstellt, qualmt der Auspuff, wenn der Computerspezialist die falsche Taste drückt, bleibt der Bildschirm schwarz ... aber wie ist das beim Krokodildompteur?

»Vor Jahren, als ich noch etwas unerfahren war, fütterte ich ein Krokodil namens Yard. Das hieß so, weil es nur drei Füße hatte, einer war beim Kampf mit anderen Krokodilen abgerissen worden. Und du weißt ja, drei Fuß sind ein *yard**.«

Drew grinst. »Also, ich war dabei, Yard zu füttern. Der verrückte Typ hatte noch einen Spitznamen, wir nannten ihn ›Doublebit‹. Er biss blitzschnell nach, auch wenn er seine Beute bereits im Rachen hatte. Dieses Mal erwischte er dabei meine rechte Hand. Wir vollführten eine Art Tauziehen, stell dir meinen Arm als das Tau vor! Dann plötzlich inszenierte er eine Art Händeschütteln, ich schlug dabei Purzelbaum und landete im Wasser.

Yard war nur einen Meter entfernt. Anstatt mich auch nur eines Blickes zu würdigen, machte er sich über das Hühnchen her. Also ich nichts wie raus. Ein Helfer warf mir ein frisches T-Shirt zu, verband mir flugs die Hand, und ich beendete meine Crocodile Show.«

---

* Englische Maßeinheit: 3 Fuß à 30,48 cm sind ein *yard* = 91,44 cm.

»Entwickelst du zu einem Krokodil eine Beziehung wie zu einem Hund oder zu einer Katze?«, will ich wissen.

»Katzen, Hunde und andere Säugetiere sind intelligenter, lernfähiger. Natürlich passiert es auch bei zahmen Bären oder domestizierten Wildkatzen, dass sie ihre Herren angreifen. Aber *crocs* sehen in allem nur das gefundene Fressen. Man darf das nicht persönlich nehmen ... für Krokodile ist das *just business*.«

Das bekam auch sein Berufskollege einmal zu spüren.

»Tom war bei seiner Krokodil-Show ausgerutscht, das *croc* packte unglücklicherweise seinen Arm und riss ihm den vor den Augen seiner Zuschauer ab.«

Doch Krokodilattacken sind selten, auch wenn sie gelegentlich für weltweite Schlagzeilen sorgen. Dann und wann werden auch Aborigines Krokodilopfer.

»Einen solchen Fall hatten wir kürzlich. Die *blokes* hätten's besser wissen sollen, denn mit Krokodilen zu leben ist Teil der Aboriginekultur. Und wir alle wissen, dass die Krokodilpopulation kräftig zugelegt hat. Schließlich sind die Tiere seit 1974 geschützt.«

Ich merke, dass Drew sich beim Geschichtenerzählen warm gelaufen hat.

»Pass auf ...«, seine Augen glänzen, »vor Jahren gab's bei uns ein fünf Meter langes Krokodil, das wir von einem Gehege in ein anderes überführen wollten. Mann, das war ein 300-Kilo-Brocken, und wir waren zehn *blokes*, die ihn an Seilen hielten. Vor uns lag ein Hügel, über den wir rüber mussten. Also schleppten wir den Burschen hinter uns den Berg hoch. Verflixt, denke ich, das Seil, an dem du eben noch gezogen hast, hängt jetzt durch ... Wir waren gerade über die Kuppe rüber. Ich schaute nach hinten und sah, wie das Krokodil geradewegs auf mich zudüste. Rette sich, wer kann! Ich hechtete über einen Zaun.«

»Wie sieht's da mit einer Lebensversicherung aus?«

»Vergiss die *life insurance*«, grinst Drew. »Astronomisch hohe Beiträge und raus kriegst du sowieso nichts – wenn du gefressen wirst!«

Und dann erzählt er mir die Geschichte von Glen ...

»Die Farm hatte fünf Krokodile verkauft. Glen, ein paar andere *blokes* und ich überführten die Burschen. Sie waren nicht sehr groß, höchstens vier Meter lang. Also, es war schon dunkel, und wir waren ziemlich spät dran. Endlich hatten wir alle fünf im Gehege. Nur beim letzten gab's irgendwelche Probleme. Dieser Bastard hing noch immer aus unerfindlichem Grund an dem Balken fest, an dem er zuvor angebunden gewesen war. Wie auch immer, Glen also rein und befreit ihn. Und was macht dieser undankbare Mistkerl! Beißt doch Glen in den Arm. Der dreht durch, gerät in Panik. Rennt im Gehege rum wie Falschgeld – genau auf die anderen Krokodile zu.

Und wir alle draußen am Zaun. ›Hierher!‹, brüllt einer. ›Pass auf!‹, schreit der andere. Und fünf hungrige Krokodile hinter Glen her. Mann, war das lustig!

Glen wurde später an 16 Stellen genäht, aber er ist ein richtiger *bushy* aus dem Outback und überlebte.«

Cape York:
Das Abenteuer auf die Spitze treiben

»*Good luck, mate*, du wirst es brauchen«, sagt Ron, unser Nachbar auf dem *campground* bei Cairns, und tippt sich bei den Worten an den Hut. Glück kann ich in der Tat brauchen, schließlich sind es von Cairns bis nach Cape York 1200 Kilometer. Ron weiß überzeugend von Flüssen zu berichten, in denen Kookaburra bestimmt absaufen würde, und sollte ich nicht von einem sechs Meter langen Krokodil gefressen werden, würde spätestens der 170 Meter breite Jardine River meiner Reise ein vorzeitiges Ende setzen.

Cape York, dieser riesige, fast unerschlossene, unzugängliche Landzapfen oben im »Rechtsaußen«, dem Nordosten des Kontinents, gilt in den Augen vieler Australier als das ultimative Abenteuer. Wie eine Pfeilspitze reicht es bis dicht an Papua-Neuguinea heran. Auf einer Fläche drei Viertel so groß wie Großbritannien leben hier gerade mal 120 000 Menschen; die meisten davon in Cairns, der Rest verteilt sich auf Orte wie Cooktown, Weipa und Normanton. Die Infrastruktur ist dürftig, nur durch die Mitte zieht sich die Telegraph Road, eine Erdstraße so löchrig wie ein Schweizer Käse, die einst den Zugang zu der 1872 gebauten Telegrafenlinie schuf.

Ron schwört, ich sei verrückt, den Cape York Track allein anzugehen. Aber was soll ich machen... Juliana muss bei Bettina bleiben, die immer noch 39 Grad Fieber hat. Arztbesuch und Medikamente haben bei ihr kaum etwas bewirkt.

Ich sage Ron, ich wisse, auf was ich mich da einlasse. Teile der Cape York Peninsula habe ich bereits auf zwei früheren Reisen kennen gelernt.

Die Falten in Rons lederartig gegerbtem Gesicht werden bei meinen Worten immer tiefer, und anerkennend knurrt er: »*You must like it, mate!*«

Ja, ich mag solche Wildnis, in der außerhalb der Orte nur eine Hand voll Menschen lebt, eine Wildnis, der der Mensch nur zögerlich ihre letzten Geheimnisse abluchst. Gerade mal zehn Jahre ist es her, dass eine von der »Australian Geographic Society« gesponserte Expedition auf den im Westen Cape Yorks gelegenen Dorunda und Inkerman Stations unbekannte Tier- und Pflanzenarten entdeckte.

Nur der Regen der letzten Wochen bereitet mir Kopfzerbrechen. Würden die während der Regenzeit gefürchteten, wenn nicht gar unpassierbaren Cape-York-Flüsse wie Wenlock und Jardine River mich überhaupt durchlassen? Aber dann tröste ich mich damit, dass ich, sollten alle Stricke reißen, immer noch die Fähre über das schlimmste Hindernis, den Jardine River, nehmen kann. Die ist zwar teuer und unzünftig, aber wenigstens sicher. Große Zeitpuffer für Experimente lässt meine Planung nicht zu. Bereits in acht Tagen muss ich in Cairns zurück sein, um Bettina pünktlich in Townsville abzuliefern, von wo aus sie allein ihren Heimflug antreten wird.

Aber jetzt brenne ich aufs Abenteuer.

Dunstschleier liegen über dem Land. Die Morgensonne bricht im Osten durch dünne Wolkenbänke, es verspricht ein schöner Tag zu werden. An den Hängen des Atherton Tablelands kleben noch vereinzelt Wolken über dem dichten Regenwald. Später säumen Zuckerrohrfelder die Straße.

Cairns ist Queenslands Sprungbrett ins Abenteuer. Hin zu den

Unterwasserwundern des Great Barrier Reef im Osten, im Westen gischten die pittoresken Wasserfälle des Atherton Tablelands, Inseln wie Lizard Island laden zum Verweilen ein, und der Nordzipfel der Cape-York-Halbinsel ist die ultimative Herausforderung sowohl für das Auto wie den Fahrer.

In nur drei Jahrzehnten entwickelte sich Cairns von einer Kleinstadt zu einer kleinen Großstadt. Auf der Fahrt entlang der breiten Sheridan Street von der City in Richtung Flughafen, vorbei an Hotels und dem Hafen, wo die Boote der Marlinfänger auf ihren nächsten Einsatz warten, erkenne ich, dass Cairns sich bestens für die Besucher aus aller Welt gerüstet hat.

Dabei waren die Aussichten auf eine langlebige Existenz gar nicht sonderlich rosig. Zwar lief Captain Cook am Trinitatis-Sonntag des Jahres 1770 in die Bucht hier ein und nannte sie Trinity Bay, doch als Stadt war Cairns ein Spätzünder. Erst 106 Jahre nach Cooks Besuch und nachdem das nördlich gelegene Cooktown seine historische Chance verpasst hatte, die Versorgungswege für den neuen Goldboom am Hodgkinson River zu öffnen, begann Cairns' Stunde zu schlagen. Der Bau einer Eisenbahnlinie brachte Cairns jenen Vorsprung, den Port Douglas, der andere Mitbewerber um die wirtschaftliche Gunst, nicht wieder einholen konnte.

Heutige Besucher kommen auch wegen der Strände, die sich wie Glieder einer goldenen Kette aneinander reihen: Yorkeys Knob, Trinity Beach und Clifton Beach sind einige davon. Die Straße nach Cape York schmiegt sich jetzt ans Meer, folgt lustvoll jeder Bucht, jeder Eigenwilligkeit der Küste. Atemberaubend ist der Blick vom Rex Lookout, von dessen Klippen sich Drachensegler in die Tiefe stürzen. Und immer wieder sehe ich Strände, Strände und noch mal Strände.

Nördlich von Port Douglas muss die erste Entscheidung fallen: für die Cape Tribulation Road entlang der Küste oder für die gut ausgebaute, aber eher langweilige Inlandstraße. Ich überschlage rasch Kilometerangaben und Routeninformationen, dann fällt meine Entscheidung zugunsten der ersten, der Cape Tribulation Road.

Der Daintree River trennt den östlichen vom westlichen Teil des gleichnamigen Nationalparks. Man sagt mir, ich müsse eine halbe Stunde warten, dann gehe die nächste Fähre über den Daintree River.

Fünf Autos warten vor mir: bullige Toyota-Geländewagen mit breiten Reifen und riesigen Dachgepäckträgern, auf denen sich Kisten, Wasserkanister und Reservereifen stapeln. Von zwei Fahrzeugen ragen drei Meter lange Funkantennen hoch. Alle haben sie vorn gemeine als *roo-* (von Känguru) oder *bullcatcher* bezeichnete Rammaufbauten.

Am Ufer warnt das Schild mit dem aufgerissenen Rachen eines Krokodils. Ein Zusatz unterstreicht die Botschaft: »Baden ist ungesund!«

Die Piste nördlich des Daintree River ist staubig, wie pockennarbig, Steine trommeln ans Bodenblech. Der Wald schmiegt sich dicht an die Fahrbahn heran, vermittelt Dschungelatmosphäre. Die Straße windet sich Hügel hinauf und schlängelt sich durch Regenwald, doch für romantische Betrachtungen lässt mir die Cape Tribulation Road wenig Zeit. Und doch stoppe ich bei dem Schild, das darauf hinweist, dass ich mich auf Captain Cooks Spuren bewege.

Es war in der sternklaren Nacht des 10. August 1770, als Captain Cooks Schiff Endeavour 40 Kilometer nördlich von hier auf ein Riff lief. Cape Tribulation, Kap der Sorge, benannte der Weltumsegler die Landnase westlich jener Stelle. Schade, dass er für all die Schönheiten der Natur, für die verführerisch weißen Strände keine Zeit hatte, sein Schiff musste schnellstmöglich wieder flott sein.

Noch vor wenigen Jahrzehnten zog es vor allem Aussteiger, Alternative und Spinner nach Cape Tribulation. Bei meinem ersten Besuch hier traf ich auf asketische Gestalten, die in Baumhütten lebten. Einer von ihnen warb für eine von ihm gegründete Kirche, The Church of the Holy Molecule. An diesem Tag aber treibt nur ein *stockman*, ein moderner Cowboy im Sitz seines Geländewagens, ein Pferd vor sich her.

Noch zu Beginn des 20. Jahrhunderts lag dieser Landstrich außerhalb des Blickfeldes der meisten Australier. Umso markanter waren die wenigen, die sich von ihm angezogen fühlten: Typen wie Tarzan Fomenko, ein Spitzensportler aus Sydney, der jahrelang wie das berühmte Leinwandidol mit Lendenschurz und Dolch an der Seite durch diese Wälder streifte.

Bereits in den Zwanzigerjahren des 20. Jahrhunderts kam Bill Evans aus New South Wales hierher. Vermutlich hätte der Arzt, der bei Bill eine schwere Lungenkrankheit diagnostizierte, gewettet, er würde die Reise nicht überstehen. Um seine Lebenserwartung sei es schlecht bestellt, noch zwei oder drei Jahre …

Bill sah das anders. Er kratzte hier ein bisschen Gold aus dem Boden und schürfte dort nach Zinn. Nördlich des Bloomfield River, nahe Cedar Bay, baute er sich eine Hütte. Dreimal zerstörten Zyklone all das, was er aufgebaut hatte. Aber Bill war eben zäh – und begann immer wieder von vorn. Als er 1939 vom Ausbruch des Zweiten Weltkriegs hörte, sagte er allen, dies sei nicht sein Ding, und verschwand im Urwald bei seinen Papayas, Mangos und Bananen. Die Hippies, die in den Siebzigerjahren zu ihm vordrangen, störten ihn zunächst, doch nur so lange, bis er erkannte, dass sie genau das suchten, was er hier gefunden hatte.

Als Bill starb und an der Cedar Bay beigesetzt wurde, hatte er die düstere Prognose seines Arztes um ein halbes Jahrhundert überlebt.

Kookaburras Reifen poltern jetzt über spitze Steine. Die Cape Tribulation Road ist noch unebener geworden. Kleine *creeks* stimmen mich auf das ein, was weiter oben im Norden auf mich zukommen wird. Zum Glück ist das Wasser hier nur knietief, es spritzt, und schon bin ich durch. Nördlich von Cape Tribulation zieht die Natur alle Register der Schönheit. Steil schlängelt sich die Piste in die von dichten grünen Wäldern bedeckte Donovan Range, langsam krieche ich auf der anderen Seite im ersten Gang zum Luana Creek hinab. Meine Pulsfrequenz steigt am Bloomfield River – vor Jahren schwappte mir in dem felsigen Flussbett das Wasser bis über die Kühlerhaube. Doch eine befestigte Furt hat dem Fluss heute einen Teil seines Schreckens genommen.

Der Puls beruhigt sich.

Bei der Ankunft am Lion's Den Hotel liegt eine bleischwere Hitze über Cape York, meine Zunge klebt am Gaumen.

Lion's Den ist eine dieser legendären australischen Tränken für Viehtreiber, Truckfahrer, Farmer und heute auch für gelegentlich vorbeischauende Touristen. Ohne das Hinweisschild wäre ich nicht auf die Idee gekommen, die Wellblechbude für eine Kneipe zu halten. Der Schatten mächtiger Baumkronen, in denen sich Kakadus streiten, fällt auf den grün gestrichenen Wellblechkasten. Nervöses Fliegengesumm liegt in der Luft, mischt sich mit den von der Veranda zu mir dringenden Stimmen. Orte wie dieser sind nichts für zartbesaitete Gemüter.

Als ich die Kneipe betrete, ordert jemand ein Bier: »Four X.«

»Siehste«, sagt der Typ mit der zerknautschten Turnhose und dem schmuddeligen T-Shirt, »der hat Geschmack. Nicht dieses *bloody* Victoria Bitter wie du.«

Alle finden das originell.

Grölendes Gelächter.

Ein blauschwarzer Köter streunt zwischen den Beinen der Gäste und schleckt Herabgefallenes vom Boden. An die verräucherte Decke hat jemand ein Schild mit der Aufschrift *»No pubs next 500 km!«* genagelt. Die Vorstellung, dass es die nächsten 500 Kilometer keine Kneipe geben wird, ist ein Albtraum hier.

Als ich Coke bestelle, betrachtet mich mein Nachbar mit einem Blick, der sagt: Ist bei dir wirklich alles in Ordnung? Geoff, so heißt er, taut erst dann ein wenig auf, als ich ihn auf die Straßenverhältnisse im Norden anspreche.

»Frag mal die beiden da«, er zeigt auf zwei drahtige Typen, »die kommen gerade von Weipa runter.«

Was sie sagen, macht mir Mut. Die als Developmental Road bezeichnete Straße sei in bestem Zustand, Überschwemmungen gebe es nicht mehr.

Die *blokes* nippen am Bier, diskutieren meinen Fall und beschließen – auch wenn ich ein Greenhorn sei –, dass ich eine Chance hätte, bis nach Cape York durchzukommen.

»Welchen *four wheel drive* fährst du?«, fragt ein Bursche mit Tätowierungen, die fauchende Drachen und ein nacktes Mädchen mit prallen Brüsten darstellen.

»Den VW-Bus da draußen.«

Geoff grinst breit. »Na dann viel Glück, *mate*!«

Wer zuletzt lacht, lacht am besten, denke ich.

Der blauschwarze Köter hat sich jetzt auf meine Füße gelümmelt. Auch auf die Gefahr hin, wieder im Ansehen der *blokes* zu sinken, bestelle ich eine zweite Cola.

»*Ta!*«, sagt das ältliche Mädchen mit dem verhärmten Gesicht und knallt mir die Coke auf die Theke.

Staub und tote Spinnen liegen auf den Balken der Wand, in deren Ritzen Visitenkarten stecken. Ein verrosteter Nagel hält einen Sattel, daneben steht ein verstaubtes Klavier. Es hat wohl bessere Zeiten gesehen, denn es dient als Ablage für Einweckgläser mit einer gelblichen Chemikalienbrühe, in der tote Schlangen liegen.

Ein zerknitterter kleiner Mann mit Ledergesicht spielt unentwegt Darts, seine Alte, eine Mittfünfzigerin mit türkisfarbenen, eng anliegenden Nylonhosen über dem prallen Hintern, kommentiert bissig jeden Wurf. Der Köter auf meinen Füßen gähnt, in der Ecke plärrt ein Radio.

Ein paar Stunden später erreiche ich Cooktown.

Mag sein, dass mein Mitgefühl den Versagern gehört, jedenfalls bin ich in Cooktown verliebt.

Noch im letzten Viertel des 19. Jahrhunderts gab es hier 65 Hotels, 20 Restaurants und 32 *general stores*, die von 250 Ochsen- und 200 Pferdegespannen mit Gütern versorgt wurden. In jenen Jahren war Cooktown Queenslands drittwichtigster Hafen. Doch als der Goldstrom am Palmer River versiegte, begann auch Cooktowns unaufhaltsamer Niedergang. Mit dem Großfeuer von 1918, bei dem so mancher verbliebene Traum in Rauch und Asche aufging, schien das Schicksal der Stadt besiegelt.

Nicht ganz, denn der Tourismus entdeckte Cooktown unter anderem als Sprungbrett für Cape York.

Eine leichte Brise streichelt im letzten Abendlicht den kleinen Ort. Am *post office* stoße ich auf einen Baum, dessen Stamm als schwarzes Brett herhält: Jemand sucht einen Job. Man wirbt für einen Schönheitssalon. Ein Hobbygärtner hofft, auf diesem Weg eine billige Schubkarre zu ergattern. Goldenes Licht fällt auf das stattliche Gebäude der Westpac Bank von 1878. Kokospalmen wiegen ihre Wuschelköpfe im Wind.

Für alle, die nach Cape York rollen, ist Cooktown zwar der letzte richtige Ort, historisch gesehen aber ist er der erste: 1770 ließ Captain Cook nach der Riffberührung von Cape Tribulation sein Schiff an dem heute als Endeavour River bezeichneten Fluss reparieren.

Während die Besatzung der Endeavour die Schiffsplanken ersetzte, beobachtete Cook Aborigines mit rotweißen Farbstreifen auf den Körpern. Über die Frauen notierte er: »Deutlich erkannten wir durch unsere Fernrohre, dass sie so nackend sind, wie der Herrgott sie schuf.« Doch die anfängliche Freundlichkeit der Aborigines schlug in Aggression um, als die Mannschaft sich weigerte, die von ihr gefangenen Schildkröten zu teilen.

Nach 48 Tagen war die Endeavour repariert, Cook ließ die Segel setzen und erreichte bald schon eine Insel, die er wegen der Warane dort Lizard Island nannte. Er umsegelte Australiens nördlichsten Punkt, und benannte ihn nach dem Duke of York »Cape York«. Auch der nächste Reisetag machte Geschichte, denn James Cook hisste die britische Flagge und nahm von hier aus Australiens Ostküste für die Krone in Besitz. Heute heißt die Insel Possession Island, »Besitz-Insel«.

Große Dinge geschahen an Cape York.

Es ist spät. Der glutrote Sonnenball steht wie eine flimmernde Scheibe auf dem Horizont. Eben noch unscheinbare Wölkchen hängen jetzt wie pralle rote Euter vom Himmel. Es ist so friedlich in Cooktown, das auf mich wirkt, als sei es vom Rest Australiens vergessen. So waren denn auch kriegerische Auseinandersetzungen Cooktowns Sache nie. Als die Stadtväter 1885 die Zentralverwaltung in Brisbane vorsorglich um Schutz baten, kam die Antwort in Form einer 82-jährigen Kanone. Man feuerte probeweise, doch mit einem müden »Rumms« fiel die Kugel fünf Meter entfernt ins Gras.

Tags darauf bin ich früh auf den Beinen, vor meinem Aufbruch will ich den Friedhof besuchen. Neben Gräbern deutscher Pioniere stoße ich hier auf das Grab von Mary Watson.

Das Foto von Mary Beatrice Watson ist so abgegriffen, wie es von einem gut 120 Jahre alten Foto zu erwarten ist. War es ein Geschenk, das die junge Mary ihrem Gatten Bob zur Hochzeit machte? Dann wäre es 1880 entstanden, denn da nahm der junge Fischer seine 20-jährige Frau mit nach Lizard Island. Ein Jahr später kam ihr Kind zur Welt. Doch im September 1881 überfielen Aborigines sie, ihr Kind und zwei chinesische Diener, während Bob beim Fischfang war. Ein Diener war auf der Stelle tot, der zweite konnte mit Mary und dem Kind flüchten. In ihrer Not bestiegen sie ein großes Fass, in dem Bob Watson seine *beche de mer* – Trepang, getrocknete Seegurke – kochte, und ließen sich aufs Meer treiben. Es war ihre letzte Reise, denn alle drei verdursteten in diesem Fass. Man fand sie später und begrub sie in Cooktown.

Marys Schicksal beschäftigt die Menschen noch immer. Es gab zu viele Ungereimtheiten. Warum ließ man sie fliehen? Warum verfolgten die bewaffneten und ihr überlegenen Aborigines sie nicht?

Falls es da ein Geheimnis gab – Mary Watson hat es mit ins Grab genommen.

Während ich abends an einen Baum gelehnt meine Reisenotizen auf den neuesten Stand bringe, kreischen 40 Kakadus über mir. 300 Meter entfernt hat sich eben ein Geländewagen in dem trockenen Flussbett festgefahren. Sechs Aborigines steigen aus, schaufeln, schieben aber nicht, sondern entfachen ein Feuer. Kein Laut dringt zu mir, auch nicht als die Kakadus verstummen.

Der Schein ihres Lagerfeuers geistert durch die Nacht. Ich habe Kookaburras Innenbeleuchtung ausgeschaltet, nur die kleine Flamme meiner Petroleumlampe wirft gelbes Licht auf das Tagebuch. Doch das bisschen reicht aus, um meine Gedanken zu Papier zu bringen.

Schade, dass Juliana und Bettina nicht hier sind. Aber vermutlich liegen sie jetzt am Swimmingpool, halten kalte Softdrinks in den Händen, und die Vorstellung, verdreckt am Rande eines uralten, von den Fluten der Jahrtausende gespülten Flussbettes zu sitzen, würde sie vielleicht gar nicht erheitern.

Tagebuchnotizen:
Von Dschungelpfaden und der Meuterei auf der Bounty

Über meine Tagebuchnotizen setzte ich das heutige Datum:

22. April
Die Fahrt durch die Cape-York-Wildnis nordwestlich von Cooktown war reizvoll. Regenwald säumte die Straße, auf der drei stockmen *sich abmühten, zwei aufgebrachte Bullen einzufangen. Dann die erste Flussdurchquerung. Herzklopfen bei mir. Gelassenheit bei den im seichten Uferwasser stehenden Reihern, die auf ihre Beute warteten.*

*Ganz so gelassen sehen die Manager der Rinder-*stations *die gelegentlich durchfahrenden Besucher offenbar nicht. Die seltenen Verkehrsschilder waren mit gelber Farbe überschmiert. »Nur Farmverkehr, keine Touristen!«, las ich stattdessen. Die Aufschrift »poisoned dog baits next 23 km«, vergiftete Dingoköder während der nächsten 23 Kilometer, war wohl nicht unmittelbar gegen die Fremden gerichtet. Doch trotz aller Hindernisse kam ich voran und überquerte auf einer primitiven, nur aus zusammengelegten Bohlen gefertigten Brücke einen schmalen Fluss, in dessen breiigem Uferschlamm rotbraune Rinder soffen. Daneben durchschritten Schwarzstörche gravitätisch ihr Reich.*

Der Normanby River war eine Zäsur, schlagartig wurde der Bewuchs trockener, spröder. Magere brumbies, *Wildpferde, deren Knochen spitz aus der dünnen Haut staken, überquerten schwerfällig den* track.

Unwillig schüttelte sich Kookaburra während der Weiterfahrt. Der Kaffeekessel im Schrank schepperte gegen den Aluminiumkochpott. Die Straße war ein Albtraum. Ich beglückwünschte mich, dass ich zwei neue Ersatzreifen dabei hatte, die Erdpiste glich 15 Zentimeter hohem Wellblech. Knapp 100 Kilometer nach meinem Aufbruch in Cooktown erreichte ich den Lakefield-Nationalpark. Der Laura River führte noch Wasser. Ich setzte alles auf eine Karte – und kam durch.

Ein hundertstimmiges Vogelkonzert empfing mich auf dem Hof der Old Laura Homestead. Der Eingang zu dem verlassenen Gebäude war versperrt, und so saß ich nur draußen davor und träumte. Ich sah dabei Bilder wie im Film »Dornenvögel« und begegnete in meiner Fantasie Menschen, die während the dry *hier Staub fraßen und während der Regenzeit in überquellenden Flüssen fast ertranken. In meinen Augen verfügten diese Menschen über unvorstellbar riesige Ländereien – die doch nur so viel abwarfen, wie man zum Überleben unbedingt benötigt. Das Leben ist kein Honigschlecken hier.*

Ich erhob mich und bummelte durch das Gelände der Old Laura Homestead.

Das zweistöckige Wohnhaus aus Wellblech wirkte bescheiden. Aus Wellblech war auch das Dach. Es muss ein Brutkasten gewesen sein, nur die großen Fensterfronten sorgten für Ventilation. Zwanzig Meter vom Haus entfernt befand sich das wohl Kostbarste einer Outbackstation, der Trinkwassertank, in dem das Regenwasser gespeichert wurde. 200 Meter weiter stieß ich auf alte Arbeitsgeräte und Schuppen. Der corral *war einst vom Trampeln und Muhen der Rinder erfüllt, die hier zusammengepfercht und über eine Rampe zum Transport verladen wurden.*

Old Laura Homestead war der Schauplatz von fetten und von mageren Jahren, von Dürre und von guten Erträgen, eine in sich geschlossene Welt. Gelegentlich, bei einer Blinddarmentzündung oder einem Knochenbruch, kamen die Ärzte des »Royal Flying Doctor Service«

per Flugzeug, die »School of the Air« bereitete die Farmkinder per Kurzwellenradio aufs Leben vor.

Waren jene, die hier lebten, verschlossene Eigenbrötler, die nichts von draußen in ihre kleine Welt dringen lassen wollten, so wie ich sie gelegentlich im Outback erlebt habe? Oder waren sie weltoffen?

Mag die Fantasie antworten. Doch Old Laura Homestead war alles andere als ein »Palast«, von dem aus eine Rinderdynastie über 10 000 Quadratkilometer Land regierte.

Stattdessen sah ich Bilder von der Arbeit heimkehrender Männer in Lederstiefeln, staubig, mit braunen Lederhüten auf den Köpfen und in kurzen Hosen. Ich sah Kinder, die draußen im Staub spielten, und drinnen eine Frau am Herd.

Kann man es ihnen verdenken, dass sie Old Laura Homestead verließen? Viele zog es irgendwann dahin zurück, wo Blumen sprießen und Wasser plätschert.

Und doch verließ ich ein Paradies, als ich fortfuhr – ein Paradies in seiner eigenen, spröden Art. Hinter mir kreischten und tirilierten Vögel. Große Bäume warfen kühlen Schatten, mir unbekannte Blüten dufteten, das Auge schwelgte. Meine Hände aber boxten gegen Fliegen an, die mir in Nase, Mund, Ohren und Augen krochen.

500 Meter später krachte mein Bulli in ein Loch, das zuvor nicht als solches erkennbar gewesen war. Pulvriger Staub hatte die Senke bedeckt, und lange noch nachdem ich hineingerumst war, blieb ein dicker weißer Wolkenpilz zurück. Den breiten North Kennedy River durchquerte ich wenig später. Zum Glück war die Furt mit Pfählen markiert, der Allrad meines Syncro griff, Steine polterten, schrammten am Bodenblech, Wasser blubberte bis zum Außenspiegel. Dann war ich durch.

Auf einem Tümpel leuchteten Hunderte Seerosen, weiße Ibisse pickten im seichten Wasser nach Krebsen, aufmerksam blickte der schwarzweiße Jabiru-Storch zu mir, während auf den abgestorbenen Zweigen eines Baumes wie erstarrt zwei Reiher saßen. Zwischen drei

Meter hohen grauen Termitenhügeln balzten Brolgakraniche. Ich stoppte, um sie zu beobachten. Sie empfanden das als Störung und stieben schwer flügelschlagend davon.

Die Ankunft am Musgrave Roadhouse war umso ernüchternder, denn hier stieß mein bush track *auf die breite Developmental Road nach Weipa. Ich hatte die »Hauptstraße« nach Cape York erreicht. Aber was heißt hier schon Hauptstraße? Vor dem Roadhouse parkten Geländefahrzeuge und Safariwagen von Tourveranstaltern, und dazwischen grasten Bullen und Kühe. Müde baumelte ein Windsack neben dem kleinen* airstrip, *an dessen Rand eine Cessna parkte.*

Der nächste Abschnitt des Cape York Track war exzellent. Kookaburra flog auf der breiten, sandigen Piste nach Norden, überquerte den nur 270 Meter hohen Buckel der Great Dividing Range und erreichte in der Abenddämmerung Coen, einen Ort mit wenigen Hundert Einwohnern. Und doch ist Coen ein wichtiger Versorgungsposten hier. Ich tankte das Auto voll und schlug wenig später am Coen River mein Nachtlager auf.

Morgen wird das Abenteuer richtig beginnen.

Als ich das Tagebuch zur Seite lege und nach oben blicke, leuchten tausend Sterne aus dem klaren Nachthimmel. Und noch immer tanzt der Schein vom Lagerfeuer der Aborigines durch die Nacht.

»Bamaga 290 km«, informiert mich das von Kugeln zersiebte Hinweisschild. Daneben rosten drei leere, von rotbraunem Staub überzogene Benzinfässer. Staub liegt auch dicht auf den Blättern der Bäume.

Hier verlasse ich die nach Weipa führende Piste und folge der 290 Kilometer langen schmalen, ausgefransten Fahrspur entlang der alten Telegrafenlinie. Das eigentliche Abenteuer des Cape York Track beginnt.

Nicht allzu lange ist es her, dass über die Leitungen auf diesen Telegrafenmasten und das anschließende Unterwasserkabel Nachrichten in alle Welt tickerten. Nutzlos und wie in bizarrer Verrenkung ragen die Masten heute aus dem blaugrünen Busch.

Ein Schild mit der Aufschrift »*Batavia Downs Homestead*« zeigt nach Westen, ich lese, dass hier auch Menschen leben. Unglaublich.

Wie Denkmäler erheben sich schlanke, gut drei Meter hohe Termitenhügel aus dem Busch. Zur Beschaulichkeit fehlt mir allerdings die Muße: der Wenlock River kann – je nach Wasserstand – tückisch sein.

»Achtung Krokodile«, lautet denn auch die erste Warnung. Doch ungeachtet des Schildes tummeln sich die Kinder zweier hier kampierender Reisender im Wasser. Von ihnen höre ich, dass andere Fahrzeuge gut durch den Fluss gekommen seien. »*No problems, mate!*« Dennoch warte ich, bis sich ein bis unter das Dach voll gestopfter Toyota Landcruiser an mir vorbei durch den River mahlt. Das ist mein Startsignal! Zwei Minuten und einige Herzklopfer später bin ich am Nordufer.

Die Piste gleicht jetzt einem ausgewaschenen Flussbett mit morastigen Senken, dann wieder ist sie so eng, dass ich fürchte, der Wagen würde an den steilen Seitenwänden entlangkratzen. Um die haarsträubendsten Passagen herum entstanden Umgehungspisten.

Doch in der Stille der Fruit-Bat-Wasserfälle, an deren Ufern Pandanuspalmen Schatten spenden, vergesse ich all die Hindernisse und den Dreck. Allerdings ist es mit der Idylle beim nächsten *creek* vorbei, zäher Schlammbrei reicht bis über die Räder.

Ein *creek* folgt jetzt dem nächsten. Verbeulte Militärluftlandebleche und verrottete Holzbohlen bilden die »Brücke« über den Cyprus Creek. Im Noland Creek fluche ich so wie Generationen anderer Allradpiloten vor mir, denn Anfang der Neunzigerjahre ging die Holzbohlenbrücke in Flammen auf. Man beließ es danach so, wie es jetzt war, getreu dem Motto: Wer das Abenteuer sucht, wird es hier finden! Das braungelbe Schlammwasser reicht bis zur Windschutzscheibe.

Richtiges Kopfzerbrechen bereitet mir der Jardine River. Kann ich es wagen, den 170 Meter breiten Fluss allein zu durchfahren? Bei dem Namen muss ich an Pioniere wie Frank und Alec Jardine denken, die sich mit fast 300 Rindern und Pferden von Cairns aus quer durch die Halbinsel bis nach Cape York durchgeschlagen haben.

Tagebucheintrag 23. April

Als ich abends Bamaga, den nördlichsten Ort auf dem australischen Festland erreichte, lag die erfolgreiche Durchquerung des Jardine River hinter mir. Eben noch hatte ich vor Bamaga das Wrack eines 1945 abgestürzten DC3-Flugzeugs bestaunt. Morgen will ich zum Jackey Airport fahren, in dessen Umkreis weitere Flugzeugwracks aus dem Zweiten Weltkrieg liegen.

Die Tagestemperatur lag bei 31 Grad im Schatten, erst die Nacht brachte »Kühlung«: 30 Grad! Auf dem Parkplatz unweit jenes alten Fasses, das den »Northernmost Point of the Australian Continent« markiert, hockte ich zwischen abenteuerlichen Gestalten und ihren Autos. Manche der Geländewagen waren verbeult, alle aber verdreckt, viele schwer beladen. Zwischen uns knisterte ein Lagerfeuer. Und während wir den Cape York Track Revue passieren ließen, wurden die Schlammlöcher von stubby *zu* stubby *größer, automordender, unsere Fahrleistungen heroischer und die Gesichter röter.*

Während im Westen das Rosa des Sonnenuntergangs verblasste, fühlten wir uns als echte Abenteurer. Und wir waren uns einig, dieser Abend an Cape York, 3000 Kilometer von Brisbane entfernt, war die Belohnung für all den Staub, den wir unterwegs gefressen hatten.

Unweit von Cape York befinden sich die kümmerlichen Relikte der Somerset Homestead. In den Sechzigerjahren des 20. Jahrhunderts hatten Wandalen diesen ältesten Posten auf der Cape-York-Halbinsel durch Feuer zerstört.

Als ich dort ankomme, wiegen sich ein paar der von Frank Jardine gepflanzten Palmen im Wind, vor mir steht seine verrostete Kanone. Ich schlendere zu der Stelle, an der man Sana und Frank Jardine begrub: Sana Solia, denke ich, die schöne Nichte eines Häuptlings aus Samoa, die in Deutschland ihre Erziehung erhielt. An ihrer Seite ruht Frank, der seinen Platz im australischen Geschichtsbuch fand. Ein schönes Märchen…

Wolken haben sich jetzt über mir zusammengebraut. Hoffentlich regnet es nicht, denn unpassierbare Flüsse und breiige Tracks würden mich in meiner Planung um Tage zurückwerfen.

Ein paar Tage, was war das schon. Frank und Alec Jardine benötigten für die Strecke von Cairns nach hier acht Monate!

Ihr Vater, Captain John Jardine, hatte 1864 diesen Posten in Cape York übernommen. Doch die Versorgung war schwierig, und so erklärten sich Frank und Alec bereit, Rinder und Schafe zu ihm zu treiben. Es war ein waghalsiges Unternehmen, denn niemand hatte die Peninsula zuvor in ganzer Länge erfolgreich durchquert. Aber Frank war 22 und Alec 20. Und wenn man je im Leben große Dinge tut, dann in diesem Alter.

In Begleitung von zehn Männern, 250 Rindern und 42 Pferden brachen sie auf.

Ihr Wissen über das Land war spärlich. Da war der Bericht des Deutschen Ludwig Leichhardt, der 1845 auf der bis dahin erfolgreichsten Expedition zum Mitchell River vorgedrungen war. Eine aufwändige Expedition des jungen Edmund Kennedy hingegen hatte 1848 mit einem Desaster geendet. Feindliche Aborigines töteten Kennedy, fast alle seine Begleiter kamen später ums Leben. Nur der Aborigine-Pfadfinder Jackey Jackey schlug sich durch.

Die Jardine-Brüder hatten etwas Wichtiges von den früheren Expeditionsberichten gelernt. Anders als Edmund Kennedy wählten sie den trockenen, weniger sumpfigen Westteil der Halbinsel. Natürlich gab es auch hier Flüsse, die sie mit ihrer riesigen Herde durchqueren mussten. Es gab auch feindliche Aborigines, die sie angriffen, doch als diese merkten, dass mit Speeren nichts gegen die Feuerwaffen der Weißen auszurichten war, trieben sie im Schutz der Nacht einige Tiere fort. Dennoch war die Expedition ein Erfolg. Frank und Alec hatten nur ein Fünftel ihrer Tiere verloren, als ihr *cattle drive* im März 1865 nach acht Monaten in Somerset endete.

Frank übernahm den Posten von seinem Vater und etablierte sich als erfolgreicher Rinderzüchter. Als 1873 die bildhübsche Samoanerin Sana Solia nach Somerset kam, um unter den Aborigines zu missionieren, war es um Frank geschehen. Doch weder Sanas Missionsgesellschaft noch Franks Vater beobachteten sein Werben wohlwollend. Aber Frank war entschlossen … Als Sana nach Samoa zurücksegelte, holte er sie mit einem noch schnelleren Schiff ein. Sie sagte ja, und gemeinsam kehrten sie nach Somerset zurück.

Dieses Happy End hatte sogar eine Fortsetzung: 1899 fuhr Frank Jardines Segelschiff »Lancashire Lass« in der Torres Strait auf ein Riff. Als die Besatzung den Schaden untersuchte, entdeckte sie an dem Riff über Jahrhunderte zu einem Klumpen zusammengeschweißte Silbermünzen eines spanischen Schiffes. Sie hatten einen Schatz im Wert von einer Viertelmillion Dollar gefunden!

Dies waren die Schauplätze meiner Jungenfantasien. An meinem zweiten Abend unter dem Himmel über der Torres Strait, dieser von Riffen durchsetzten Wasserstraße zwischen Australien und Papua-Neuguinea, war mir, als trieben von der Abendsonne beleuchtete Wolkengebilde wie rosa Wattebäusche über den Himmel.

Ähnliche Bilder sah Captain William Bligh, der nach der Meuterei auf der Bounty mit 18 Getreuen im Rettungsboot um Cape York segelte. Später lief das Schiff Pandora mit 14 der auf Tahiti verhafteten Bounty-Meuterer östlich von Cape York auf ein Riff. Das große Schiff sank mit Mann und Maus. Erst 1977 gab die Coral Sea 4000 Einzelteile des Wracks der Pandora frei.

Aber ich muss mich losreißen und mich beeilen. Bereits in sechs Tagen wird Bettina von Townsville via Brisbane und Kuala Lumpur nach Frankfurt fliegen.

Drei Tage später bin ich zurück in Cairns.

Bettina ist wieder gesund. Juliana schwärmt von ihren Ausflügen in das Great Barrier Reef und nach Green Island.

Sie hat ihre Reisenotizen wie folgt zusammengefasst:

Great Adventure heißt unser Schiff. Ob es uns wirklich das große Abenteuer bringt? 90 Prozent der Passagiere sind Japaner.

8.05 Uhr: Eine zierliche Japanerin reißt das erste Victoria Bitter des Tages auf. Ob das mal gut geht ...

Heftiger Seegang. Als unser Schiff aus dem Windschatten der vorgelagerten Inseln kommt, treffen uns die seitwärts rollenden Wellen wie ein Faustschlag, der Schiffsbug hebt sich, kracht aufs Meer. Alles erzittert, dabei stürzt die Japanerin mit Bierdose der Länge nach übers Deck.

Zum Glück sind es bis Green Island nur 27 Kilometer. Im Windschutz der 12 Hektar kleinen Koralleninsel erstirbt der Sturm. Unsere

Haare sind von der aufgewirbelten Meeresgischt salzverkrustet, die Blusen kleben an den Körpern. Nichts erinnert mehr an das Brüllen des Windes, dies ist eine stille Welt.

Grünblau ist das Meer, grün der Bewuchs von Green Island. Doch der Inselname stammt von Mr. Green, dem Astronomen an Bord von Captain Cooks Forschungsschiff.

Green Island ist eine Koralleninsel. Wind trieb einst vom Land her Sand auf die Korallen. Mit dem Vogelkot kamen Pflanzensamen, und so entwickelte sich nach und nach der dichte Regenwald hier. Doch dann kam der Mensch …

Das große Touristenresort im Inselinnern überließen wir gern den Japanern und entdeckten einen Strand, auf dem wir uns fast so einsam fühlten wie Robinson auf seiner Insel.

Hier hat Juliana ihre Notizen beendet.

»Morgen Abend müssen wir in Townsville sein«, stelle ich fest. »In 48 Stunden wird Bettina bereits im Flugzeug sitzen.«

Zuvor wollen wir allerdings noch Kurt und Sigrid in Townsville besuchen. Wir kennen beide seit Jahren und freuen uns auf den Besuch. In Townsville wollen wir unsere weitere Strecke festlegen. Was hier im Nordosten nicht ganz einfach ist, denn im so genannten Gulf Country, südlich des Gulf of Carpentaria, fehlen ein paar Glieder in der 20000 Kilometer langen Kette unserer Traumstraße.

Kurt:
Ein Leben als Abenteurer in Queensland

»Ich sah euch in die Kneipe reinkommen und sagte zu meinen Kumpels: ›Die kommen aus Deutschland.‹ Eure Gesichter waren tiefbraun, auf der Stirn lag trockener Schweiß wie eine Salzschicht.«

Kurt nimmt einen Schluck Kaffee.

»Einer meiner Kumpels hatte beobachtet, wie ihr auf das Three Ways Roadhouse zugeradelt kamt. Wir hatten unseren Spaß mit euch. Jemand sagte, es sei eine verrückte Idee, mit *bloody* Fahrrädern ausgerechnet im *bloody* Hochsommer durchs *bloody* Outback zu strampeln. Einer hielt euch für Amerikaner, ein anderer für Engländer. ›Deutsche!‹, beharrte ich. Wir konnten uns nicht einigen und wetteten, dass jeder, der mit seiner Vermutung falsch lag, den anderen in unserer Truppe eine Runde Rum schmeißen müsste.«

Kurt sieht hoch. »Den Rest kennt ihr. Ich kam an euren Tisch und fragte auf Deutsch, woher ihr kommt.«

Die Briefe mit den bunten Briefmarken aus aller Welt gehören heute zu unseren schönsten Überraschungen im Postkasten: Grüße aus Kanada, Südamerika oder Afrika. Immer wieder mal ist auch ein Brief von Kurt und Sigrid aus Australien dabei.

Sigrid waren wir tags darauf in dem kleinen Minenort Tennant Creek mitten im Supermarkt über den Weg gelaufen, als wir uns eine Gallone (4,5 Liter) Eiscreme zum Naschen gönnen wollten.

Freunde seit vielen Jahren: Kurt findet, das Internet ist etwas für Stubenhocker, und Sigrid serviert uns deutschen Kaffee.

Sigrid sagte, sie habe bereits nach den beiden Radfahrern Ausschau gehalten, von denen Kurt erzählt hatte. Dann lud sie uns ein zu bleiben.

Tagelang waren wir bei ihnen zu Gast, bei Kurt, dem Österreicher, und ihr, der gebürtigen Deutschen. Und tagelang schütteten wir eiskalte Getränke in uns hinein. Solche Begegnungen zählten auf unserer 10 000 Kilometer langen Fahrradtour durch Australien zu den Highlights.

Der Marathontrip hatte in Melbourne begonnen, von wo aus wir der Küste Victorias bis Sydney folgten. Vor dem nervösen Verkehr der Ballungsräume flohen wir landeinwärts und fanden uns im trockenen, wilden Outback wieder. Es war Hochsommer in Australien, und je weiter wir nach Norden drangen, umso unbarmherziger wurde die Hitze, umso maßloser der Durst.

Als wir Kurt und Sigrid damals verließen, stieg das Quecksilber unseres Thermometers an die 40-Grad-Marke. Aber Schatten war selten, und der Durst entsprechend. In Spitzenzeiten tranken wir zu zweit 30 Liter Wasser am Tag. Einmal stieß ich versehentlich mit meinem Vorderrad gegen Julianas Hinterrad und stürzte der Länge nach auf die grobe Straße. Kreislaufkollaps! Ich hatte schwere Verletzungen an den Beinen, und von den Handflächen hing die Haut in Fetzen herab.

Juliana half mir in den spärlichen Schatten eines Baumes, wo ich langsam wieder zu mir kam. Eine Stunde später hielt ein Auto nicht weit von uns am Straßenrand, ein Outback-*bloke* zwängte sich hinter dem Steuer hervor und rief: »Ich stelle euch hier was Anständiges hin! Holt's euch ab.« Er grüßte, gab Gas und fuhr davon.

Die beiden zurückgelassenen Dosen mit eiskaltem Bier leerten wir an Ort und Stelle. Danach radelte ich, trotz meiner Verletzungen, noch 60 Kilometer!

Die Verbundenheit zu Kurt und Sigrid, die ein spannendes Leben geführt haben, ist geblieben. Inzwischen haben sie sich ihren Wunsch von damals erfüllt und sind in die Nähe von Townsville gezogen. Während wir von Cairns aus entlang der Küste nach Süden rollten, freuten wir uns schon aufs Wiedersehen.

Wir fragten uns von Townsville zum Oak Valley durch, das 20 Fahrminuten von Downtown entfernt im Outback liegt. 20 Fahrminuten mögen zwar in einem riesigen Flächenland wie Australien wie Peanuts erscheinen, doch mit jedem Kilometer, den wir uns in Richtung Westen von der Küste entfernten, wurde das Land trockener. Dies ist die Schnittstelle zum Outback, und das bedeutet Trockenheit. Wann immer wir am Anfang unserer Reise von Brisbane bei Kurt anriefen und von Regen sprachen, sagte er: »Kommt als Regenmacher und verdient euch hier 'ne goldene Nase.«

Endlich fanden wir sein neun Hektar großes Grundstück. Diese Weitläufigkeit! Man wähnte sich in einer parkartigen Savanne.

Ich fuhr in den *driveway* und parkte zwischen Bougainvillea- und Poincianabüschen, Eukalypten und Frangipani. Vögel krakeelten, und in der Ferne schrie ein Pfau.

Nach der Begrüßung gingen wir ins Haus.

»Deutscher Kaffee!«, betont Sigrid und schenkt aus ihrer »deutschen Kaffeekanne« ein. Dazu gibt's Apfeltorte. Das Licht ist gedämpft, wie es an heißen Tagen in den Tropen üblich ist, wenn man die schlimmste Hitze durch Vorhänge aussperrt. Große Ventilatoren an der hölzernen Decke suggerieren Kühle.

Nach dem Kaffee schlendern wir über das Gelände. Kurt, obwohl schon sechzig, hat ein Kreuz wie ein Kleiderschrank, seine Arme sind muskulös und kraftvoll. Heute arbeitet er im Straßenbau. Sigrid, die gelernte Krankenschwester, ist Altenpflegerin in Townsville.

Als es dämmrig wird, lassen vier der zwanzig Pfauen auf dem Grundstück ihre klagenden Rufe erklingen. Ein zahmer Kakadu in seinem Käfig krächzt *»You want to go to bed?«*

»Ein verzogener ›Stadtvogel‹, den wir von Freunden aus Townsville bekommen haben«, schmunzelt Kurt. In der Stadt zu leben käme für ihn nicht in Frage. Er brauche »Luft zum Atmen«.

»Wirst du eines Tages nach Österreich zurückgehen?«

»Natürlich nicht. Seit Jahren bin ich australischer Staatsbürger.«

»Gab's einen Moment, an dem du ›rückfällig‹ werden wolltest, zurück ›nach Hause‹ wolltest?«

»Einmal, aber das war schon 1964. Da tauchten plötzlich die schönen Postkartenbilder der Erinnerung vor mir auf. Ich dachte, in Österreich sei doch alles viel vertrauter. Also flog ich zurück.

Ich ging durch meine alte Heimat wie durch ein Bilderbuch, aber ich sah die Bilder meiner Kindheit jetzt mit den Augen eines Erwachsenen. Vieles war mir fremd. Ein Schlüsselerlebnis war eine merkwürdige Begebenheit in der Kneipe.« Er schmunzelt. »Um korrekt zu sein … es war schon drei Uhr morgens. Ich hatte bereits einige Biere intus, als ein Streitgespräch mit einem jugoslawischen Gastarbeiter hoch kochte. Der Bursche nannte mich wegen meiner Australienzeit einen Ausländer. Ich und ein Ausländer in Österreich! Ich sah rot, und wir prügelten uns.

Nun – morgens um fünf war die Polizei bei meinem Vater, der mich einen Hallodri nannte. Ich hielt das alles nicht aus und ging zurück nach Australien. Der Entschluss war goldrichtig.«

Später fragt mich Kurt: »Wo soll denn eure weitere Route lang führen?«

Ich berichte ihm von unseren Plänen, am Gulf of Carpentaria vorbei nach Westen zu fahren.

»Im Gulf Country sind gestern starke Gewitterschauer heruntergekommen«, weiß Kurt. »Den zuverlässigsten Wetterbericht gibt's im Internet, lass uns dort mal nachsehen.«

Aber ansonsten hält er nichts vom Internet.

»Einer meiner Nachbarn hat sich so ein Ding angeschafft. Was sage ich! Nicht nur einen, der Kerl kauft sich einen Computer nach dem anderen. Der abgedrehte Bursche hat mir sogar schon E-Mails geschickt, obwohl er nur einen Kilometer entfernt wohnt. Ich habe ihm gesagt, er soll lieber selbst vorbeikommen, dann können wir live reden und dabei sogar ein Bier miteinander trinken.« Für Kurt ist das Internet ein virtuelles Abenteuer für Stubenhocker. »Die wahre Musik spielt hier draußen.«

Dort jubeln, gurren und flöten jetzt die Vögel. In einer halben Stunde wird die Sonne untergehen.

Sigrid setzt alle Hebel der Geheimdiplomatie in Bewegung, damit wir einen Tag länger bleiben als geplant. Kurt geht an die Bar und holt einen Whisky vor: »Mein allerbester Schluck.« Er winkt mit der Flasche wie mit einer Trophäe: »Den habe ich extra für morgen Abend aufgehoben.«

Dieser erste Abend wird auch ohne den Whisky lang. Juliana nippt an einem australischen Rotwein, Bettina trinkt Coke und Sigrid Wasser. Kurt und ich bleiben bei Four X.

Was sie nach Australien geführt habe, frage ich Sigrid.

»Eine verrückte Geschichte. Eine Freundin erzählte mir, in Tennant Creek suche man Frauen. Wir hatten darüber unsere Späße gemacht. Aber meine Freundin schrieb tatsächlich einen Bewerbungsbrief – in meinem Namen! Eines Tages, ich hatte die ganze Angelegenheit bereits vergessen, saß da doch tatsächlich ein deutschstämmiger Australier auf meinen Treppenstufen.«

Mit ihm wanderte Sigrid nach Australien aus, doch Stabilität bekam ihr Leben erst mit Kurt.

»Gute Reise«, sagt der QANTAS-Bedienstete zu Bettina, als er ihr am nächsten Morgen die Bordkarte in die Hand drückt. Bereits in zwei Stunden wird sie in Brisbane sein, zehn Stunden später in Kuala Lumpur. Frankfurt heißt das Ziel der letzten Flugetappe. Sie ist aufgedreht und freut sich auf die Freunde daheim.

»Der Besuch bei Kurt und Sigrid«, schwärmt sie, »war ein toller Abschluss.«

Mit 15-minütiger Verspätung hebt der große Vogel ab. 30 Stunden und 20000 Kilometer später, nach einem langen Flug über Singapur, Indien, Saudi-Arabien und die Türkei, wird Bettina in Deutschland landen.

Der Entschluss, doch noch einen Tag länger bei Sigrid und Kurt zu bleiben, fällt uns nicht schwer.

»Jetzt ist Zeit für ein Bier«, stellt Kurt fest, als wir nachmittags zu ihnen zurückkommen. Angesichts der frühen Stunde entschließen wir uns dann aber doch für deutschen Kaffee.

»Ich habe auch schon fürs Abendessen gesorgt«, witzelt Kurt. »Kommt mit!«

Wir folgen ihm hinter das Haus, wo er eine anderthalb Meter lange, daumendicke Schlange hochhebt.

»Wir saßen draußen, als Sigrid plötzlich rief: ›Vorsicht, hinter dir bewegt sich was.‹ Aus dem Augenwinkel sah ich die Giftschlange keine 40 Zentimeter von meinem Fuß entfernt. Ich griff das Rohr neben mir und schlug zu.«

Die Vögel genossen jetzt die Kühle des Nachmittags und sangen mit hundert Stimmen. Deutlich hörte ich eine *magpie* heraus.

»Wurdest du jemals von einer Schlange gebissen?«

Kurt schüttelt den Kopf mit den grauen Haaren über dem breiten Nacken. Die Sonne Australiens hatte scharfe Falten in sein Gesicht gegraben. »Nein, nicht ich, aber Sigrid. Sie ging eines Tages über unser Grundstück und trat in einen Haufen *bullshit*, jedenfalls dachte sie das im ersten Moment. In Wahrheit war es eine zusammengerollte Schlange. Die biss zu. Ich sah nur zwei winzige Pünktchen, aber das reichte mir, um mit ihr zum Krankenhaus zu rasen.«

»Ich war wie erstarrt«, erinnert sich Sigrid, »und dachte, dies sind deine letzten Minuten. Im Krankenhaus kam sogar ein Engel auf mich zugeflogen. Jetzt bist du tot, ging's mir durch den Kopf. Die Engel kommen schon. Aber dieser Engel kratzte nur an meinen Fußsohlen und fragte, ob ich etwas spüre. Und dann klopfte er sieben- oder achtmal an meinen Fuß, und ich musste mitzählen. Daraufhin schwebte er davon. Als ich später klar sah, erkannte ich, dass der Engel eine aus Indien stammende Ärztin im hellen Sari war.«

Mich beschäftigt immer noch die Frage, was einen Menschen dazu bewegt, alles hinter sich abzubrechen und auszusteigen.

»Die pure Lust aufs Abenteuer!«, strahlt Kurt.

»Hattest du dich gleich für Australien entschieden?«

»Ob Afrika oder Australien war mir damals egal. Ich hatte mich bei beiden beworben. Aber die Antwort der Australier kam schneller, und so ging ich hierher.«

Kurts Abenteuer begann in Sydney. Er war sich für nichts zu schade und nahm jeden Job an, arbeitete für die Eisenbahn, dann in einer Fabrik. Wo immer das beste Geld zu holen war, griff er zu. »Danach ging ich nach Melbourne. Aber das Wetter gefiel mir dort nicht. Nach drei Monaten reichte es mir.«

1961 kam er erstmals mit Freunden nach Queensland – eine Clique von sechs Österreichern und Deutschen. Ihr Schulenglisch reichte nicht weit, »aber«, so erinnert sich Kurt, »wenn der eine nicht weiter wusste, dann half der andere aus. Wir waren ungebunden, und das Leben war schön. Wenn du so willst, schön verrückt!« Er lacht.

»Leider verlor ich die Burschen aus den Augen, weiß nicht mal, ob sie noch in Australien leben. Ich zog jedenfalls immer der Arbeit hinterher. Und Arbeit gab's genug. Ich habe meistens für sechs oder neun Monate zusammenhängend gearbeitet, dann meinen *swag*, meine Bettrolle, zusammengepackt und bin weitergezogen.«

Von Queensland vertrieb ihn die Regenzeit ins Landesinnere nach Tennant Creek im Northern Territory, dorthin, wo wir ihm das erste Mal begegnet sind.

»Du sagtest damals, du habest dort ›an der Schaufel‹ gearbeitet. Was war das?«

»Im Akkord habe ich täglich 30 bis 35 Tonnen Kupfer in kleine Säcke geschaufelt. Nur mit Muskelkraft! Eine Knochenarbeit. Aber wir hatten einen Italiener, der das schon seit 15 Jahren machte. Dieser *bloke* schippte 40 Tonnen am Tag! Und wenn du so viel schaufelst, wetzen die Schaufelblätter auf dem Zementboden. Nach fünf Tagen war eine Schaufel hin.«

Kurt lächelt säuerlich: »Ein Höllenjob, aber immer noch angenehmer als Zuckerrohr schneiden.«

»Wo war das?«

»In Innisfail – ich wollte ja unbedingt reich werden. Und im Zuckerrohr war gutes Geld drin.«

Aber Kurt hielt das nur drei Monate durch. Dem Greenhorn überließ man nämlich jene Felder, in denen der Sturm das Zuckerrohr auf den Boden gedrückt hatte.

»In jenen Monaten habe ich abends mehr für Bier auf den Kopf gehauen, als ich tagsüber verdienen konnte. Und überhaupt dieses klebrige Zeug. Wenn ich das Zuckerrohr schleppte, rann mir der süße Saft den Rücken runter. Ich hasste das und versuchte mich daraufhin als Goldgräber.«

Kurt winkt ab: »Eigentlich war ich dafür 120 Jahre zu spät dran.«

Dennoch fuhr er mit seinen Kumpels hoch bis Cooktown, »aber was wir fanden, reichte kaum zum Leben.«

Also schaute er sich nach etwas anderem um.

»Zu acht fuhren wir weiter ins Gulf Country nach Normanton, um Krokodile zu jagen. Einer von uns lebt noch immer dort, ein Münchner, den wir Wally the Waterrat nannten. Ein anderer Deutscher von uns hieß Cornedbeef Freddy. Einer wie der andere waren wir blutige Anfänger. Crocodile Dundee hätte sich vermutlich eins ins Fäustchen gelacht.«

Aber nicht nur beim Fang zahlten sie Lehrgeld, man zog die Greenhorns auch bei der Vermarktung über den Tisch.

»Mit Krokodilen haben wir kaum etwas verdient.« Also suchte er sich einen anderen Job, diesmal bei Sanierungsarbeiten an der Bahnlinie Townsville-Mount Isa.

»Gutes Geld gab's da«, erinnert er sich. »Mit 'nem Haufen Dollars in der Tasche wollte ich danach das gute alte Europa besuchen, allerdings kam ich nur bis Singapur. In Asien war das Leben angenehm, und die Mädchen waren schön … kurzum, drei Monate später war ich pleite und musste zurück nach Australien, um Geld zu verdienen.«

Bald schon rumpelte er auf einem Güterwagen, unter einer Holzladung versteckt, quer durch die Nullarbor Plain Richtung Westen. Später stieß er sich beim Eisenbahnbau in der Wüste bei Oodnadatta weiter die Hörner ab. Mit alledem war Schluss, nachdem er Sigrid kennen gelernt und die beiden geheiratet hatten.

»Und die ganzen zwölf Jahre in Tennant Creek hast du Kupfer in Säcke geschaufelt?«

»So dumm bin ich nun auch wieder nicht!«

Ich frage ihn, ob er seit damals Veränderungen in Australien festgestellt habe.

»Ja«, meint er, »Australien ist gezähmt worden, geordneter, auch im Outback … fast schon so wie Europa. Und dann sind da die Veränderungen im Miteinander. Früher konntest du dein Auto bei einer Panne im Busch stehen lassen und Hilfe holen. Kamst du nach einer Woche zurück, stand es noch immer dort. Heute lässt du die Karre 'ne halbe Stunde stehen, und schon fehlen dir die Räder. Nimm nur dieses Beispiel: Eines Tages fuhren wir von Charters Towers nach Cloncurry, die Straße war zu dem Zeitpunkt noch nicht asphaltiert, und prompt bekamen wir ein technisches Problem. Verflixt, wir hatten unseren Wagenheber vergessen! Da hielt ein Autofahrer, gab uns kurzerhand seinen *jack* und sagte: ›Wenn ihr fertig seid und nach Pentland kommt, gebt den Wagenheber im ersten Haus auf der rechten Seite zurück.‹ Der kannte uns nicht mal! Wir benutzten den Wagenheber und lieferten ihn prompt am selben Tag ab. Der Bursche lud uns sogar noch zu 'ner Tasse Tee ein. Heute ist vieles anders. Die Leute sind misstrauischer.«

Kurt steht auf und füllt die Biergläser. Über uns flimmert der Sternenhimmel.

»Das Leben verändert sich auch hier«, fügt Sigrid hinzu. »Man plant momentan, von Townsville bis zu uns eine Wasserleitung zu legen. Und damit werden die Gebühren kommen.«

Ähnliches gilt für die öffentliche Müllabfuhr, die es derzeit hier nicht gibt. Zur Zeit sammeln sie ihren Müll, dann und wann belädt Kurt seinen Truck damit und fährt zur Deponie.

»Mehr brauchen wir nicht, bloß nicht zu viele Reglements.«

Wenn Kurt und Sigrid sich unterhalten, sprechen sie englisch miteinander, ein flüssiges, aber hartes Englisch mit deutschem Akzent, den sie auch nach vielen Jahren nicht abgelegt haben.

Als ich nach einem gemütlichen Abend um Mitternacht ins Internet schaue, finde ich eine E-Mail von Bettina vor: »Glatte Landung in Brisbane!« Das war vor ein paar Stunden. Jetzt müsste sie über Darwin sein und Richtung Kuala Lumpur fliegen.

Ich stehe am Rand der Terrasse und sehe in die Nacht hinaus. In diesem Moment schießt eine Sternschnuppe in einem silbernen Bogen über den Himmel. Jetzt habe ich einen Wunsch frei. Ich wünsche Bettina einen sicheren Flug.

Four X:
Ein Pferd säuft Bier
und andere Merkwürdigkeiten

Der Highway One zieht sich von Cairns über die wildromantischen Atherton Tablelands nach Süden, wo er unweit des Undara-Volcanic-Nationalpark fast rechtwinklig nach Westen hin in Richtung Normanton abknickt und plötzlich endet.

Noch ist nicht klar, welche der nach Westen führenden Pisten eines Tages die Bezeichnung Highway One führen wird. Vermutlich wird es der *track* nach Burketown sein, der am Hell's Gate Roadhouse, dem »Roadhouse zum Höllentor« – ein verheißungsvoller Name für diese entlegene Ecke! –, vorbeiführt nach Wollogorang im Northern Territory, von wo die Buschpiste nach Borroloola wieder die Eins im Schilde führt.

Dies ist eine der wildesten, entlegensten und touristisch am wenigsten erschlossenen Regionen Australiens.

Unerfreulich ist, dass dort späte Regenfälle eingesetzt und Flüsse den *track* unpassierbar gemacht haben. Kurt versuchte mich zu beruhigen: »Na, dann wartet ihr drei oder vier Tage, bis das Wasser abgeflossen ist.«

So viel Zeit haben wir aber nicht. Grob überschlagen sind es bis Sydney noch immer rund 15 000 Kilometer. Und bis dahin liegen noch viele andere Abenteuer auf dem Weg – wir müssen sie nicht bei unkalkulierbaren Flussdurchquerungen im Northern Territory suchen.

Also fahren wir auf dem Flinders Highway, der großen Ost-West-Achse, von Townsville nach Charters Towers, wo wir nach

Nordwesten in Richtung Undara-Volcanic-Nationalpark abzweigen wollen.

Während der großen Tage des *gold rush* Ende des 19. Jahrhunderts war Charters Towers eine unwirklich bunte, glitzernde und wilde Welt. Nach den Goldfunden des Aborigine Jupiter Mosman von 1871 gab es hundert Goldminen hier und mindestens ebenso viele Kneipen. Alles in allem wühlten 30 000 Menschen nach dem Edelmetall. Der Goldrausch ist lange vorbei, und die Einwohnerzahl liegt jetzt bei einem Drittel von damals. Geblieben ist ein geschlossenes viktorianisches Stadtensemble, wie man es nur selten antrifft.

Nach einem Bummel durch Charters Towers erreichen wir 400 Kilometer später erneut den Highway One.

Unweit der Straßeneinmündung zerriss 190 000 Jahre vor unserer Ankunft eine gewaltige Detonation die Stille. Die Erde öffnete sich, und aus dem 340 Meter breiten Schlund des Undara-Vulkans schossen pro Sekunde tausend Kubikmeter Lava. Die glühende Lava folgte dem alten Bett eines Flusses, dem Menschen viel viel später den Namen Einasleigh River gaben.

Tony Walton, der als *tour guide* im Undara-Volcanic-Nationalpark arbeitet, lässt das Licht seiner Laterne über die Wände einer lang gezogenen Höhle tanzen. »Ihr steht hier im Bett des alten Einasleigh River, durch das sich die Lava wälzte.«

Tony hält inne. »Es geschah etwas Merkwürdiges. Die äußere Lavaschicht erstarrte und formte einen harten Schlauch, der nach und nach dicker wurde, während die im Kern noch immer heiße Lava weiterfloss. Als der Strom versiegte, blieb eine 160 Kilometer lange Lavahülle zurück.«

In diesen Undara Lava Tube dringen wir mit Tony vor.

»Ich mache etwas Lärm, damit die *rock wallabies*, die Felsenkängurus, auf unser Kommen vorbereitet sind und flüchten können.« Tony klatscht in die Hände.

Das *kangaroo*-Gras am Eingang der Höhle ist trocken und brüchig. Doch die Kängurus scheinen es hier zu mögen. Mit gemessenen Bewegungen, wie in Zeitlupe, hopsen sie federnd über den Boden. Ein Stück weiter bleiben sie abwartend sitzen.

Im Fels gluckert und blubbert es.

»Ablaufendes Grundwasser«, weiß Tony, »wir hatten gestern ein Gewitter.«

Auch auf dem Boden des *lava tube* ist es feucht. An den Felswänden entdecke ich Wassermarkierungen, die erkennen lassen, dass gelegentlich auch Wasser durch den Felsschlauch fließt. Nach einigen Hundert Metern wird es zu niedrig für einen Weitermarsch, die Decke des *lava tube* ist eingebrochen.

Tony zeigt auf ein Loch in den Felsen. »Wenn ihr hier weiterkriecht, findet ihr ein Stück weiter den Ausstieg, von wo aus ihr schon unser Auto sehen könnt.« Nur ein unternehmungslustiger Vater mit zwei Söhnen folgt Tonys Tipp. Wir anderen gehen denselben Weg zurück.

Der 160 Kilometer lange *lava tube* ist nicht auf der gesamten Länge begehbar, immer wieder sind Abschnitte eingestürzt. Als wir in einen zweiten Tunnelabschnitt steigen, bemerke ich zahllose Knochen auf dem Boden.

»Alte *rock wallabies* kommen hierher, um zu sterben«, erklärt Tony.

Das Licht seiner starken Lampe huscht an den Knochen vorbei bis an die Wände der Höhle, an denen sich Fledermäuse festgekrallt haben. Die gut 50 Meter lange Wurzel eines *fig tree*, einer Würgefeige, hat sich über den Boden des *lava tube* bis dorthin getastet, wo sie Wasser zum Überleben fand. Daneben hängt die Wurzel einer anderen Würgefeige, die sich von oben durchs dicke Lavagestein gezwängt hat, wie ein meterlanges armdickes Seil bis zum Höhlenboden herab.

Undara ist eines jener vielen australischen Naturwunder, die lange hinter den Zäunen großer Rinderimperien versteckt und der Öffentlichkeit nicht zugänglich waren.

Für den Rindermann Gerry Collins allerdings ist dieses die Heimat, denn er wuchs auf der Undara Cattle Station auf, in deren Ländereien der Lavaschlauch liegt. Nach und nach machte Gerry seinen Besitz interessierten Besuchern zugänglich. Seit den Neunzigerjahren ist Undara ein Nationalpark.

Val, die hier als Naturkundlerin tätig ist, schwärmt von den Tieren in dieser Gegend. Wir haben uns für eine Nachtwanderung mit ihr verabredet.

Jeder von uns bekommt eine Taschenlampe.

»Die Lampe immer in Augenhöhe halten, denn wenn der Strahl die Augen der Tiere trifft, wird der Schein reflektiert.«

Nicht mal hundert Meter von der Lodge entfernt stoppt sie plötzlich: »Hört ihr?«

Ich habe deutlich ein pochendes Geräusch vernommen.

»*Eastern grey kangaroos* warnen auf diese Weise ihre Artgenossen, indem sie mit den Pfoten auf den Boden trommeln.« Die Grauen Riesenkängurus erreichen eine Größe von bis zu 1,20 Meter und ein Gewicht von maximal 65 Kilogramm.

Die Lichtkegel unserer Taschenlampen tanzen über blasse Eukalyptenstämme, über uns glänzt die weiße Scheibe des Vollmondes. Plötzlich leuchten uns aus einem *gum tree* zwei rötliche Punkte entgegen.

Val legt die Finger auf die Lippen. »Das ist ein *feathertail glider*.« Der winzige Federschwanz-Gleitbeutler gehört zur Familie der Opossums und spannt sein Fell dermaßen zu Gleithäuten, dass er damit 20 Meter weit durch die Luft segeln kann.

Als wir am darauf folgenden Morgen die Undara Lodge verlassen, hopst mir in aller Seelenruhe ein Känguru fast vors Auto. Tiere haben hier Vorfahrt.

Über die Weiterfahrt von Undara in Richtung Georgetown

und Normanton findet sich in unserem Tagebuch der Vermerk: »Buschland … und noch mal Buschland.« Schwarze Kakadus segeln über die Straße, 20 weiße Kakadus hocken auf einem Mulgastrauch. So weit die Highlights.

150 Kilometer später erreichen wir Croydon, dessen verbeultes Ortseingangsschild mit dem Zusatz *Historical Town* wirbt. Dabei hat es den Charme einer verlassenen Wellblech-Geisterstadt. Nur ein Aborigine-Junge schlurft über die Hauptstraße. Doch Croydon genoss seine großen Tage, als ein gewisser Tom McEvoy 1885 hier Gold entdeckte. Rostige alte Maschinenteile erinnern noch immer daran.

Normanton, das 1000 Einwohner zählende Zentrum des Gulf Country, erreichen wir am späten Nachmittag. Im Schatten der Brücke über den Normanton River hocken Aborigines. Gleich daneben baden ein paar Weiße. Später passieren wir den schmucklosen Friedhof, eine Geröllwüste mit vereinzelten Plastikkränzen. Deutlich lebendiger geht es im Purple Pub zu, einer grell lilafarben gestrichenen Kneipe. Lärm dringt vom Balkon mit seinen hübschen schmiedeeisernen Gittern, wo sich *stockmen* Biere hinter die Binde kippen. Musik dröhnt bis zur Straße.

Wir wagen uns hinein.

»Lass die Finger von der Strecke nach Burketown, *mate*«, rät mir einer der Burschen. Gestern habe es geregnet und wir müssten damit rechnen, dass der *track* von den Flinders und Leichhardt Rivers überschwemmt sei.

Da uns so etwas ein paar Tage zurückwerfen kann, beschließen wir kurzerhand, von Normanton Richtung Süden zu fahren und die Küstenregion zu umgehen.

Als wir den Pub verlassen, haben sich auch hier bedrohliche Gewitterwolken zusammengezogen.

Der Regen erwischt uns südlich von Normanton. Er stürzt aus prallen, grauen Wolkenknäueln, die sich wie Gebirge am Himmel türmen. Der Guss ist kurz, aber er bringt die Abkühlung, auf die alles Leben hier gewartet hat. Vögel lärmen. Kängurus hüpfen aus dem Busch zu den Pfützen auf der Straße und trinken.

»Lass uns schleunigst das Nachtlager aufschlagen«, sage ich. »Die Fahrerei ist wegen der Kängurus zu gefährlich.«

Während einer Regenpause springe ich aus dem Auto, um im Busch einen guten Platz für die Nacht auszukundschaften. Der rotbraune Boden ist zwar breiig, doch zum Glück säuft Kookaburra nicht ab. Kaum habe ich eingeparkt, bricht das nächste Gewitter los. Ich bin keine zehn Meter vom Auto entfernt, als die ersten Tropfen fallen, doch als ich den Camper erreiche, bin ich triefnass.

20 Minuten später geht ein geräuschloses Aufatmen durch die Natur. Der Regen hat aufgehört. Es ist kühl und geradezu unheimlich still, bis auf das Klatschen der von den Blättern rollenden Wassertropfen. Selbst die Vögel halten die Schnäbel. Da blitzt einen Augenblick lang ein letzter Sonnenstrahl durch die Wolkenbank im Westen, und just in diesem Moment zerreißt das wilde Lachen des Kookaburra die Stille.

Am Morgen darauf ist mir, als habe es das Bedrohliche und Unheimliche dieser Gewitternacht nie gegeben. Die Luft ist deodoranthaft klar und frisch, selbst die sonst allgegenwärtigen Fliegen sind verschwunden. Vor dem Tiefblau des Himmels betört das frische Grün, als hätten die Blätter der Eukalypten etwas von ihrem Blau eingebüßt und leuchtendes Grün sei hineingeschossen.

Während der Weiterfahrt zerspritzen Hunderte Kuhfladen unter meinen Reifen. Rosenkakadus tänzeln neben der Fahrbahn, wie auf ein geheimes Zeichen hin setzen sie sich zeitgleich auf einen Ast. Wellensittiche swingen durch die Luft, wenig später huscht ein Schwarm leuchtend grüner Papageien über den Highway.

Als wir das Burke & Wills Roadhouse erreichen, erinnert

nichts mehr an die Schöpfungsstunde. Fliegen summen, meine Kehle ist ausgedörrt, heißer Wind treibt trockene Gräser vor sich her. Wir flüchten in den Schatten.

Jabins Landrover hat seine besten Zeiten längst hinter sich. Auf der Fahrerseite fehlt die Tür, die Beifahrertür schließt nur dann, wenn ich innen den großen Riegel vorschiebe. Der alte Geländewagen röhrt und bockt beim Schalten. Auf der Ladefläche balancieren während der Achterbahnfahrt über die Farmpiste zwei hübsche Hunde.

»Lässt sich das Pferd gut reiten?«, frage ich Jabin, der vielsagend grinst.

»Du wirst es ja gleich sehen. Außer meinem alten Herrn lässt er keinen auf sich rauf. Er ist eben ein eigenwilliger, sturer *brumby*, und was den Durst anbelangt, ist er ein echter Aussie.«

Bevor wir in Jabins Höllenkiste einstiegen, habe ich mir von Pam, der Wirtin des Burke & Wills Roadhouse, die verrückte Story des Pferdes mit dem Namen einer Biermarke erzählen lassen.

»Die Geschichte von Four X begann vor einer Reihe von Jahren, als Wildpferdjäger seine Eltern abschossen. Sie waren *brumbies*, Wildpferde, und die Farmer lieben sie nicht, weil sie zu viel Gras fressen, das sie lieber für ihre Rinder hätten. Four X war damals gerade zwei Wochen alt, und so beschlossen mein Mann und ich, das Fohlen im Roadhouse großzuziehen. Wir hatten keine Erfahrung, wie man das macht, und so gaben wir ihm die Aufbaupräparate, die man auch Kälbchen gibt. Wir füllten sie in eine Bierflasche und ließen Four X daraus nuckeln. Er gedieh prächtig.

Eines Tages, er war schon älter, stibitzte er vom Tisch eines Gastes eine Flasche Bier und trank sie aus. Wir alle lachten, aber der Grund war uns klar, es war die gleiche Flasche, an die er von

Jugend an gewöhnt war: ein Four X-*stubby*. Nur dass dieses Mal kein Aufbaupräparat für Kälber und Jungpferde darin war, sondern Bier.

Unser *brumby* ist eben ein echter Aussie – das Bierchen gefiel ihm. Er nippte jetzt mal hier und mal dort. Und da die Leute im Outback Verständnis für durstige Kehlen haben, ging es Four X im Roadhouse nicht schlecht. Manche *blokes* wetteten, eines Tages würde Four X ein ganzes Sixpack leeren.«

Pam schmunzelte: »Er ist pfiffig, er greift die Flasche mit den Zähnen, wirft den Kopf in den Nacken und lässt das Bier mit Schwung in sich reinlaufen. Four X wurde so berühmt, dass ein Fernsehsender sogar einen Film über ›das durstigste Pferd im Outback‹ drehte.«

Klar, dass ich nach dieser Vorankündigung auf die Begegnung mit Four X gespannt bin.

Jabins Landrover stoppt vor dem Gatter zu der Weide, die sich Four X mit zwei Emus und mehreren Pelikanen teilt. Eine große Windmühle pumpt ächzend Wasser in ein Bassin.

Four X hat Jabins Auto erkannt und galoppiert her. Wie ein Kenner umschließen seine Lippen genüsslich den Flaschenhals, dann leert er den *stubby* in einem Zug.

»Kürzlich, als wir seinen Pferdestall hinter unserem Roadhouse umbauten, war Four X zwei Monate lang bei meinen Freunden«, erinnert sich Jabin. »Als er zurückkam, war er so verwöhnt, dass er keine warmen *stubbies* mehr nahm. Das Bier musste kalt sein!«

Vom Burke & Wills Roadhouse sind es 180 Kilometer bis nach Cloncurry. Wir erreichen die Stadt bei Einbruch der Dunkelheit.

Trotz vereinzelter Verkehrsgeräusche ist der *campground* von Cloncurry ein recht stiller und freundlicher Platz. Nur gelegentlich dröhnt auf dem fernen Highway ein Road Train vorbei. Wer hier ankommt, hat gewöhnlich eine lange Fahrt hinter sich und ist müde; vielleicht ist er morgens in Townsville, Alice Springs, vielleicht sogar in Brisbane gestartet oder aber wie wir im Gulf Country. Der Ort liegt an der Schnittstelle bedeutender Outback-Pisten.

Auf den Campingtischen zischen Gaslampen, man sitzt noch zusammen, trinkt und plaudert. Juliana bereitet das Abendessen – gebratenen Schinken mit Zwiebeln –, während ich unser Tagebuch aktualisiere.

Da bemerke ich, wie das Licht starker Autoscheinwerfer über unser Camp huscht. Vier bullige Geländewagen mit Anhängern, auf deren hohen Aufbauten große Aluminiumboote liegen, schieben sich über den Schotterweg an uns vorbei. Der Konvoi stoppt auf der noch freien übernächsten *campsite*. Im Nu entsteht eine Wagenburg, 14 Männer steigen aus. Ich traue meinen Augen nicht, als sie einen großen Kühlschrank von einem der Anhänger herunterholen und ihn ans Stromnetz anschließen! Ein Zischen, wie es entsteht, wenn Bierflaschen geöffnet werden, liegt jetzt in der Luft. Im Handumdrehen stehen auch ihre Zelte, dann dröhnt das Lachen einer ausgelassenen Männerrunde über den Platz. Erst nach Mitternacht kehrt die Ruhe von vorher zurück.

An diesem Abend tauchten Bilder in meiner Erinnerung auf, die ich sonst erfolgreich verdränge: Der Tag, den ich sehe, liegt ein paar Jahre zurück und hat zauberhaft begonnen. Ich war frühmorgens von Alice Springs zu den Highlights der MacDonnell Ranges gefahren, wo ich zunächst die alte Missionsstation Hermannsburg besucht hatte, von der ich in das verträumte Palm Valley des Finke-Gorge-Nationalpark gefahren war. Ich staunte über das Phänomen, wie es die Palmen fertig bringen konnten, dieser Wüste zu trotzen, obwohl Klimaveränderungen ihnen eigentlich die Lebensgrundlage entzogen hatten.

Es ging auf den Abend zu, rotbraunes Licht ergoss sich über die zerborstenen Felsen dieser Urlandschaft. Es war so friedlich. Doch nur so lange, bis ich in einem trockenen Flussbett neun parkende Allrad-Campmobile sah. Davor standen Männer und Frauen mit Bierflaschen. Ich grüßte und fuhr an ihnen vorbei tiefer in den Park hinein. Später, auf der Rückfahrt nach Alice Springs, holte ich den Konvoi der neun ein. Offenbar wegen ihrer schweren Wohnaufbauten fuhren sie extrem langsam. An ein Überholen war nicht zu denken, also zockelte ich ebenso langsam hinter ihnen her. *Bulldust*, feinster Staub, der durch jede Ritze kriecht, verschonte auch das Innere meines Wagens nicht und erschwerte die Sicht. Aber ich erkannte, dass immer wieder leere Bierflaschen über die Piste polterten.

Bei Hermannsburg erreichten wir den gut ausgebauten, breiten Larapinta Drive nach Alice Springs. Endlich konnte ich an ihnen vorbeifahren. Ich setzte zum Überholen an, kam auch am hintersten Fahrzeug vorbei, doch in diesem Moment scherte der Wagen vor mir aus, zog in die Mitte der Straße und behinderte mich. Ich machte leidlich gute Miene zum bösen Spiel.

Fünf Minuten später blockierte der Kerl vor mir noch immer die Überholspur, unversehens aber schwenkte er nach links. Ich wunderte mich über diesen plötzlichen Sinneswandel und überholte ungehindert zwei weitere Fahrzeuge des noch immer mit 40 Stundenkilometern gemächlich dahinrollenden Konvois.

Weiter kam ich nicht. Das dritte Fahrzeug von vorn schwenkte jetzt vor mir auf die Überholspur und wurde langsamer. Auch der Wagen links vor mir drosselte seine Geschwindigkeit. Dafür schloss der bullige Geländewagen hinter mir bis auf knapp einen Meter auf. Der Landcruiser vor mir bremste noch stärker.

Ich war in der Zange, sie spielten Katz und Maus mit mir! Sie hatten Sprechfunk, ich konnte die Antennen sehen. Vermutlich stimmten sie sich ab und hatten in ihren alkoholisierten Schädeln mächtig viel Spaß daran, mich in der Falle zu haben.

Weitere Bierflaschen purzelten über die Fahrbahn.

Ich bemerkte im Rückspiegel, wie das auf dem Kühler des amerikanischen Dodge Ram Truck montierte Reserverad gefährlich nahe kam. Mein kleiner Suzuki-Geländewagen wirkte da wie David gegen Goliath. Das Rad kam noch näher! Plötzlich verspürte ich einen heftigen Schlag, »David« machte einen Satz nach vorn. Der Dodge hatte mich gerammt, aber nicht an der Stoßstange, sondern an meiner Hecktür.

Tausend Gedanken jagten mir durch den Schädel: Anhalten oder nach links ausbrechen und mit meinem wendigen Allerweltsgeländewagen den schwer beladenen Karren dieser besoffenen Typen entkommen? Das wäre ein lebensgefährliches Spiel. Es war finster, der Boden mochte dornig sein, und dann dieser unsägliche Staub, der mir die Sicht nahm. Aber wer weiß, wozu diese Desperados sonst noch in der Lage waren.

So konnte es nicht weitergehen. Ich hielt kurzerhand an, auch die Rücklichter von neun weiteren Wagen flammten auf. Schon wendeten einige auf dem breiten Larapinta Drive. Grelle Scheinwerfer waren jetzt auf mich gerichtet.

Ich sah erhitzte, rote, stoppelbärtige Gesichter mit aufgerissenen Mäulern. Ich sah, wie zwischen ihren Zähnen Gift und Galle sprühte. Ich registrierte die prallen Bierbäuche. Einer trat mit seinen dürren Beinen gegen meinen Wagen. Ich hörte immer nur »*bloody ... fuckin ...!*« und verstand, dass es mir galt.

Einer griff in meinen Wagen, riss meinen Autoschlüssel aus dem Zündschloss und warf ihn in hohem Bogen in die Nacht. Gegröle! Ein paar Kerle versuchten sich mit Zielwerfen, denn drei halbvolle *stubbys* folgten meinem Schlüssel. Dann obszöne Bemerkungen, ich kapierte nicht, worum es ging, aber alle lachten. Drei Minuten später sah ich 18 Rücklichter in einer roten Staubwolke verschwinden.

Über mir funkelte die zarte Sichel des Mondes, Sterne flimmerten. Es war still. Ich tastete den Wüstenboden ab und fand nach einer Stunde meinen Schlüssel. Mit zeitlich großem Abstand folgte ich den Kerlen nach Alice Springs.

Der Schaden an meinem Auto war beträchtlich. Die Versicherung kam für den Schaden auf, allerdings war ich mit einer Selbstbeteiligung von 500 australischen Dollar dabei. Wir diskutierten die Möglichkeit, die Polizei einzuschalten.

»Die Kerle haben in einem Aborigine-Reservat Alkohol gesoffen – eine Todsünde!«, sagte der Autovermieter. Und dann war da noch das, was sie mit mir und mit meinem Auto gemacht hatten …

Natürlich hatte ich mir einige Autonummern der aus Victoria stammenden Wagen notiert. Aber ich allein gegen mindestens 18 Aussies?!

Ich malte mir meine Chancen aus, ahnte die endlosen Polizeiprotokolle und das juristische Gezerre. Nein!

Wir waren nach Australien gekommen, um die einmalige Natur, die Stimmen der Vogelwelt und die herzlichen Australier kennen zu lernen. Ich zahlte meine Selbstbeteiligung am Schaden und tilgte die betrunkenen *blokes* aus meiner Erinnerung – was mir offensichtlich nicht ganz gelungen ist.

Morgens um sieben Uhr herrscht emsige Betriebsamkeit auf der Nachbar-*campsite* in Cloncurry. Routiniert packen die *blokes* ihre Ausrüstung zusammen, der Kühlschrank verschwindet in null Komma nichts auf einem der Anhänger. Man nimmt noch einen letzten Schluck Kaffee, Hüte werden tiefer in die Gesichter gezogen, schwere Geländewagendiesel hämmern, es wird wieder still auf dem Platz.

Outback:
Die Uhr tickt anders in Camooweal

Die Fliegen waren an diesem Morgen bereits vor den Kakadus aktiv, die jetzt grell und laut kreischend über den *campground* von Cloncurry hinwegstrichen. Auch auf dem Truck Stop war bereits Leben, mächtige Mack, White und Kenworth Trucks dröhnten im Leerlauf, während die *truckies* nebenan frühstückten. Gelegentlich vernahm man ein dumpfes Pochen, wenn jemand mit einem Hammer prüfend auf große Reifen schlug. Bei 64 Reifen eines Road Train ist das eine sportliche Leistung.

In heißen Regionen beginnt das Leben früh. Und so gibt es keine Spur von Schläfrigkeit, als wir morgens um 7.30 Uhr im Zentrum von Cloncurry einfahren. Dies ist kein Ort, der auf den ersten Blick für sich einnimmt. Vermutlich würde man ihn auch schnell vergessen. Allenfalls seine Großflächigkeit beeindruckt, vor allem die breiten Straßen, die darauf zu warten scheinen, dass sich ihnen die Bevölkerungszahl einmal anpasst. Das wird noch lange dauern, denn nur knapp 4000 Einwohner leben hier.

Auf einer Parallelstraße zur Main Street finden wir das RFDS-Museum.

»RFDS steht für Royal Flying Doctor Service«, erläutert Jan Snelling, die bei unserem Eintreten am Museumstresen die Eintrittskarten sortiert.

Ich wette, die wenigsten wissen, dass unweit von hier, nämlich zwischen Winton und Longreach, eine der größten Fluggesellschaften der Welt ihre ersten zaghaften Luftsprünge unternahm.

1920 war das, zwei Jahre später hob das erste Frachtflugzeug des Queensland and Northern Territory Aerial Service mit dem Ziel Cloncurry ab. Aber der lange Airline-Name ging allen schwer über die Zunge. Und da Australier, wie schon beim *Aussie strine* festgestellt, ein Faible für Verknappungen haben, wurde daraus schlicht und ergreifend QANTAS.

Im Ersten Weltkrieg war Cloncurry Australiens bedeutendster Kupferlieferant, hier wurde eine Temperatur von 51,1 Grad Celsius im Schatten gemessen, und hier wurde der legendäre »Royal Flying Doctor Service« gegründet.

Man sieht, es wäre zu schade, in Cloncurry nur zu stoppen, um den Autotank mit Sprit und die Kühlbox mit Eis zu füllen ...

»Die Geschichte der ›fliegenden Doktoren‹ ist gleichzeitig die Lebensgeschichte von John Flynn«, bemerkt Jan Snelling. »1880 wurde er in eine arme Familie in den Goldfeldern Victorias hineingeboren. Schon sehr früh war ihm klar, dass er Missionar werden wollte. Der Traum erfüllte sich ab 1911 in Südaustralien. Seine Liebe galt den Menschen im Outback, für die er bald ein Buch mit dem Titel ›The Bushman's Companion‹ (Der Gefährte des Buschmanns) schrieb. Doch diese Form praktischer Lebenshilfe reichte ihm nicht. Er wollte vor Ort helfen. Aber wie konnte er das angesichts der riesigen Distanzen machen? Wie konnte er rechtzeitig bei den Menschen in Not sein?«

Jan Snelling greift nach einem Buch und blättert darin einen Moment lang. Sie sieht hoch. »Dies ist ein Bild von Jimmy Darcy. John Flynn erzählte gerne seine unglaubliche Geschichte, um die Versorgungsprobleme im Outback auf den Punkt zu bringen: ›Jimmy war ein *stockman*, der sich beim Sturz von seinem Pferd nahe Halls Creek in Westaustralien schwer verletzt hatte. Seine Freunde schafften ihn 30 Meilen weit bis nach Halls Creek. Jeder wusste, die einzige Person weit und breit, die von Erster Hilfe einen Schimmer hatte, war Postmeister Tuckett. Tuckett erkannte auch blitzschnell die Schwere von Darcys inneren Verletzungen. Es gelang ihm, einen telegrafischen Befund an seinen Freund Dr. Holland, 2000 Meilen entfernt in Perth, abzusetzen. Holland war es gewesen, der Tuckett in Erster Hilfe ausgebildet hatte. Der Arzt gab Tuckett per Morsezeichen die Anweisung, wie die schwierige Notoperation durchzuführen sei. Daraufhin machte sich Holland schleunigst selbst auf den Weg, eine Reise von zehn Tagen ... In Halls Creek angekommen, stellte er fest, dass die Operation zwar erfolgreich gewesen, doch Darcy tags zuvor an den Folgen einer nicht diagnostizierten Malaria gestorben war. Das Schicksal des Rindermannes Jimmy Darcy ging durch alle Zeitungen, und es hieß, kurzfristig habe Jimmy sogar die Berichterstattung über den Ersten Weltkrieg auf den zweiten Platz gedrängt.‹«

Unermüdlich stellte John Flynn weiterhin sein Leben in den Dienst der Menschen im Outback. 1912 gründete er »The Australian Inland Mission«, deren Missionare anfangs noch auf Kamelen über Wüsten-*tracks* zu den entlegensten Outback-*stations* zogen.

Doch Flynn war Neuerungen gegenüber offen, und nach und nach wurde seine Vision, mit Hilfe von Flugzeugen und Radiotechnologie schnelle medizinische Hilfe in entlegene Regionen zu bringen, Realität.

Ein besonderer Tag war für alle der 17. Mai 1928, als der Flug QANTAS DH50A mit zwei im allerletzten Moment auf die Flügel gemalten roten Kreuzen abhob. Das Kommando hatte Arthur Afflick, ein QANTAS-Pilot, neben ihm saß der Arzt Dr. Kenyon Welch. Man feierte das erste Royal Flying Doctor Team als Nationalhelden. Doch nach wie vor war das Problem ungelöst, wie die Menschen rechtzeitig mit ihren fliegenden Ärzten in Kontakt treten können. Da hörte John Flynn von einem Alfred Traeger, einem Elektroingenieur mit einer Funkamateurlizenz.

Traeger verfügte über Sprechfunkgeräte der Deutschen Wehrmacht, bei denen über Fahrradpedale Strom erzeugt wurde. Diese Dinger ließen sich vielleicht für den RFDS umbauen. Flynn war begeistert.

»Die Modifizierung von Traegers Stromgenerator für unsere Zwecke ging flott voran«, weiß Jan. »Man entwickelte sogar eine Art Schreibmaschine, in die man zwar die Buchstaben des Alphabets gab, heraus kam aber eine Morsenachricht.«

Jede Outback-*station* hielt schon bald einheitliche Medikamentenschränkchen mit etwa hundert Medikamenten vorrätig, die überall nach demselben Schema geordnet und mit denselben Ziffern versehen waren. In geeigneten Fällen ließ sich auf diese Weise eine medikamentöse Behandlung aufgrund einer Ferndiagnose in die Wege leiten. Dann tickerte eine Nachricht des Arztes über den Äther wie »Nehmt das Medikament B9 gegen Verstopfung«.

Es war eine abenteuerliche Zeit. Im Protokoll vom 12. August 1941 ist über den Einsatz Nr. 43 Folgendes nachzulesen: »Flug nach The Granites zu einem Aborigine-Mädchen, dessen Niere von ihrem Bruder mit einem Dolch herausgeschnitten worden ist. Er hatte das Nierenfett gekocht und gegessen, um sich Kraft für einen geplanten Ritualmord zu holen.«

Der Arzt dieses Rettungsfluges, ein Dr. Riley, teilte der Presse später mit: »Jeder weiße Patient wäre längst vor meiner Ankunft gestorben. Die junge Aborigine aber brachten wir lebend nach Alice Springs, wo sie gerettet wurde.«

Der RFDS ist heute aktiver denn je. Während im ersten Jahr insgesamt 25 000 Kilometer zu Patienten geflogen wurden, sind es heute jährlich sieben Millionen Kilometer. Etwa 30 Flugzeuge sind jährlich mehr als 3000 Mal im Einsatz.

Als »*Flynn of the Inland*«, wie er genannt wurde, 1951 starb, fand im Outback unweit von Alice Springs eine Gedenkfeier statt. Per Funk nahmen auch all jene im Outback daran teil, denen er sein Lebenswerk gewidmet hatte. Später wurde eine der markanten roten Felskugeln der Devil's Marbles zu seiner Gedenkstätte gebracht.

Täusche ich mich oder lächelt Jan Snelling ein wenig grimmig, als sie uns Folgendes erzählt?

»Unlängst sagten die Aborigines, das sei einer ihrer heiligen Steine – also tauschte man den Gedenkstein für John Flynn gegen einen anderen aus.«

In der Stadt Mount Isa befindet sich einer der RFDS-Stützpunkte. Noch mehr aber beeindruckt mich, dass Mount Isas Stadtgebiet so groß wie die Schweiz ist. Kookaburra benötigt bis Mount Isa kaum mehr als eine Stunde, doch das Landschaftsbild verändert sich, denn die malerischen Hügel der Selwyn Range begrenzen jetzt den Highway.

Als wir vor Jahren per Fahrrad nach Mount Isa kamen, empfand ich den Ort als riesige Oase. Endlich gab es wieder Menschen, Supermärkte und kalte Getränke. Doch nicht etwa Wasser gab ihm Daseinsberechtigung, sondern die gewaltigen Kupfer-, Blei-, Silber- und Zinkvorräte hier. Das aber interessierte uns Radler nur am Rande. Wir gierten nach Eiskaltem, kauften zwei Liter Vanilleeis und verputzten es an Ort und Stelle auf den Stufen des Supermarktes. An jenem Abend radelten wir 25 Kilometer aus der Stadt heraus und kampierten in einem *creek*-Bett.

»Jetzt ein Bier!«, träumte ich dort mit offenen Augen. Kurz entschlossen stieg ich aufs Fahrrad und radelte 25 Kilometer nach Mount Isa zurück, erstand ein Sixpack Four X und flitzte die 25 Kilometer so schnell zu Juliana zurück, dass das Bier noch immer eiskalt war, als ich es bei ihr auspackte. Im Tagebuch findet sich das Bekenntnis: »50 Kilometer Strampelei, was ist das schon, wenn dafür ein Wunschtraum wahr wird.«

Buschbrände verdunkelten damals während der weiteren Radtour den Himmel über dem Barkly Tableland, Rauch biss in unsere Lungen, die Augen waren gerötet. Wir waren uns nicht sicher, ob uns die Feuerwalze möglicherweise den Weg abschneiden oder uns sogar einschließen würde. Während der Nächte loderten die Flammen geisterhaft am Horizont. Wir radelten oft des Nachts und verzogen uns am Tag in den spärlichen Schatten.

Der Fahrtwind rüttelt an meinen Haaren, reißt mir Wortfetzen aus dem Mund. Ich habe die Klimaanlage des VW-Busses trotz der Hitze nicht eingeschaltet. Sie schafft mir eine zu große Distanz zu dem Leben da draußen, auch zu der Hitze, die nun mal zu Australien gehört.

»Der Highway ist seit unserer Radtour begradigt worden«, stellt Juliana fest. Abschnittsweise können wir die alte Trasse noch im Busch sehen. Ich stoppe an solch einer Stelle, wir steigen aus. Aus dem alten Teerbelag schauen bösartige, spitze Steine heraus. Ich erinnere mich noch gut an euch! Gelegentlich hattet ihr uns zwei, manchmal drei Reifenpannen pro Tag beschert.

»Da hinten ist die Viehtränke.« Juliana weist zu den mächtigen Wassertanks links vom Highway, neben denen sich müde eine alte Windmühle dreht.

Völlig ausgetrocknet und am Rande unserer Kräfte haben wir damals an dieser Stelle gestoppt, die Fahrräder gegen die Tanks gelehnt und getrunken ... und getrunken.

»Nehmt euch so viel mit, wie ihr schleppen könnt«, empfahl uns ein Aborigine-*stockman*, der hier das Gestänge der Windpumpe reparierte. Wir füllten alle Wasserbehälter und radelten in Richtung Camooweal. Den Abend und die Nacht verbrachten wir im Busch, wo uns eine Fliegeninvasion nie zuvor erlebten Ausmaßes tyrannisierte.

Als ich jetzt Kookaburra auf den großen Platz neben der Windpumpe lenke, parkt dort bereits ein Pickup-Truck. Drei Aborigines grüßen aus ihm. Ich winke zurück. Überall sehe ich die Reste alter Lagerfeuer, überall glitzern Glassplitter, hier und da liegen Rinderknochen. Knirschend und kreischend dreht sich der Kranz des Windrades. Doch die beiden mächtigen 50 000-Liter-Tanks sind leer. Man hat das früher in den Boden reichende Pumpengestänge demontiert.

Als Kookaburra in Camooweal einläuft, ist mir, als habe die Zeit hier eine Verschnaufpause eingelegt. Veränderungen sind Camooweals Sache nicht. Wobei ich allerdings Nuancen registriere: Die Road Trains am Straßenrand sind neuere Modelle, auch die Wandmalerei auf dem Schuppen, mit dem Motiv eines Reiters und mehrerer *brumbies,* ist neu. Als ich drei Aborigines da sitzen sehe, meine ich, sie so schon vor Jahren gesehen zu haben. Unverwandt blicken sie uns an.

Eine Hand voll Häuser und 200 Einwohner, das ist Camooweal. Und doch ist dieses Outback-Dorf ein wichtiger Knotenpunkt, denn Pisten verzweigen sich von hier nach Norden und Süden. Einen Eintrag ins Buch der Rekorde aber scheint es mir wert, dass Camooweal ein »Ortsteil« des knapp 200 Kilometer entfernten Mount Isa ist.

Camooweal ist für mich ein Synonym fürs Outback, eine Tränke in der Weite und Einsamkeit des Graslandes, in der man das Auto oder sich selbst abfüllen kann. So wie einst die Planwagen-Trecks in den Forts des amerikanischen Westens stoppten, um Kraft und Vorräte für die nächste Etappe auf dem Oregon Trail zu schöpfen.

Ich habe in den Notizen unserer Fahrradtour nachgeschlagen und dort über die Tagesetappe von Camooweal folgenden Eintrag gefunden:

Mit leichtem Rückenwind »segeln« wir förmlich nach Camooweal. Ein unwirklicher Ort. Nur einen Laden finden wir in einer Art Holzschuppen. Ein bulliger Road Train stoppt. Der vierschrötige Trucker holt sich im Laden ein Sixpack Bier, reißt die erste Dose auf, trinkt und donnert mit seinem Road Train weiter. Aborigines lungern vor einem Schuppen, halb leere Weinflaschen vor sich.

Auch wir verschnaufen im Schatten des Postgebäudes, kippen dabei literweise lauwarmes Wasser in uns hinein und warten. Warten, dass die unerträgliche Hitze nachlässt. Gegen 16 Uhr schieben wir unsere Fahrräder erneut auf die Straße. Noch immer brennt eine unerträglich heiße Sonne von oben, von unten brät uns der glühende Asphalt.

Das Warten in Camooweal hat uns ausgedörrt, schlapp gemacht. Die Weiterfahrt fällt schwer. Die Luft flimmert über dem Highway. Zweimal strecke ich nach vorbeifahrenden Autos die Hand aus, um Wasser zu erbitten. Niemand hält. Wir müssen sparsam mit unseren Trinkvorräten sein! Da uns das Wasser für eine Dusche zu kostbar ist, rubbeln wir abends das ausgeschwitzte Körpersalz mit Handtüchern von unseren Körpern.

Die Kühle der Nacht belebt die Sinne. Auf einem kleinen Lagerfeuer kocht Juliana Milchreis, dazu serviert sie Pfirsiche aus der Dose. Wir halten uns nicht damit auf, das Zelt aufzubauen, sondern schlafen auf dem Erdboden. Über uns funkelt der silbernste Sternenhimmel.

Ich habe Kookaburra vor dem uns von damals bekannten Tante-Emma-Laden geparkt. Als wir die vier Stufen zu dem wellblechgedeckten grauen Holzgebäude hochsteigen, das Lebensmittel-, Kleider- und lizenzierter Alkoholladen in einem ist, habe ich den Eindruck, als hätte jemand die Zeitmaschine zurückgedreht.

»Freckleton's General Storekeepers« lese ich auf der verblichenen Tafel über dem Vorbau. Alles so wie damals ...

Meine Augen gewöhnen sich nur langsam an das Halbdunkel des schlauchförmigen Ladens, in dem vor Regalen voller Bohnen-, Cornedbeef- und Frühstücksfleischdosen bunte Kleider hängen.

Mir fällt auf, dass die wohl 30 Tageszeitungen und Illustrierten auf dem Verkaufstresen nicht die jüngsten sind. Aber wen schert hier schon Tagesaktualität.

Mein Blick fällt durch eine offene Tür in den dahinter liegenden Raum. Ein dort sitzender hagerer Mann wendet sich uns zu, erhebt sich. Ich schätze ihn auf Anfang sechzig, womit er zwanzig Jahre jünger wäre als seine Büroeinrichtung.

»*G'day*«, grüßt er.

»Wo finde ich *icecream*?«

Er weist auf eine zwei Meter lange Gefriertruhe, deren Deckel zusätzlich mit einem groben, zwei Zentimeter dicken, mit Wasser besprühten Leinensack isoliert ist.

»Wo kommt ihr her?«

»*Germany.*«

»Oho!« Mit diesem Ausruf verschwindet er in seinem Büro, in dem tatsächlich ein Faxgerät steht.

»Kennt ihr in Deutschland einen Ort namens Wunstorf?« Er schwenkt das Fax wie eine Trophäe.

»Klar«, sage ich, »liegt nicht mal 30 Kilometer von unserem Wohnort entfernt.«

Und dann berichtet Mister Freckleton, wie vor Jahren ein Fernsehteam hier einen Outback-Film mit dem Titel »Three for the Road« gedreht habe. Das Outback-Urgestein Jo Freckleton komme darin vor, woraufhin es immer wieder mal Anfragen an ihn aus allen Winkeln der Welt gebe.

Vermutlich hat Jo Freckleton nur darauf gewartet, dass irgendwann einmal jemand mit einem offenen Ohr bei ihm vorbeikommt, denn es sprudelt nur so aus ihm heraus:

»Mein Vater kaufte diesen Laden 1944. Jo hieß er, genau wie

ich: Jo Freckleton. Und meine Mutter hieß auch Jo Freckleton – kommt von Josephine.«

Drei Aborigine-Mädchen sind zwischenzeitlich in den Laden getreten und haben sich an den Verkaufstisch gestellt. Während der ersten Viertelstunde unserer Unterhaltung schauen sie uns still an und hören zu. Offenbar will das älteste der drei Mädchen – es ist vielleicht 15 Jahre alt – Käse kaufen. Irgendwann verschwindet es hinter dem Verkaufstresen, nimmt einen 30 Zentimeter langen Käseblock aus dem Kühlschrank und legt zwei Finger daran, was bedeutet: So viel möchte ich.

»*Excuse me*«, sagt Jo Freckleton zu uns, greift sich ein großes Messer, zielt und schneidet eine dicke Scheibe ab.

6,42 Dollar zeigt das Display auf der elektronischen Waage. Aber offenbar hat es mit dem Bezahlen noch Zeit. Jo wendet sich erst einmal uns zu. Die Mädchen hören wieder zu, das älteste jetzt mit dem Stück Käse in der Hand.

Jo Freckleton kramt in einem großen Stapel Bücher und findet endlich, was er sucht. Ich traue meinen Augen nicht! Über diese 300-Einwohner-Gemeinde gibt es ein Buch! Stolz zeigt uns Jo den Bildband über Camooweal.

Die Mädchen scheint es gar nicht zu stören, dass seine ungeteilte Aufmerksamkeit jetzt wieder uns gilt. Zehn Minuten später machen sie ihm nur klar, dass sie gern noch eine Hand voll Süßigkeiten hätten. Für zwei Dollar insgesamt, das Stück für 20 Cent.

»Nur einen Moment noch«, bittet er die Mädchen und wendet sich wieder uns zu. Auch die Mädchen sehen wieder interessiert herüber.

»Warum war in den beiden Wassertanks östlich von Camooweal dieses Mal kein Wasser?«, frage ich.

Freckleton knurrt: »Diese *damned roo shooter*, wenn die keine Kängurus zum Abknallen haben, ballern die schon mal Löcher in die Tanks. Vermutlich wurden die *bloody* Dinger deswegen aufgegeben.«

Jo legt die Hände in den Nacken und schaut uns zufrieden an.

»Wie weit wollt ihr denn heute noch fahren?«

»Bis zum Barkly Roadhouse«, sage ich.

»Oh, Mann … das sind doch noch 180 Meilen!«

Als wir im Auto sind, sehe ich auf die Karte. Bis zum Barkly Roadhouse sind es 180 Kilometer. Die Umstellung von Meilen auf Kilometer erfolgte in den Siebzigerjahren. Aber in Camooweal und »Freckleton's General Store« verändern sich die Dinge gemächlicher als anderswo.

Borroloola:
Die Typen vom Gulf of Carpentaria

Beim Verlassen von Camooweal registriere ich eine im Bau befindliche Brücke über den Georgina River. Die alte Betonfurt wird sicherlich bald Geschichte sein, so wie Jo Freckletons Krimskramsladen auch.

15 Kilometer später überqueren wir die Grenze zum Northern Territory. Ein Verkehrsschild hebt alle Beschränkungen auf, Australien wird jetzt noch ungebändigter.

Rustikale Roadhouses, die früher Oasen in dieser Wüste waren – wie das Berry Caves und das Frewena Roadhouse –, gibt es hier nicht mehr. Größere Autoreichweiten und sparsame Motoren machten sie überflüssig. Stattdessen entstand die moderne Barkly Homestead.

Im Stillen gebe ich Jo Freckleton Recht: Die 180 Kilometer dorthin erscheinen mir in der Tat wie 180 Meilen. Doch wie mit Siebenmeilenstiefeln bewegt sich Kookaburra auf die Sonne zu, die als rote Scheibe im Westen über dem Highway steht. Goldgelbes, sich leicht im Abendwind wiegendes Gras fliegt vorbei; Gras ist hinter uns, vor uns, nördlich der Straße und südlich von ihr, der nächste Baum ist fünf Kilometer entfernt. Und Kookaburra fliegt in die aufziehende Nacht.

Wir passieren den Shakespeare Creek, dann den James River, dessen letzte Wassertümpel mit Teppichen blühender Seerosen bedeckt sind. Zwei Brolgakraniche balzen. Rinderbuckel ragen als schwarze Punkte aus dem Gras. Dazwischen das Auf und Ab der Konturen springender Kängurus, links vom Highway stolziert ein Emu.

Wir überlegen, ob wir zum *campground* der Barkly Homestead fahren oder die Nacht hier im Busch verbringen sollen.

Schon berührt der Sonnenball den Horizont, aber er versinkt nicht spektakulär, sondern zerläuft in einer Vielzahl plötzlich auftauchender Wölkchen. Noch lange danach brennt der Himmel.

Ich steuere unseren Bulli ein paar Hundert Meter tief in den Busch hinein. Stille – kein Grashalm raschelt mehr, kein Busch wiegt sich im Wind. Nur vier Road Trains dröhnen während des Abends durchs Dunkel. Ihr Lärm unterstreicht die ungeheure Stille danach.

Wie diese Stille und Leere wohl auf die ersten europäischen Forscher wirkte? Vermutlich bedrohlich, denn sie bedeutete auch Isolation, am Ende lag keine belebte Stadt.

Und doch wäre ich damals gern dabei gewesen, so wie jener Ludwig Leichhardt, Sohn eines Torfstechers aus der Mark Brandenburg, der Australien ab 1845 als Erster erfolgreich vom Osten kommend bis zum Top End durchquerte.

Doch das riesige rote Zentrum war in jenen Tagen noch unerschlossen. Niemand hatte die Süd-Nord-Durchquerung gewagt.

In jener Zeit war Melbourne kaum mehr als ein Parvenü, der mit seinem auf den Goldfeldern Victorias erworbenen Reichtum prahlte. Doch der Neureiche schickte sich jetzt an, beim transkontinentalen Rennen seinen Hut in den Ring zu werfen und mitzumachen. Vor allem das Gerücht trieb ihn voran, der Konkurrent Südaustralien sei Melbourne eine Nasenlänge voraus.

Mit einem bis dahin beispiellosen Aufwand rüstete sich Melbourne für das große Rennen.

Unweit östlich von unserem Camp hatte sich die Melbourner Expedition durchgeschlagen, die später als Burke-&-Wills-Expe-

Der Lebensraum der Koalas wird immer enger.

Auf Frazer Island.

Linke Seite:

Oben: Wellenreiten ist Kult in Australien.
Unten: Rettungsschwimmer patrouillieren in Surfers Paradise an der Goldcoast.

Die Skyline von Brisbane.

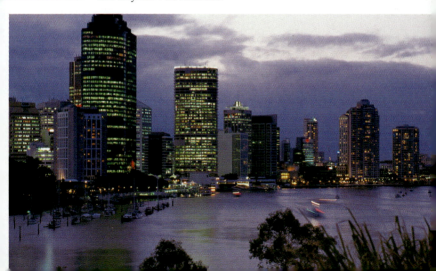

Airlie Beach, ein Touristenstädtchen am Rande der Whitsunday-Inseln.

Links: Trotz zahlreicher Rechte, die den Aborigines endlich zugestanden werden, führen sie noch immer Leben am Rand der australischen Gesellschaft.

Unten: Der Karijini-Nationalpark – ein Schöpfungserlebnis.

In Kalgoorlie, einer Goldgräberstadt.

Eine Straße, die genau das im Schilde führt, was sie ist: die »Number One«.

Pelikane und wilde Delfine in Monkey Mia.

dition in die Geschichte einging. Sie war nicht nur Australiens teuerste Expedition, sondern eine der tragischsten.

Doch das ahnte niemand, als sie unter Pauken und Trompeten aufbrach.

Am Morgen jenes 20. August 1860 zählt der Chronist 25 Kamele, 23 Pferde und mit 21 Tonnen Ausrüstung voll gestopfte Planwagen.

»Wenn es auf unserem Kontinent eine Sahara gibt, so wollen wir das wissen, wenn da große Seen sind, an deren Ufern unsere Rinder grasen können, bringt die Menschen dazu, dort Städte zu bauen. Lasst uns wissen, was uns dieses Land verheißt«, hatte ein Redner am Vorabend zahlreichen begeisterten Melbournern mit flammenden Worten entgegengeschmettert.

Doch während die Expedition unter Führung des 39-jährigen Robert O'Hara Burke die Stadt verlässt, zieht bereits ein anderer Forscher namens John McDouall Stuart von Adelaide nach Norden.

Nur schwerfällig kommt die Melbourner Expedition voran, die aus Indien für diesen Zweck importierten Kamele sind überladen. Drei Wochen später ordnet Expeditionsleiter Burke an, die Hälfte der Zelte, aber auch Zucker und einige Flaschen ihres Zitronenkonzentrats zurückzulassen. Letzteres ist ein folgenschwerer Fehler, denn Vitamine werden später fehlen. Schon bald kommt es zum Zerwürfnis zwischen Burke und seinem Vertreter Landells. Der trennt sich von der Gruppe. An seine Stelle tritt der erst 26-jährige Landvermesser William John Wills. Auch der deutschstämmige Arzt Dr. Beckler nennt das Tempo selbstmörderisch und verlässt die Expedition.

Doch Burke treiben die Beschwörungen des Expeditionskomitees voran: »In Ihren Händen liegt die Ehre des Staates Victoria!«

Am 16. Dezember 1860 trifft Burke am Ufer des Cooper Creek eine schicksalsschwere Entscheidung: Er wird, um schneller zu

Gingen in die Geschichte als Anführer einer der teuersten und zugleich tragischsten Expeditionen ein: Robert O'Hara Burke und William John Wills.

sein, mit nur drei Mann weiterziehen, während die restlichen vier einen Schutzwall gegen mögliche Aborigine-Attacken bauen und bleiben sollen. Zum Verantwortlichen für dieses »Camp 65« bestellt er den Deutschen Wilhelm Brahe, der den Auftrag erhält, mindestens drei Monate lang auf Burkes Rückkehr zu warten.

In der Morgendämmerung des 16. Dezember 1860 brechen Burke und Wills sowie ein Charles Gray und ein John King mit sechs der besten Kamele und Burkes Pferd Billy auf. Vier Wochen später passieren sie jenen Punkt, an dem 100 Jahre später der Minenort Mount Isa steht.

Knapp zwei Monate nach dem Aufbruch von Camp 65 erreichen sie den Gulf of Carpentaria – ihr Ziel! Fast ... denn ein undurchdringliches Mangrovendickicht versperrt ihnen den Zugang zum Meer.

Aber die Männer drängen zurück. In gut einem Monat könnte Brahe bereits das Camp 65 räumen und zurückziehen. Burke ist nervös, ihre Vorräte sind bis auf ein Drittel verbraucht. Zudem hat starker Regen eingesetzt, der Boden ist breiig. Am 30. März müssen sie das Kamel Boocha erschießen, acht Tage später auch Burkes völlig entkräftetes Pferd. Doch dessen Fleisch ermöglicht es ihnen, die Sturt's Stony Desert zu durchqueren. Dennoch stirbt Charles Gray vor Erschöpfung.

»Mit nahezu gelähmten Beinen«, notiert Wills in sein Tagebuch, »erreichten wir am Abend des 21. April gegen 7.30 Uhr Camp 65.«

Blankes Entsetzen, das Camp ist leer. An einem Coolabah-Baum finden sie einen mit einer Axt in den Stamm geschlagenen Hinweis auf ein vergrabenes Lebensmitteldepot:

DIG

3 Ft N.W.

APR. 21 1861*

Nach 126 Tagen vergeblichen Wartens hat Wilhelm Brahe neun Stunden vor ihrer Rückkehr das Lager geräumt.

Burke und seine Männer sind dennoch optimistisch; nur 240 Kilometer entfernt ist der Polizeiposten Mount Hopeless. Was sind schon 240 Kilometer gegenüber 4000 zurückgelegten Kilometern!

Doch hier beginnt die Pechsträhne. Kamel Linda versinkt im Treibsand des Cooper Creek, eine Woche später stirbt das letzte Kamel. Die drei wissen, dass sie so nicht durchkommen werden, und schließen sich freundlichen Aborigines an.

Inzwischen sind Wilhelm Brahe Bedenken gekommen: Sollten Burke und die anderen vielleicht doch noch den *dig tree* bei Camp 65 erreicht haben?

---

* Grabt 3 Fuß (= ca. ein Meter) von hier in nordwestlicher Richtung, 21. April 1861. Dieser *dig tree* steht heute noch.

Brahe galoppiert 120 Kilometer zurück. »Nichts Auffälliges«, stellt er fest. Aber er hat eben nicht in das ausgeräumte Lebensmitteldepot geschaut – Burke und seine Begleiter sind nur 50 Kilometer entfernt.

Deren Gastrolle endet, als Aborigines versuchen, ihre Ausrüstung zu stehlen und Burke seinen Revolver abfeuert. Die Ureinwohner verschwinden.

Unfähig, allein zu überleben, werden die Männer von Tag zu Tag schwächer. Am 22. Juni bleibt Wills zurück. Eine Woche später kritzelt ein völlig entkräfteter Burke seine letzte Nachricht: »Ich hoffe, man wird uns gerecht beurteilen. Wir haben unseren Auftrag erfüllt.«

Er stirbt am Morgen des 30. Juni 1861. Wills ist bereits tot. King überlebt mit Hilfe von Aborigines.

Als ich rund anderthalb Jahrhunderte später morgens gegen sechs in unserem gemütlichen VW-Buss aufwache, liegt jene fahle, gelbliche Helle über dem Busch, wie sie typisch ist für die Zeit vor dem Sonnenaufgang. 30 Minuten später leckt eine rote Morgensonne über das Land. Doch mit der verträumten Stille ist es vorbei, wir boxen wild um uns. Juliana zählt zwei Dutzend Fliegen auf meinem Rücken, mit irrem Gesumm umtänzeln sie mein Gesicht, ein weiteres Dutzend krabbelt über meine Beine. Unser Frühstück wird hektisch.

Das Barkly Roadhouse ist ein weitläufiger Komplex, in dem der Lärm mächtiger Dieselgeneratoren nur vom Gezeter Hunderter Rosenkakadus übertönt wird. Sie balancieren an Strom- und Telefonleitungen, schnäbeln und schäkern, hopsen sich auf die Köpfe, balgen miteinander und zeigen die Freude des Artisten über die eigene Gelenkigkeit.

Drinnen plärrt der Fernseher, über dessen Bildschirm ein blasser Comicfilm huscht. Ein Schild wirbt um Verständnis für die hohen Preise: »500 Liter Diesel verpulvern wir pro Tag, nur um für euch Strom zu erzeugen!«

Auch die Spritpreise sind hoch. Tafeln mit den Aufdrucken »*sheilas*« (Frauen) und »*blokes*« (Männer) weisen den Weg zu den stillen Örtchen.

Gegenüber dem Roadhouse lässt ein anderes Schild keine Zweifel aufkommen, was uns auf der Weiterfahrt nach Norden erwartet: »Borroloola 490 km. Nächster Picknickplatz: 148, übernächster 271 Kilometer.«

Die einzige Tankstelle zwischen hier und Borroloola befindet sich in Cape Crawford, unser Sprit muss also 376 Kilometer reichen!

Der Tablelands Highway zieht sich wie mit dem Lineal gezogen vom Barkly Roadhouse nach Norden. Platt wie ein Handtuch ist das Land, in dem Kuhfladen die einzigen markanten Erhebungen sind. Auf 376 Kilometern kommt uns nur ein Road Train entgegen. Intuitiv ziehe ich Kookaburra nach links. Trotzdem trommelt das 50 Meter lange Monster Staub und Steinchen auf uns nieder. Heißer Fahrtwind bullert während der Weiterfahrt durchs Fenster, vermischt mit dem Gestank verwesender Rinder. Auf einem nur 50 Quadratmeter großen Fleck zähle ich vier tote Tiere. Das ist *open range*. Zäune gibt es nicht.

»Noch 160 Kilometer bis Cape Crawford!«, ruft Juliana, doch der heiße Fahrtwind reißt ihr die Worte von den Lippen. Bis zum frühen Nachmittag behält der Himmel seine Aquamarinfarbe, dann schleichen sich Kumuluswolken in das helle Blau.

Der Fahrtwind hat mich ausgedörrt, meine Stimme ist spröde. 276 Kilometer nach unserem Start am Barkly Roadhouse entdecke ich plötzlich etwas Dunkles in der Mitte des Highway. Ein ausgebrannter Road Train! 20 Meter daneben hockt der Trucker im Schatten einer Akazie.

»Können wir helfen?«

»*I'm alright, mate.*« Er winkt ab.

Erneut singen unsere Räder die Highway-Melodie. Beim McArthur River sind es nur noch 20 Kilometer bis zum Cape Crawford Roadhouse.

Ein Ort namens Cape Crawford ist auf meiner Straßenkarte nicht vermerkt. Doch dort, wo sich der Tablelands Highway und der Highway One, hier auch als Carpentaria Highway bezeichnet, treffen, erreichen wir das Heartbreak Hotel – abermals eine jener Wellblechkonstruktionen, die sich mühelos abbauen, auf zwei Road Trains verladen und an anderer Stelle wieder zusammenschrauben lassen.

»Eine Coke«, krächze ich wie ein stimmbrüchiger Kakadu ins Halbdunkel. Die Frau an der Bar schiebt mir eine Dreiviertelliterflasche zu; hier kleckert man nicht, man klotzt. Nachdem ich den Highway-Staub heruntergespült habe, beglückwünsche ich sie zu dem hübschen Namen Heartbreak Hotel.

»Das war so 'ne spontane Idee, als wir das Roadhouse 1997 übernahmen. Die Nachbarn fanden den Namen auch prima, und so blieb's dabei.«

Draußen speit eine Sprinkleranlage Wasser aufs Dach, sodass es wie bei einem Gewitterguss trommelt. Ohne diese permanente Dusche wäre es in dieser Wellblechbude auch nicht auszuhalten.

Wer kennt schon Borroloola?

Man verirrt sich nicht mal eben in diesen kleinen Ort am Gulf of Carpentaria. Die einen fahren in diese Sackgasse, um in den Minen Geld zu schaufeln, die anderen, um in den Flüssen Barramundi zu fangen. Der Australien-Knochenzüngler ist einer der begehrtesten Speisefische Nordaustraliens.

Borroloola liegt abseits der ausgetretenen Pfade. Auch Tourbusse kommen nicht hierher. Die einzigen Fremden sind ein paar bis an die Zähne hochgerüstete Angler. So wie jene drei Burschen mit halbhohen Stiefeln, Shorts, zerknautschten Schlapphüten auf den Köpfen und mit Hemden, die ihre Bierbäuche nicht zu kaschieren vermögen. Sie entsteigen ihrem großen Pickup-Truck, auf dem hinten ein Aluminiumboot liegt. In Ständern auf der Stoßstange stecken große Angeln.

Fast alle Häuser der 1500-Einwohner-Gemeinde haben sich im Busch versteckt, nur das Borroloola Inn grüßt einladend.

Wir merken uns die Adresse für den Abend vor.

Die einzige von Borroloola an den Gulf of Carpentaria führende Straße endet an einer als Bing Bong bezeichneten Stelle am Meer. Das Geld für diese exzellente Straße kommt aus den Bodenschätzen der McArthur River Mine. Bing Bong ist ihr Verladehafen, von dem aus die weit draußen im Meer ankernden Frachtschiffe mit dem Erz beladen werden.

Ich sah lange nicht so viele Kängurus wie während dieser Fahrt nach Bing Bong. Mal hopsen sie von links vors Auto, dann wieder kommen sie von rechts. Hinter einem offenen Gelände, auf dem mehr als tausend Kakadus lärmen, erreichen wir eine von Mangroven gesäumte Lagune. Der Geruch von Tang und Meer schlägt uns entgegen.

An einem improvisierten Bootsanleger hocken vier Aborigine-Frauen, die mit Hilfe von Angelschnüren Köderfische für den Barramundifang aus dem Wasser ziehen. Aus dem Labyrinth der Wasserarme tuckert ein Motorboot heran. Während der Aborigine-Mann das Boot samt Kind an Land zieht, bleibt seine Frau im Wasser zurück. Krokodile entdecke ich an diesem Abend nicht ...

Zurück in Borroloola, zeigt unser Thermometer 28 Grad: ideale Voraussetzungen für den großen australischen Durst.

Am Borroloola Inn knallt mir eine mannshohe Bierreklame ins Auge. Als ich die knarrende Tür öffne, lese ich das Schild, mit dem der Wirt seine Forderung nach ordentlicher, sauberer Kleidung der Gäste zum Ausdruck bringt: »*Strict dress rules: Dress, shirt, footwear must be clean and neat in appearence. No drunks.*« Betrinken sollen sie sich bitte auch nicht. Kleidungs- und Verhaltensregeln wie diese findet man überall an den Türen australischer Pubs.

Acht mächtige Deckenventilatoren verbreiten einen Hauch von Kühle. Nackte Neonröhren rücken alles ins rechte Licht, auch die Aborigine-Malerei hinter der Bar. Die Hälfte der Gäste sind Weiße. Eine Aborigine-Frau mit knielanger Hose und verwaschenem Trägerhemd lehnt an einem Stehtresen und nuckelt am *stubby*. Sie zieht an ihrer Zigarette, dann legt sie die Hand auf den Tisch, bis ihr die Glut die Finger verbrennt. Im Hintergrund lärmt die Jukebox.

Der Fernseher bittet uns, die Preise für Haarwaschmittel in Paris, Tokio und Sydney zu vergleichen. Drei *stockmen* finden das spannend und verschlingen die Glotze mit ihren Blicken.

Ich gehe an die Theke, über deren Rückwand die Attrappe eines drei Meter langen Hais zwischen fünf Didgeridoos hängt.

»Zwei Four X«, sage ich zu dem hageren Wirt.
»*Stubby?*"
»*Yeah!*"
»*Cooler?*"
»*Yeah!*«

Mit eiskalten Flaschen in Styropormänteln, *coolers*, kehre ich an unseren Tisch zurück. Ein Schwarzer an der Bar spielt auf einem Didgeridoo, dumpfer Tonwirbel, der aus Urtiefen kommt, erfüllt den Raum, aber nur so lange, bis die drei *blokes* den Fernseher noch lauter stellen.

Ein freundlicher Crocodile-Dundee-Typ an der Bar ist mir schon länger aufgefallen, weil er uns unentwegt beobachtet. Bei meinem zweiten Bier kommt er an unseren Tisch.

»*G'day!*« Er heiße Buzz. »Ein Drittel meines Lebens habe ich hier als Barramundifischer gearbeitet, das zweite Drittel war ich Farmarbeiter.«

Über das letzte Drittel schweigt er.

Buzz setzt sich.

Eigentlich wollten wir auch zu Abend essen, mir schwebt ein saftiges T-Bone-Steak vor. Stattdessen lese ich auf einer Tafel: »*Tonight's Special: Bolognese*«. Enttäuschung bei uns. Also nichts mit T-Bone-Steak. Frustriert schaut auch der Koch in kurzer Hose und einstmals weißem Hemd durch die Küchentür. Niemand bestellt etwas. Auch wir nicht. Dafür hole ich drei weitere Four X. Von Bier zu Bier wird Buzz unterhaltsamer.

»Einer der interessantesten Typen hier war Roger Rose«, erzählt er. »Als der 1916 in Borroloola ankam, hatte er einen 2300 Kilometer langen Fußmarsch von Cunnamulla in Queensland bis hier zurückgelegt.«

Buzz verstand zu trinken, und immer, wenn er sich trocken geredet hatte, besorgte ich ihm an der Bar ein neues Bier.

»Roger lebte so lange hinter dem alten Tattersall's Hotel, bis ein Zyklon 1938 seine Hütte kurz und klein schlug. Doch Roger war pfiffig, er rollte sich einen ebenfalls im Sturm beschädigten 1000-Gallonen-Tank vom Hotel runter und lebte von da an in dem umgestülpten Wassertank.

Er war anspruchslos und arbeitete nur gelegentlich, reparierte hier mal einen Zaun oder half dort beim Ausbessern der Straße. Er nahm nur so viel Geld, wie er unbedingt zum Leben brauchte. Noch heute lacht man über die Geschichte, als ihm die Straßenbauverwaltung einen Scheck über 200 Pfund in die Hand drückte. Doch Roger bat, den Scheck auf 102 Pounds zu reduzieren, dann müsse er wenigstens keine Steuererklärung abgeben.

Eines Tages reiste Roger nach Darwin, wo er sich in eine Aborigine-Lady vom Mulluk-Stamm mit Namen Maggie verliebte.

Die beiden heirateten und kamen 1937 gemeinsam nach Borroloola. Es muss ein tolles Bild gewesen sein, hoch oben auf dem überladenen zweirädrigen Karren saß seine schwarze Lady, und Roger, bekleidet mit einem langen Hemd, das er über dem Bauch zusammengebunden hatte, ging barfuß nebenher.

Sie waren beliebt, hatten einen wunderschönen Blumengarten, und Maggie flocht Hüte aus den Blättern der Pandanuspalmen. Wann immer die Dorfkinder hungrig waren, teilten die beiden mit ihnen, was sie hatten.

Nachdem Maggie unerwartet früh gestorben war, heiratete Roger ihre Schwester Biddie. Er war ein angesehener Mann, mit zahlreichen Ehrenämtern, er war der Bürgermeister von Borroloola, und wenn Fremde in den Ort kamen, hieß er sie willkommen. Roger war auch der Verwalter der Ortsbibliothek, denn er galt als belesen und zitierte gern die Klassiker. Eine seiner Lebensweisheiten war: Des Menschen wahrer Reichtum ist seine Bedürfnislosigkeit.«

Buzz gönnt sich einen langen Schluck. Die Ventilatoren fauchen geräuschvoll über uns, der Didgeridoo-Spieler hat es längst aufgegeben, sich gegenüber dem plärrenden Fernseher durchsetzen zu wollen. Die drei *blokes* starren noch immer in die Glotze.

»Ich hole dir ein Bier, Buzz.«

»Wir hatten noch ein weiteres Original. Er hieß Freddie, genau genommen Frederick Charles Blittner. Er war so um 1900 herum nach Borroloola gekommen. Freddie war ein gedrungener Bursche mit ledernem Gesicht und einem markanten Schnurrbart. In seine Flüche – und er konnte fluchen! – mixte er gern Aborigine-Wörter, es klang urkomisch. Freddie war ein ausgesprochener Kenner der Aborigine-Kultur, der die Sprachen der Yanyuwa und der Karawa sprach. Man zog ihn auch als amtlichen Übersetzer heran. Sein Hauptjob aber war, das Flussbett des McArthur River freizuhalten, damit zu jeder Zeit die Boote durchkämen. Das war ein bodenständiger Job, der ihm gefiel, denn Freddie hasste nichts mehr, als Borroloola zu verlassen, und wenn es am Fluss nichts zu tun gab, verdiente er sein Geld als Totengräber.«

Buzz sieht hoch. »Sprechen macht durstig...«

Ich verstehe.

Einen Moment später steht ein weiteres Four X vor ihm.

»Die Leute hier erinnern sich noch heute an jene Nacht, als er nach einem gemütlichen Abend im Tattersall's Hotel zurückkam und mit seinem Boot heimfahren wollte. Vielleicht hatte er ein Bier oder zwei zu viel, jedenfalls stieg er auf ein fünfeinhalb Meter langes Krokodil und sauste davon.«

Tagebuchnotizen:
Kurioses im Daly Waters Pub

Zwischen Borroloola im Osten und Darwin im Nordwesten erstreckt sich das Top End. Die Bezeichnung »Australiens oberstes Ende« mag dem kritischen Reisenden die Haare zu Berge treiben, denn Cape York reicht bekanntermaßen noch viel weiter nach Norden. Aber was soll's, der Begriff steht nun mal so.

Gut die Hälfte des Top End ist Aborigine-Land und damit nicht ohne weiteres für Fremde zugänglich. Die nördlich von Darwin gelegene Melville Island zählt ebenso dazu wie das riesige Arnhemland, das bereits 1931 zum *Aboriginal Reserve* erklärt wurde.

Da der Highway One unsere Route vorzeichnete, würden wir auf größere Abstecher nach Arnhemland verzichten. Für die wenigen *tracks* dort benötigten wir ohnehin ein *permit*, eine Zugangsberechtigung, die nur von den örtlichen *Aboriginal Land Councils* erteilt wird. Außerdem würde das Reisen auf den nach den Regenfällen schwer passierbaren Erdstraßen derzeit kein Honigschlecken sein.

Als Reisender stößt man in Australien immer wieder an die Grenzen des Machbaren. So auch wir an diesem Tag.

Juliana hat unseren Zeitplan ausgebreitet, wir diskutieren ihn. Klar, am liebsten wäre ich jeden *bush track* hier abgefahren, aber grob überschlagen kommen wir allein bei der Direktroute Borroloola-Darwin auf 1300 Kilometer. Und noch immer wartet das riesige Western Australia auf uns ...

Über die nächsten Tage finden sich folgende Anmerkungen im Tagebuch:

Borroloola, 16. Mai
Es war spät geworden, wir verabschiedeten uns von Buzz und schlenderten vom Borroloola Inn zum nahe gelegenen caravan park. *Die Temperatur war jetzt von 28 auf 26 Grad gesunken, aber die Hemden klebten noch immer am Körper.*

Juliana ging zur Dusche, kam aber gleich darauf aufgeregt zurück. Draußen säßen riesige Frösche. Es waren vermutlich cane toads, *Agakröten, die man in den Dreißigerjahren in Queensland eingeführt hatte, um Zuckerrohrschädlinge zu bekämpfen. Aber so wie der Zauberlehrling die von ihm gerufenen Geister nicht bändigen konnte, so breitete sich die Riesenkröte unkontrollierbar aus und wurde ihrerseits zum gefährlichen Schädling.*

Noch einmal quietschte Juliana erschreckt: Ein leuchtend grasgrüner Frosch, ein so genannter Korallenfinger, hockte wie ein Spanner auf dem Rand ihrer Duschkabine und glotzte sie an.

17. Mai
Der grüne Frosch von gestern Abend badete morgens ganz entspannt in der Kloschüssel ...

Eine halbe Stunde nach unserem Abschied von Borroloola ging die Sonne auf und zauberte uns einen tierischen Morgen: Graue Riesenkängurus hopsten gemächlich über den jetzt wieder einspurigen Highway One und federten in das von goldenem Morgenlicht geflutete Buschland. Nervöser wirkten die kleinen Kängurus, die in Grüppchen am Fahrbahnrand, zu vieren oder fünfen, ängstlich zusammenhockten.

20 Rosenkakadus palaverten in der Fahrbahnmitte. Als wir uns näherten, flogen sie nach allen Seiten auseinander. Fünf mächtige Keilschwanzadler – mit bis zu zweieinhalb Meter Spannweite und einem

Meter Höhe der größte Vogel Australiens – tafelten am Kadaver eines Kängurus. Schwarze Kakadus strichen über den Highway. Für das Brahman-Rind war dies kein paradiesischer Morgen. Es war vom bullcatcher *eines Road Train erwischt worden und lag tot am Fahrbahnrand.*

Die Sonne stieg schnell auf, und ebenso schnell verlor dieser Morgen seinen paradiesischen Zauber. Die Tiere verzogen sich in den schattigen Busch. Auch Juliana wechselte den Platz. Sie saß jetzt hinten in Kookaburra, wo sie lettisches Roggenbrot bestrich, das wir auf Kurts Empfehlung in Townsville gebunkert hatten. Es duftete nach Kaffee. Köstlich!

Ich dachte schon, dass es mit dem Spaß vorbei sei, als sich beim Heartbreak Hotel ein bulliger Road Train mit 62 Reifen in unserer Fahrtrichtung in Bewegung setzte. Ich fürchtete, während der nächsten 271 Kilometer bis zum Stuart Highway langsam hinter ihm herkriechen zu müssen. Doch nachdem ich getankt hatte, war der Road Train verschwunden. Vermutlich jagte er mit 100 Stundenkilometern vor uns Richtung Westen.

Als wir mittags den kleinen Ort Daly Waters am Stuart Highway erreichten, zeigte der Tageskilometerstand 400 an. Natürlich stoppten wir am legendären Daly Waters Pub.

Schwer hingen die Blüten von Bougainvilleen über dem Eingang der historischen Kneipe. Ein Frangipani-Baum mit tausend duftenden Blüten warf Schatten.

Eine Wand des Pub war über und über mit alten Autonummernschildern behängt: solche aus Pennsylvania, aus Western Australia, New South Wales, Victoria, und dann entdeckte ich die Nummer »H-AP 633« aus Deutschland. Originell war die (allerdings ausrangierte) Verkehrsampel mit dem Hinweis: »Entlegenste Ampel im Outback«.

Ich wischte mir über die Augen, als ich dort einen Radfahrer sah.
»Woher kommst du?«
»Aus Japan.«

Ich fragte ihn, wie lange er schon unterwegs sei.

»Sieben Wochen von Melbourne bis nach Darwin.«

Wir wünschten ihm viel Glück für seine nächste Etappe nach Cairns.

Diese Tränke des Outback maß zehn mal zehn Meter. An einige Wände waren Geldscheine gepinnt: US-Dollars, Hongkong-Dollars, Yen und ein verblichener 10-D-Mark-Schein. Müde baumelte ein Büstenhalter von einem Nagel neben der Theke. Zwei Burschen mit den Namen Bevan Swan und Tony Bateman hatten ihre Führerscheine an die Wand genagelt. Die Vorstellung, sie hätten so viel Bier in sich reingekippt, dass sie ihre drivers licenses *freiwillig zurückließen, erheiterte mich.*

Die Bedienung schob 24 eisige Carlton-Biere über den Bartresen. Liebevoll schloss der neue Besitzer sie in seine Arme. Hinter der Barfrau las ich auf einem verblichenen Schild: »Frauen rackern sich nicht so ab wie Männer – sie machen's auf Anhieb richtig!«

Zwei Fahrstunden später tauchten wir in die glasklaren, von Palmen gesäumten Pools von Mataranka.

Ich klappe mein Tagebuch zu. Wasser murmelt. Das Bad in den warmen Wassern hatte mich entspannt. Es ist heute stiller als bei meinem letzten Besuch hier, als plötzlich 100 000 *flying foxes*, Flughunde, wie auf ein geheimes Kommando aus den Palmen aufstiegen und den Abendhimmel verdunkelten.

Morgen werden wir im Kakadu-Nationalpark sein.

Top End: Springende Krokodile und der brennende Himmel über Darwin

Mein Blick fällt auf einen kürzlich in den »Northern Territory News« erschienenen Artikel. Neben einem Wappen des Northern Territory mit der Abbildung zweier Kängurus steht dort: *Territory dumps the roo symbol* (Northern Territory gibt das Känguru-Symbol auf). Der Artikel fährt fort: »Die Regierung hat beschlossen, das Wappen bei der Werbung für das Northern Territory nicht mehr einzusetzen. Sie befürchtet, die Symbole könnten die Aborigines kränken. Der Aborigine-Ältestenrat betont, die Verwendung der Känguru- und Emuabbildungen beleidige sie, da diese Tiere den Aborigines heilig seien.«

Ein heikles Thema, wie der Reporter ausführt. Das Büro des *chief minister* wünsche, dass mit dem Anliegen sensibel umgegangen werde. Auf offiziellen Dokumenten des Northern Territory werden die Tierabbildungen allerdings weiterhin zu sehen sein.

Die Stimme der Aborigines ist laut im Northern Territory, riesige Areale mit reichen Bodenschätzen gehören ihnen. Dazu kommt, dass sich die australische Aborigine-Bevölkerung zwischen 1970 und 1990 mehr als verdoppelt hat.

Ich kenne keinen Platz, an dem die Beziehung der Urbevölkerung zu diesem Kontinent deutlicher spürbar wird als im Kakadu-Nationalpark. Bereits Jahrtausende bevor Ramses seine Pyramiden baute, saßen die Menschen des Top End hier in Höhlen und unter Felsüberhängen, um Traumzeitwesen zu zeichnen.

Sie zeichneten noch, als Jesus geboren wurde, sie zeichneten, während die Kreuzritter ins Heilige Land zogen, und sie zeichneten, als Leonardo da Vinci der Welt die Mona Lisa schenkte. Doch vor 150 Jahren setzten die Schüsse weißer Krokodil- und Büffeljäger dem Schaffen ein Ende. Den Jägern folgten bald land- und mineralienhungrige Europäer.

Heute wissen wir, dass einige Ockerfarben von den Malakunanya-Felsmalereien unweit Ubirr im äußersten Nordosten des Kakadu-Parks 53 000 Jahre alt sind. Damit dürften dies die wohl ältesten menschlichen Darstellungen auf Erden sein.

Der Kakadu-Nationalpark liegt wie ein Puffer zwischen Arnhemland im Osten und Darwin im Westen. Wasser ist sein Elixier, denn es bestimmt das Leben zwischen South und East Alligator River.

Der Regen kommt im Dezember, dann schrauben sich Wolkenberge wie Monsterfratzen in den Himmel. Blitze zucken, und unvermittelt prasseln Tropfen auf steinharten Boden nieder. Flüsse treten über die Ufer, Landtiere flüchten auf Hügel, Vögel suchen Schutz unter den Blättern der Bäume. Doch der Regen bringt Leben. Stunden danach beginnt das Grün zu sprießen, Frösche buddeln sich aus dem eben noch betonharten Schlamm, in dem sie während *the dry*, der Trockenzeit, überlebten, und legen ihre Eier in Pfützen und Tümpel. In den zuvor trockenen *creeks* schwimmen heute Fische und Krokodile. Während *the wet*, der Regenzeit, explodiert das Leben im Top End.

Ende April endet die Regenzeit. Große Teile des Parks sind jetzt ein grünes Meer. Doch während andernorts die Wasserspiegel nach und nach sinken, konzentrieren sich nun die Vögel in den ausgedehnten Feuchtgebieten von Kakadu. Ab Juni kommen die *magpie*-Gänse, beim Auffliegen werden sie den Himmel verdunkeln, zweieinhalb Millionen verbleiben während *the dry* in den Sümpfen und Flüssen. Von Tag zu Tag wird es heißer, trockener, existenzfeindlicher. Das Leben krallt sich jetzt an die letzten Pfützen, und hier gibt es mehr davon als anderswo.

Auch die Krokodile führen den Überlebenskampf. Aber viele überleben ihn nicht, schwächere Tiere flüchten, sie kriechen bei Nacht und ruhen am Tag, manche verlieren die Orientierung und gehen zugrunde. Wer das Glück hat, einen Tümpel zu finden, muss mit dem Platzhalter vor Ort erneut ums Überleben kämpfen.

Für die Menschen aber war Kakadu ein pralles Füllhorn. Schildkröten sind zahlreich, Gänse gibt's hunderttausendfach, wilde Bienen sammeln Honig, das Meer ist voller Fische, und über die Ebenen springen Kängurus. Hier ließ es sich gut leben. Als der Anthropologe Baldwin Spencer 1911 kam, sagte man ihm, die meistgesprochene Sprache hier sei Gagudju; daraus wurde der Name Kakadu. Obgleich es noch andere Klans und Sprachen gibt, hielt der Name sich. Und so heißt auch der Nationalpark an der Kante von Arnhemland Kakadu-Nationalpark.

Mit 19 800 Quadratkilometern ist er knapp so groß wie Hessen. Obwohl er bis in die Sechzigerjahre des 20. Jahrhunderts ein Dorado für Großwildjäger war, nähert sich das Land zwischen den Alligatorflüssen wieder dem Zustand von vor 150 Jahren – bevor die Einwanderer kamen, die die Aborigines abschossen oder vergifteten. Die von ihnen eingeschleppten Krankheiten wie Grippe und Masern erledigten den Rest.

Die Missionare brachten neben dem Christentum auch die westliche Lebensart. Die Regierung nahm Kinder aus den Beziehungen von Aborigines und Weißen den Eltern fort und steckte sie in so genannte *half caste homes*, wo man sie auf das Leben eines weißen Australiers hin drillte. Noch bis in die Siebzigerjahre des 20. Jahrhunderts ging das so.

Doch dann führten Zugeständnisse bei der Selbstverwaltung, Landrechte und damit ein gestärktes Selbstbewusstsein zur

Uralte Aborigine-Malerei, wie man sie im Kakadu-Nationalpark findet.

Rückbesinnung auf die eigenen Wurzeln und damit auf die eigene Kraft.

5000 als *art sites* bezeichnete Felsgalerien machen Kakadu zu einer der größten Fundstätten prähistorischer Kunst. Als besonders beeindruckend gelten jene, die vor 8000 Jahren entstanden, als zum Ende der Eiszeit die Wasserspiegel stiegen und Fische in das zuvor weit vom Meer entfernte Land drangen. Die Ureinwohner verarbeiteten diesen ungewohnten Reichtum auch in Form neuer Wandbilder.

»Als Junge beobachtete ich meinen Vater beim Malen und erlernte so dessen Kunst«, verriet mir vor Jahren der bekannte Gagudju Bill Neidjie. Seine Bilder findet man heute nicht nur an den Felswänden von Kakadu, sondern auch in den Ausstellungen guter Souvenirshops und teurer Galerien. Vornehmlich entstammen die Motive der Mythologie – wie jene von der *rainbow serpent*, der Regenbogenschlange.

Eines Tages, so heißt es, schrie ein kleines Kind, weil es süße Wasserlilienwurzeln essen wollte. Seine Mutter suchte, fand aber keine und gab ihm stattdessen saure Wurzeln. Daraufhin zeterte das Kind noch mehr. Da fegte ein Wind über das Land, und jeder wusste, die *rainbow serpent* nahte. Sie fing die Menschen ein und fraß sie – auch das schreiende Kind. Daher ist es selten, dass ein Kind in den Klans der Aborigines weint. Und wenn doch, so findet sich schnell jemand, um es zu trösten.

Westlich vom Kakadu-Nationalpark fließt der Adelaide River in den Beagle Gulf der Timor Sea. Wir haben uns hier mit Armin Hubert verabredet.

»Armin?« Er lächelt auf meine Frage nach seiner Herkunft: »Meine Eltern waren Holländer, ich wurde in Brisbane geboren und wuchs in Queensland auf. Ich arbeitete dort als Zugführer, dann als Road-Train-Fahrer. Später hatte ich eine Autowerkstatt.

Doch seit ich vor Jahren ein Uni-Diplom als Meeresbiologe erwarb, lässt mich diese verflixte Küste mit ihren Flüssen und Krokodilen nicht mehr los. Und deswegen bin ich hier.«

Armin ist ein hagerer, sportlicher Typ, etwa Mitte fünfzig. Er ist von dem westlich von hier gelegenen Dörfchen Humpty Doo mit seinem Motorrad angebraust gekommen, um uns mit den springenden Krokodilen des Adelaide River bekannt zu machen.

Früher, als er noch auf Cape York lebte, sagt er, habe er für die Naturschutzbehörde Krokodileier aus den Gelegen wilder Krokodile gesammelt. Die wurden dann in staatlichen Einrichtungen ausgebrütet.

»In der Natur überlebt nur ein Prozent ihres Nachwuchses, in den Krokodilfarmen hast du eine Erfolgsquote von 90 Prozent«, erklärt er.

Wir folgen ihm zu seinem großen Motorboot, das am Ufer des gelbbraunen Flusses vertäut ist. Auf meine Bemerkung, dass es doch toll sein müsste, hier mit einem Kanu zu paddeln, lacht Armin. »Das kann ungesund sein, männliche Krokodile betrachten ein Kanu in ihrem Territorium durchaus als Herausforderung ...«

Er fährt fort: »Ein *male croc* duldet in seinem Gebiet nur bis zu zehn weibliche Tiere, sobald ein männlicher Herausforderer eindringt, gibt es einen Kampf auf Leben und Tod. Und ein Kanu könnte aufgrund seiner Größe für einen solchen gehalten werden.«

Während wir auf den breiten Adelaide River hinausfahren, hantiert Armin an einer Art Angel, an der ein Stück eines zerhackten Schweineschädels hängt. Er lässt den Köder über dem Wasser baumeln. Wenige Minuten später halten Krokodile wie Torpedos auf uns zu.

»Der Erste hier ist Marahay.« Armin Hubert reicht sein Fernglas an Juliana weiter. Krokodile haben markante Zeichnungen, die sie unterscheidbar machen. So lernen wir auch Agril kennen – »der lebt seit neun Jahren hier«. Dann kommt Stumpy, »dem ist ein Bein abhanden gekommen«.

Armin reicht jetzt mir das Fernglas.

»Der da hinten ist der alte Humphrey … wie Humphrey Bogart.« Er lacht. »Dem ist nur noch ein einziger kleiner Stumpf geblieben, alle Beine gingen bei Kämpfen mit anderen Krokodilen drauf.«

Aber im Wasser sei das kein Handicap. Nur wenn der Schwanz fehle, habe er ein Problem, denn mit dem Schwanz steuern Krokodile sowohl beim Schwimmen als auch beim Sprung.

In diesem Moment brodelt das Wasser, ein tonnenschweres croc schraubt sich vor, dreht sich pfeilschnell im Sprung um die eigene Achse, reißt den anderthalb Meter hoch hängenden Schweineknochen ab und ist schon abgetaucht.

»Im Adelaide River findet ihr alle 100 bis 150 Meter ein Krokodil«, erklärt uns Armin Hubert. »Da der Fluss 180 Kilometer lang ist, heißt das aber auch, dass dort über tausend Krokodile leben.«

Auf rund 75 000 schätzt man die Gesamtpopulation im Northern Territory, und doch sind Krokodilangriffe selten. Leichtsinn in Verbindung mit Alkohol sei der größte Risikofaktor.

»Ein halbes Dutzend Drinks und schon hopsen die Leute ins Wasser und glauben, sie seien unverwundbar.«

An Land attackieren Krokodile nur selten etwas, das größer ist als sie selbst, im Wasser aber schrecken sie nicht einmal vor einem Wasserbüffel zurück. Viele Krokodilangriffe dienten nur der Verteidigung des eigenen Territoriums, sagt Armin.

Vielleicht war das der Grund für den Angriff auf die Naturkundlerin Vail P. im Kakadu-Nationalpark: »Vail liebte es, auf dem East Alligator River zu paddeln. Sie war eine gute Kanutin und hatte auch Erfahrung im Umgang mit Krokodilen. Doch eines Tages hielt ein wütendes Krokodil direkt auf sie zu und brachte gleich beim ersten Angriff ihr Kanu zum Kentern.«

Es folgte eine Art Katz-und-Maus-Spiel, bei dem das Krokodil die Frau unbehelligt bis zum Ufer schwimmen ließ, erst dort biss es ihr in den Unterleib. Doch Vail konnte immer noch kriechen. Da tauchte ein zweites Krokodil auf. Wie um seine Besitzansprüche zu sichern, packte sich das erste Krokodil Vail noch einmal, zog sie ins Wasser und drehte sich mit ihr um die eigene Achse. Dann ließ es die Frau los.

»Der Parkranger war in der Zwischenzeit ins Camp zurückgekommen und wunderte sich, dass kein Licht in Vails Hütte brannte. Und wo war ihr Kanu? Da es leicht regnete, machte er im weichen Boden ihre Spuren aus, die zum Fluss führten. Er hörte Hilferufe, kurz darauf fand er Vail und brachte sie ins Hospital, wo sie gerettet wurde.«

Vom Adelaide River sind es nur wenige Kilometer bis zum Dörfchen Humpty Doo, in dem ich vor Jahren Graeme Gow getroffen habe.

Doch dieses Mal ist die Einfahrt zu seinem Schlangenpark »Graeme Gow's Reptile World« mit einer Kette zugehängt, Gras wuchert im Eingang. Ich erkundige mich bei Nachbarn nach Graemes Verbleib und höre, dass der Mann, der den Biss der giftigsten Schlange der Welt überlebte, in einem Krankenhaus in Sydney mit einer Krebserkrankung kämpfe.

Die Regenzeit ist hier im Top End zwar vorbei, doch die Luftfeuchtigkeit lässt noch immer mein Hemd am Körper kleben. Da die Temperatur auch spät abends noch bei 32 Grad liegt, quartieren wir uns in einem Hotel ein. Nicht wegen des Komforts, den haben wir ja auch in Kookaburra, sondern der Klimaanlage wegen. Armin Hubert behauptete doch allen Ernstes, er unterteile seine Freunde in zwei Gruppen, die mit und die ohne Airconditioner. Letzteren fielen nachmittags vor Erschöpfung die Köpfe auf die Tischplatten.

Ich habe Darwin während *the wet* und während *the dry* erlebt. Zur Regenzeit schossen aus den dicht über der Timor Sea hängenden schwarzen, prall gefüllten Wolkenbäuchen die Blitze in solch rasanter Folge, dass der Himmel in Flammen stand. Während der kühleren Trockenzeit vermögen auch die verwöhnten Darwinians sich nicht dem allabendlichen Farbrausch zu entziehen, wenn der rotglühende Sonnenball ins Meer plumpst.

Die weitläufige Parkanlage des East Point Reserve erreichen wir pünktlich zum *sunset*. Palmen wiegen sich, Jogger ziehen ihre Runden. Ein Mann, noch im farbbekleckerten Arbeitsanzug, löffelt am Picknicktisch nebenan *take away food* aus einem Pappbehälter. Eine junge Frau lässt einen Sektkorken knallen und gießt ihren Freunden ein. Ein Toast auf den Sonnenuntergang! Der kommt jetzt, blutrot, spektakulär, schnell. Zurück bleibt ein burgunderrotes Leuchten, in das hinein die Sichel des Mondes taucht.

Die Sonnenaufgänge über der Arafura Sea und die Untergänge über der Timor Sea zählen zu meinen schönsten Darwin-Erlebnissen.

Zwischen Februar 1942 und Oktober 1943 leuchteten andere Farben und zuckten andere Blitze hier am Himmel. Da griffen japanische Bomber 64-mal Darwin an, 243 Menschen starben. Gut drei Jahrzehnte später, am Heiligabend 1974, hinterließ der mit 280 Stundenkilometern heranrasende Zyklon Tracy eine andere Spur der Zerstörung: Er wirbelte auf dem Airport Flugzeuge durch die Luft und zerstörte 5000 Häuser, 49 Menschen starben. Außer einigen wie Mahner erhaltenen Gebäudefragmenten erinnert heute nichts mehr an Tracy.

Als wir an diesem Abend über die alte Stokes Hill Wharf bummeln, sehen wir uns dem Problem gegenüber, für welche der vielen Garküchen wir uns entscheiden sollen. Der zur Ausflugsplattform umfunktionierte ehemalige Schiffsanleger ist proppenvoll von Besuchern; die meisten sind Bewohner von Darwin.

Ein *burger shop* hat sich auf Exotisches wie Barramundi, Büffel und Kamel spezialisiert. Juliana liebäugelt mit einem Känguru-Burger.

»Der hopst dir doch vom Teller!«, warne ich. Letztlich finden wir uns beim thailändischen *food stall* ein. Der Koch in dieser winzigen Garküche jongliert mit seinen Zutaten wie ein Artist. Eine Frau neben ihm schneidet frisches Gemüse. Es duftet köstlich, also bleiben wir.

Während wir wenig später unter dem Kreuz des Südens thailändische Spezialitäten schlemmen, futtert ein *bloke* am Nachbartisch doch tatsächlich *fish and chips* ...

Im Hotel springen wir in den über den Dächern Darwins liegenden Swimmingpool, aus dessen Umrandung echte Palmen wachsen. Outbackdörfer wie Camooweal und Borroloola scheinen jetzt in einer anderen Welt zu liegen.

Nur für einen Moment reißt mich die Reisestatistikerin Juliana in die Realität zurück, als sie anmerkt, dass zwar schon 10 000 Kilometer hinter uns, aber – Abstecher eingerechnet – noch 12 000 Kilometer vor uns lägen. Wir stoßen später auf diese Erkenntnis mit einem guten Rotwein aus dem Hunter Valley an.

Dass Reisen nicht zwangsläufig Urlaub bedeutet, erfahren wir am nächsten Morgen, als uns der Wecker um 5.30 Uhr aus den Betten wirft. Dunkle Fenstervorhänge erwecken den Eindruck, es sei noch tiefe Nacht, obwohl der Himmel sich draußen bereits golden färbt. Im Zimmer ist es kühl, umso härter trifft uns die Hitze an der Stokes Hill Wharf, wo wir uns für einen Hochseeangeltrip verabredet haben.

Als Bob, unser Skipper, mit einstündiger Verspätung einläuft, ist auch sein Hemd auf dem Rücken schweißnass. Fast die Hälfte seines runden, stoppelbärtigen Gesichts wird von einer schwarzen Sonnenbrille verdeckt.

Bob reicht uns die Pranke: »*Welcome on board!*«

Ansonsten ist nur noch Kerry aus Chicago dabei.

Amerikanern steckt die Leidenschaft für *fishing* tief in den Genen. Sie hatte auch uns gepackt, als wir entlang der nordwestamerikanischen Küste reisten und Lachse unser Boot umspielten. In den Wasserwüsten Nord-Manitobas ernährten wir uns während langer Kanutouren nicht selten von Hechten.

Aber heute Abend wollen wir eigentlich vietnamesisch oder chinesisch schmausen. Vielleicht wird Juliana sich ja doch noch an einen *roo burger* heranwagen. Nein, eigentlich benötigen wir keinen Fisch.

Doch nun sitzen wir in diesem Boot, in dem es bereits morgens um acht so heiß ist, dass man zerfließen könnte. Es gibt erst Kühlung, als der 100 PS starke Yamaha-Motor pfeilschnell mit uns durch Port Darwin fliegt. Ein gewisser John Lort Stokes, der Kapitän des Schiffes Beagle, hatte die Bucht 1839 nach seinem Freund Charles Darwin benannt, dem »Vater der Evolutionstheorie«. Die Meerenge zwischen Darwin und Melville Island bekam den Namen Beagle Gulf. Die beiden Männer waren früher auf der Beagle gemeinsam nach Südamerika gefahren.

Bob drosselt den Motor. Das Echolot verrät eine Wassertiefe von 30 bis 40 Metern.

Gegen die Reling gelehnt, genieße ich das Gleißen der Sonne und das Klatschen der Wellen. Kerry und ich plaudern gerade über Namibia, ein Land, das uns beide nicht loslässt, als ich Julianas überraschten Ausruf höre. Im nächsten Moment nehme ich das Sirren einer sich rasant abspulenden Hochseeangelrolle wahr.

»Was für ein Brocken!« Bob tritt zu ihr und spitzt die Lippen.

Ein riesiger Fisch reißt den Haken weit aufs Meer hinaus. Julianas Blick signalisiert: Bob, hilf mir! Der packt zu, und gemeinsam ziehen sie, bis sich die Rute fast kreisrund biegt.

Bei Bob läuft der Schweiß in Strömen. Kerry springt vor, um ihn abzulösen. Ich drücke auf den Auslöser meiner Kamera, während Juliana jetzt entschlossen mit Kerry die Angel hält. Eine halbe Stunde lang geht dieser Kampf wie in dem Film »Der alte Mann und das Meer«. Dann ruckt es, und die beiden fallen nach hinten. Die Angelschnur ist gerissen.

Wir rätseln noch lange, was für ein Fisch es wohl gewesen ist.

»Ein *cod* (Kabeljau)«, spekuliert Bob.

»Oder ein Hai!«, meint Kerry.

Wäre es jetzt zwölf Stunden später und säßen wir im Schummerlicht eines Pubs, dann würde der Fisch vermutlich größer und größer und der Kampf mit ihm von Bier zu Bier heroischer. Aber es war zehn Uhr vormittags, die Sonne brannte, und wir tranken eisgekühltes Wasser. Eigentlich war ich ganz froh, dass der Fisch seine Freiheit wieder gefunden hatte.

Bonrook:
Die letzte Zuflucht für Wildpferde

Die Entwicklung im Top End ist atemberaubend, das gilt für den wirtschaftlichen Aufschwung wie auch für die Zunahme der Bevölkerung. 1911, als man den Namen des Verwaltungszentrums des Nordens von Palmerston in Darwin änderte, lebten gerade mal ein paar Tausend Einwohner hier. Heute wohnen im Großraum der Stadt 100 000 Menschen. Innerhalb eines Jahrhunderts katapultierte sich Darwin von einer gottverlassenen Buschsiedlung zur lebens- und liebenswerten Stadt.

Zwar sind die den Aborigines hier eingeräumten Rechte beispielhaft, doch mit der atemberaubenden Entwicklung halten offensichtlich nicht alle mit. Als wir am frühen Morgen des 26. Mai im Vorort Palmerston an einem Imbiss stoppen, beobachte ich fünf Aborigine-Frauen, die in zerlumpten Kleidern neben einer Telefonzelle lungern. Während wir frühstücken, tauchen drinnen sechs schmutzige, barfüßige Aborigine-Kinder mit verfilzten Haaren auf und scharen sich um Hamburger und Coke.

1862 war das Jahr, in dem Richard Wagner die Oper »Die Meistersinger von Nürnberg« zu komponieren begann und Otto von Bismarck preußischer Ministerpräsident wurde. 1862 taumelte ein zeitweise fast blinder John McDouall Stuart unweit des heutigen Darwin durch den dichten Busch hin zum Van Diemen Gulf. Geschafft! Er hatte Australien als Erster erfolgreich von Süden nach Norden durchquert.

Ein Jahr später wird die politische wie auch die wirtschaftliche Kontrolle über das bis dato unbekannte Northern Territory von New South Wales an South Australia übertragen. John McDouall Stuart hatte bei dem transkontinentalen Rennen nicht nur im Nachhinein Burke und Wills überflügelt, sondern auch die hochfliegenden Träume des Parvenüs Melbourne platzen lassen.

In dem Schotten John McDouall Stuart brannte ein leidenschaftliches Feuer, als er die Australiendurchquerung am 2. März 1860, rund ein halbes Jahr vor Burke und Wills, begann. Im Gegensatz zu ihnen war Stuart ein alter Hase, seit 1844 hatte er an mehreren Expeditionen teilgenommen. Und dann reizten ihn natürlich auch die 2000 Pfund Sterling Belohnung für die erfolgreiche Durchquerung. Es war eine besondere Herausforderung für ihn, denn mit 45 Jahren war er für ein solches Abenteuer nicht mehr der Jüngste.

Doch Stuarts Reise verläuft glatt. Er bestimmt das Zentrum Australiens (heute Central Mount Stuart) und benennt einen Trockenbach als Tennant Creek. Am 20. Juni 1860, Burke und Wills sind noch nicht einmal aufgebrochen, wird Stuarts Expedition an einem später als Attack Creek bezeichneten Bach von Aborigines überfallen. Die von Strapazen und Mangelernährung gezeichneten Forscher kehren um, im September 1860 sind sie wieder am Ausgangspunkt ihrer Expedition.

Doch die Nachricht vom bombastischen Auftakt der Burke-&-Wills-Expedition schürt das Entdeckerfieber der Südaustralier. Eine zweite Expedition wird finanziert. Im November 1860 ist John McDouall Stuart erneut mit elf Männern und 49 Pferden auf dem Weg nach Norden.

Dieses Mal passiert er den Attack Creek problemlos. Doch im Juni 1861, zeitgleich mit der Burke-&-Wills-Tragödie, muss Stuart erneut umkehren. Aber er weiß schon jetzt, dass seine Erkenntnis über das neue Weideland im Norden für Adelaide höchst nützlich sein wird.

Bereits im April 1862 folgt John McDouall Stuarts dritter Anlauf.

»Dieses ist das beste Land, das sich ein Mensch wünschen kann«, notiert er, nachdem er am 25. Juli 1862 am Ziel, dem Van Diemen Gulf, die britische Flagge gehisst hat.

Doch Stuarts Kräfte sind aufgezehrt. Ende Oktober 1862 kann er kaum noch Anweisungen geben. Seine Männer bauen für ihn eine Liege, auf der er, zwischen zwei Pferden festgebunden, transportiert wird.

Es war ein teuer erkaufter Sieg, für den er 16 000 Kilometer im Sattel saß. Seine Gesundheit blieb angeschlagen, und er überlebte seinen Triumph nur um knapp vier Jahre.

Der Stuart Highway, die »Hauptstraße Australiens« durchs rote Zentrum, trägt heute seinen Namen. Und überall entlang der Straße stößt man auf Plätze, Berge und *creeks*, die von dem zähen Schotten benannt wurden. Daly Waters zum Beispiel, dem er den Namen von Sir Dominic Daly, dem Gouverneur von Südaustralien, gab.

Wir wollen dem Stuart Highway von Darwin bis nach Katherine folgen, wo die Durststrecke, wie wir sie nennen, nach Western Australia beginnt. Allerdings haben wir gehört, dass unweit vom Stuart Highway bei Pine Creek eine Farm sei, auf der der Schutz verfolgter Wildpferde eine Herzensangelegenheit sei. Genaues wissen wir nicht. Also fahren wir hin.

Die Farmstraße zweigt rund 90 Kilometer nördlich von Katherine vom Stuart Highway nach Osten hin ab. Wir folgen ihr und passieren eine große Hinweistafel mit der Aufschrift »Franz Weber Territory«.

Die komfortable Bonrook Lodge ist das Herzstück des Franz

Weber Territory. Unweit der Lodge treffen wir uns mit Sam Forwood, dem *station manager* und Herrn über 700 Wildpferde. Dabei erfahren wir die großartige Geschichte des Franz Weber.

Der Schweizer Franz Weber arbeitete als Journalist in Paris. Doch als er 1965 auf einer Reise durchs Engadin den in die unberührte Alpenlandschaft hineingesetzten Parkplatz der Corvatsch-Bahn sah, veränderte das schlagartig sein Leben. Er schwor sich, solche Verschandelungen zu stoppen und die Oberengadiner Landschaft zu erhalten.

Dabei war das Unterfangen von den lokalen Politikern und Unternehmern bejubelt worden. Parzelle um Parzelle hatte man den Bauern erfolgreich abgehandelt, auf Reißbrettern waren bereits Supermärkte, Apartments, Kinos und die Parkplätze einer künftigen Urlauberstadt entstanden. Schon fuhren Kräne, Bulldozer und Bagger auf. In den Augen von Franz Weber verwandelte sich über Nacht »eine der schönsten Landschaften der Welt« in eine hässliche Baustelle. Er kämpfte erfolgreich dagegen an.

Es folgte ein Naturschutzprojekt dem nächsten. 1975 wurde die Franz Weber Foundation gegründet, die heute von mehr als 200 000 Mitgliedern unterstützt wird.

1966 startete er seine Kampagne gegen das Robbentöten in Kanada, was ihm den Spitznamen »Kissinger der Robben« einbrachte. Als er 1977 mit 75 Journalisten und in Begleitung von Brigitte Bardot zu einem Robbenmassaker nach Kanada flog, half auch hier das Medienecho, ein Ende der Robbenjagd in Kanada herbeizuführen.

Als die Welt zehn Jahre später vom staatlich tolerierten Massenabschießen der australischen Wildpferde erfuhr, stellte sich Franz Weber an die Spitze von Millionen Pferdefreunden. Schließlich wurde das 50 000 Hektar große Franz Weber Territory ein siebter Himmel für 700 verfolgte Wildpferde.

»Dabei bedeutet Bonrook so viel wie ›nichts als Stein‹«, erläutert Sam Forwood. Seit er mit 16 Jahren die Schule verließ, arbeitet er auf *outback stations*. Das Wildpferdereservat von Bonrook managt er seit sechs Jahren. Allerdings wird das Leben hier während der Regenzeit schwer, denn anderthalb Meter Niederschlag in nur vier Monaten lassen die Flüsse übertreten und verwandeln den Boden in eine zähe, breiige Masse.

»Woher stammen die Wildpferde?«

»Es sind die Nachfahren von Pferden der *drover* und *cattle men*, die irgendwie freikamen. Jedenfalls vermehren sie sich in der Wildnis prächtig. Zu prächtig, denn in den Augen vieler Rinderzüchter gelten sie als Landplage.«

Sam berichtet, dass unlängst in einem Nationalpark von New South Wales *brumbies* von Hubschraubern aus erlegt worden seien. Als sich die öffentliche Meinung dagegen erhob, stellte man das Gemetzel schleunigst ein.

»Und wie sieht der Arbeitsalltag eines *station managers* aus?«, will ich wissen.

»Ich bin fast jeden Tag im Gelände, prüfe, ob die Pumpen arbeiten und genug Wasser in den Wasserlöchern ist. Die meiste Zeit geht für den Grenzzaun drauf. Wir beschäftigen sogar ein paar Grenzreiter, die nichts weiter zu tun haben, als Zäune zu reparieren.«

Das Bonrook-Areal misst 50 000 Hektar – also 500 Quadratkilometer! Von diesen sind 100 Quadratkilometer nicht eingezäunt.

»Verirren sich die Pferde nicht auf benachbarte *stations*, wo sie abgeschossen werden können?«

»Nein, fast das gesamte Land östlich von uns gehört Aborigines, und die haben kein Problem mit *brumbies*.«

Während unseres Gesprächs gibt Sam seinem Reitpferd zu trinken und kühlt es mit einem Wasserschlauch. Dem Pferd gefällt's. In einer Sattelkammer entdecke ich zahlreiche Sättel für die Gäste, die von hier aus auf *trail ride* gehen.

»Bonroock ist auch ein Vogelparadies«, schwärmt Sam Forwood. »Wir haben Rosenkakadus, weiße und schwarze Kakadus, Adler, Brolgakraniche, Rosellas, Regenbogenloris und jede Menge anderer Papageien.« Er lächelt. »Und Kängurus bis zum Abwinken. Am wichtigsten sind natürlich unsere *brumbies*. Dies ist die einzige Wildpferdefarm Australiens.«

Der Besuch von Bonrook hat mich nachdenklich gestimmt. Viele australische, aber auch neuseeländische Nationalparks unternehmen große Anstrengungen, um den vorkolonialen Zustand wiederherzustellen. Das ist schwer, wenn nicht gar unmöglich, denn die Pioniere brachten neben Pferden auch Kaninchen, Wildschweine, Wildgänse, Hirsche, Ziegen oder – wie in Queensland – Agakröten ins Land. Diese Fremdlinge aber gefährden die über Jahrmillionen entstandene Balance der Fauna. Ich verstehe das ehrliche Ansinnen der Naturschützer, die Folgen einzudämmen, notfalls auch mit dem Gewehr. Als Pferdefreund aber liegt mir noch mehr das Anliegen der Männer und Frauen von Bonrook im Franz Weber Territory am Herzen.

Katherine, einen wichtigen Verkehrs- und Versorgungsknotenpunkt im Top End, erreichen wir kurz nach Sonnenuntergang.

Werner Sarny:
Der Pionier von Katherine

Wenn man an einem heißen Tag die Hauptstraße von Katherine entlangfährt, wenn einem die Zunge am Gaumen klebt, wenn der heiße Asphalt flirrt, dann fällt es einem schwer zu glauben, was Werner Sarny erzählt:

»1998 stand uns in der Katherine Terrace das Wasser bis zum Hals«, er lächelt grimmig, »und noch darüber hinaus!« Die *main street* des drittgrößten Ortes im Northern Territory stand zwei Meter unter Wasser. Nicht mal Oldtimer hatten das je zuvor erlebt.

In gewisser Weise ist Werner Sarny selbst ein Oldtimer hier. Hätte er allerdings das Familienmotto »Schuster bleib bei deinen Leisten« – und das war wörtlich gemeint! – befolgt, säße er noch heute brav im österreichischen Kärnten. Dort wuchs der 1938 in Bad Godesberg geborene Sarny auf.

»Was hat dich als Deutsch-Österreicher ins Northern Territory verschlagen?«

Werner schmunzelt: »Ich lebte damals in Wien und dachte über die Worte eines Freundes in Melbourne nach, der mir geschrieben hatte: Komm für zwei Jahre rüber, das kostet dich doch nichts.«

Werner Sarny folgte dem Lockruf und verpflichtete sich, mindestens zwei Jahre hier zu bleiben. Dafür blätterte ihm die australische Regierung das Geld für ein Schiffsticket hin. Aus den geplanten zwei Jahren wurde »lebenslänglich«.

Man hat mir Werner als einen Mann beschrieben, der über die Grenzen der Stadt Katherine hinaus die Geschicke des Tourismus im Northern Territory lenke.

»Deine Geschichte ist also die eines Auswanderers, der im Ausland Glück und Erfolg hatte?«

Er unterbricht mich lächelnd und meint, eine Erfolgsstory sei nicht unbedingt vom Standort abhängig. Denn wer in Deutschland, Österreich oder der Schweiz nicht vorankäme, brächte es vermutlich auch hier zu nichts.

Zunächst allerdings hielt sich Werner tatsächlich an die Familientradition, denn wie sein Vater wurde er Schuhmachermeister. Auch nach der Ankunft in Melbourne arbeitete er in einer Schuhfabrik.

Bei der Erinnerung an das konservative Melbourne, das in Sachen Mode schon immer Jahre hinter anderen Städten zurücklag, schmunzelt er: »Ich fertigte dort Damenschuhe mit Bleistiftabsätzen.«

Eines Tages aber beschlossen sein Freund und er, es sei nun endlich an der Zeit, Australien zu erkunden. »Ich machte meinen VW-Käfer reiseklar, und ab ging's nach Sydney und Brisbane. Aber schon in Cairns waren wir pleite. Nun gab's dort keine Schuhfabrik, also suchte ich mir den nächstbesten Job. Den fand ich in einer Fleischfabrik. Man fragte uns Bewerber, ob jemand mit einem Messer umgehen könne. Klar doch, dass ich die Hand hob, alle Schuhmacher benutzen Messer. Ich war also Metzger in einer Fleischfabrik! Nach sechs Monaten hatte ich genug Geld beisammen, dass es nach Darwin weitergehen konnte. Dort fühlte ich mich schon als Experte und ging gleich in die Fleischfabrik. Als die Schlachtsaison vorbei war, wollte ich nach Western Australia weiter, kam aber nur 150 Kilometer über Katherine hinaus... mein Abenteuer endete im Straßengraben.«

Katherine war damals ein verschlafenes Dorf mit 800 Einwohnern. Heute leben hier gut 11 000 Menschen.

Werner Sarny blieb zwei Monate in Katherine, bis alle Ersatzteile für seinen VW-Käfer eingetroffen waren. In dieser Zeit arbeitete er als Metzger – jetzt war er schon Vorarbeiter.

»Danach pendelte ich regelmäßig zwischen Katherine, wo ich gutes Geld verdiente, und Melbourne, wo ich das Geld gut ausgab.«

In Melbourne lernte er seine Frau Patricia, eine Tasmanierin, kennen. Werners ganzer Stolz war damals sein neuer roter Porsche. Mit dem kamen die beiden 1966 in Katherine an … und blieben.

»Wie hast du denn 1966 einen Porsche heil über den Stuart Highway nach Norden bekommen?«

Der Stuart Highway war damals südlich von Alice Springs ein staubiger, waschbrettartiger Wüsten-*track*. Aber die beiden wussten sich zu helfen, sie luden den Porsche in Adelaide auf den Zug nach Alice Springs. Von da an war die Straße besser, und sie konnten den roten Flitzer wieder selbst fahren.

Patricia und Werner mieteten sich in Katherine ein Haus, das sie zu einer Pension umbauten. Bald betrieben sie nebenan auch einen *caravan park*. Die Vom-Tellerwäscher-zum-Millionär-Geschichte nahm ihren Anfang.

1970 stieg Werner mit einem Partner in das aufstrebende Touristengeschäft in der Katherine Gorge ein. Sie erwarben eine Lodge an den Pools von Mataranka, dann die historische Springvale Homestead, die sie zum Touristenunternehmen umfunktionierten. Sie eröffneten ein Hotel, ein Tourbusunternehmen, ein Reisebüro und eine Tankstelle.

Als der Partner sich vor Jahren zurückzog, übernahm Werner dessen Anteile.

»Und damit auch alle Risiken!«, setzt er hinzu.

Werner Sarny und Nash, sein Schäferhund.

»Bei dem Jahrhunderthochwasser von 1998 verlor ich zwei Millionen australische Dollars.«

Wir haben mit Werner und Patricia gut zu Abend gegessen und sind jetzt beim Rotwein angelangt. Patricia sitzt neben uns und blickt immer mal von ihrer Näharbeit auf, um sich an unserem Gespräch zu beteiligen. »Sorry«, meint sie entschuldigend, »diese Schlafsäcke sollen morgen früh im Betrieb ausgeliefert werden.«

Nash, der Deutsche Schäferhund, kuschelt sich an Werners Füße.

»Zurückblickend muss es dir doch erscheinen, als wenn ein Traum wahr wurde.«

Werner lächelt: »Ich habe viel erreicht, obgleich ich manches hätte besser machen können.« Er hält inne: »Ich denke, dass es auch zum Erfolgsgeheimnis gehört, dass man immer ein wenig neben sich steht, um seine Leistungen kritisch zu beurteilen. Wer nur mit dem Erreichten zufrieden ist, wird bald von anderen überholt.«

»Gab es einen Moment, in dem du bereut hast, nicht Schuhmacher in Österreich geblieben zu sein?«

Er blickt zu seiner Frau: »Keine Sekunde, sonst hätte ich doch Patricia nicht kennen gelernt!«

Einen Wecker benötigen wir am nächsten Morgen nicht. Das Kreischen Hunderter australischer Flughunde reißt uns noch vor Tagesanbruch aus dem Schlaf. So sind wir, als wir die Katherine Gorge erreichen, die ersten Tagesbesucher hier.

»Never Never Country« heißt die riesige Katherine-Region, die sich vom Gulf of Carpentaria bis zur westaustralischen Kimberley-Region erstreckt. Es war Nabili, ein drachenartiges Wesen, das jenen Fluss, den John McDouall Stuart später Katherine River nannte, schon lange zuvor als Nitmiluk bezeichnet hatte. So erzählt es jedenfalls die Traumzeitgeschichte der hier lebenden Jawoyn. Der 180 Quadratkilometer große Nitmiluk-Nationalpark ist heute wieder ihr Eigentum.

Juliana und ich wollen die als Katherine Gorge bezeichnete Hauptschlucht des Parks mit dem Kanu befahren. Boote sind im Park Center zu mieten. Hunderte von Flughunden hingen bei unserer Ankunft dort in den Bäumen und fächelten sich trotz der frühen Stunde mit ihren Flughäuten Kühlung zu.

Wir sind bereits früher in der Katherine Gorge gewesen, haben auf dem nahe gelegenen *caravan park* übernachtet und uns über die durchs Camp hopsenden Kängurus amüsiert. Manche dieser *roos* steckten ihre vorwitzigen Nasen in unseren Camper.

Auf dem als Windolf Walk bezeichneten *trail* streiften wir übers Plateau, in das sich der Katherine River in unendlicher Fleißarbeit tief hineingefressen hat. Der Blick von oben ist atemberaubend.

An diesem verwunschenen Morgen treiben wir still über den Fluss, auf dessen Oberfläche sich die Bilder senkrecht aufsteigender Felswände spiegeln.

Doch mit der Träumerei ist Schluss, als ich in Katherine auf unsere Straßenkarte schaue. Die Strecke nach Broome, unserem nächsten Etappenziel in Westaustralien, beträgt 2000 Kilometer ...

Tagebuchnotizen:
Unter dem weiten Himmel
Westaustraliens

1. Juni
Von Kununurra flogen wir mit Kookaburra Richtung Westaustralien. Welche Weite und Menschenleere, wir sahen ein paar Road Trains, auch einen mit 82 Reifen. Juliana schwor, sie habe sich nicht verzählt.

Anderthalb Stunden waren wir unterwegs, als wir am Horizont eine merkwürdige rotbraune Wolke ausmachten. Da tobte ein Buschbrand! Waren es natürliche Feuer oder solche, die von Menschen gelegt waren? Es ist eine uralte Tradition der Aborigines, das Land kontrolliert abzubrennen, um unkontrollierbare Infernos zu vermeiden. Aber wie ist es mit der Umweltbelastung? Wie mit den zerstörten Mikroorganismen, mit den Spinnen, Schlangen und Insekten? Über gut 50 Kilometer fuhren wir an dem Inferno entlang. Manche dieser Brände waren reine Grasfeuer. Ich stoppte und machte ein paar Fotos, wie die Flammen nur 15 Meter von Kookaburra entfernt durch das meterhohe Gras huschten. Es war unheimlich.

Die Landschaft wurde, je weiter wir nach Westen kamen, spektakulärer.

»Wie im Western«, sagte ich zu Juliana. Mit Tafelbergen und scharfen Abbruchkanten, wie ich sie auch bei Flügen über das entlegene Arnhemland aus der Luft gesehen hatte.

Was für ein Land! Ich ließ die bisherigen Etappen in meiner Erinnerung vorbeiziehen: Sydney, Fraser Island, das Great Barrier Reef, Cape York und nun das Top End. Sie waren so grundverschieden voneinander.

Verkehr gab es auf dieser Strecke fast nicht. So flog Kookaburra allein durch das einsame Land.

In Westaustralien unterwegs zu sein heißt, sich in Geduld zu fassen. Die Distanz Berlin–München bedeutet so viel wie zwei Roadhouses zum Tanken. Aber irgendwann erreicht man sein Tagesziel und blickt auf Küsten, wie sie kein Prospekt verlockender darstellen könnte, oder Schluchten, die so einfallsreich von der Natur modelliert sind, dass sie auf Erden ihresgleichen nicht finden.

Die Abendsonne schien flach von vorn, ihr Licht brach sich in dem Sprung in unserer Fensterscheibe, der sich seit Queensland zu einem halbmeterlangen Riss entwickelt hatte. »Ihr hättet ihn gleich zu Beginn der Reise behandeln lassen sollen«, hatte uns Werner Sarny gesagt und dabei gelacht: »Das ist ähnlich wie beim Zahnarzt.« Der Fachmann hätte ein Loch an das äußerste Ende des Risses gebohrt, und schon wäre dem »die Luft ausgegangen«, er hätte sich nicht weitergefressen. Dafür war es nun aber zu spät.

Wir passierten ein weiteres Straßenschild, das auf die Formalitäten für die Grenze nach Western Australia aufmerksam machte. Keine Früchte, nicht mal Honig und Nüsse dürfen eingeführt werden. Wir sahen uns betreten an: Da waren noch jede Menge Vorräte, die wir extra für die »Durststrecke« gekauft hatten. Heute Abend würden wir alles verputzen.

Der Highway One, der hier den Beinamen Victoria Highway führt, und der Victoria River verlaufen Seite an Seite.

Die Sonne blendete mich und brannte in den Augen. Hoffentlich springt dir jetzt kein Känguru ins Auto, dachte ich. Wir durchfuhren den Gregory-Nationalpark. Als wir die Siedlung Timber Creek erreichten, nahm ich das kleine Hinweisschild »Gregory National Park – Campsite« wahr. Eigentlich wollten wir heute Abend noch 200 Kilometer bis Kununurra fahren. Aber es war so reizend hier ... Kurz entschlossen lenkte ich Kookaburra auf den Campingplatz.

Zwischen noch jungen, aber doch schon bauchigen Baobab-Bäu-

men fand ich einen freien Platz und parkte unseren Camper. Dann bummelten wir zum Victoria River. Das Licht der Sonne, das durch den Rauch der überall im Hinterland lodernden Buschfeuer eine blassgelbe Farbe hatte, lag wie ein leichter Schleier über dem Land.

Am Fluss trafen wir Jeffry und Martha aus Port Stephens. Früher war Jeffry Taxifahrer, jetzt sei er im Ruhestand, erzählte er. Die beiden schwärmten mit glänzenden Augen, sie täten genau das, wovon so viele australische Ruheständler träumten: aussteigen und ein Jahr lang rund um den Kontinent fahren. Hier sei Halbzeit für sie.

An diesem Abend machten Juliana und ich unsere Obst- und Gemüsevorräte nieder, auch einen Berg Knoblauch.

Noch lange saßen wir vor dem Auto, die Nacht war verführerisch. Nicht weit entfernt hörte ich das Plopp, Plopp, Plopp vorbeihopsender Kängurus; ein Nachtfalter klatschte gegen das Glas der Petroleumlampe. Auf dem Highway One war es ganz still. Gegen 22 Uhr legten wir uns schlafen. Morgen würde der Wecker früh klingeln.

2. Juni

Die Nacht war kühl, ohne blutrünstige Moskitos und ohne kreischende Vögel. Nur der Wecker gab um fünf Uhr ein hässliches Geräusch von sich. Noch war es stockfinster. Juliana öffnete die Bulli-Tür, kühle, erfrischende Luft drang herein. Gestern waren es hier 38 Grad, hatten sie im Rundfunk gesagt. Allerdings empfanden wir diese 38 Grad nach dem Treibhausklima im Top End nicht belastend, diese Luft war trocken.

Der Kaffee schmeckte heute nicht so gut wie sonst ... irgendwie nach Kunststoff. Vermutlich hatte das Wasser durch die ständige Wärme das beißende Aroma des Plastiktanks angenommen.

Also holten wir auf dem campground *frisches Wasser. Um sechs Uhr lenkte ich Kookaburra auf den Highway. Es war noch stockfinster, da sah ich plötzlich im Licht der voll aufgeblendeten Scheinwerfer einen Schatten direkt am Fahrbahnrand. Schnell schaltete ich in den vierten und dann in den dritten Gang.*

»Ein Känguru!«, rief Juliana. Langsam rollte ich dicht an das Tier heran. Erst da bequemte sich das riesige rote Känguru in aller Gemütsruhe davonzuspringen. Es war nicht unser einziger Gesellschafter. Obschon den Highway beiderseits Zäune begrenzten, zogen es viele Rinder vor, sich auf der Fahrbahnmitte zu treffen.

Der Himmel hatte jetzt etwas Farbe aufgelegt, ein blasses Rotbraun nur, kein brennendes Rot wie sonst. Der Rauch der Buschfeuer, dachte ich. Und doch sah ich die weißen Kakadus, rotgraue Galas, ein paar Reiher und kleine schwarzweiße Vögel, die wie Kamikazeflieger auf Kookaburra zuschossen, aber im letzten Moment abdrehten.

Unvermittelt und unspektakulär ging die Sonne auf, ihr Licht blendete mich in den Rückspiegeln.

An der Grenze zu Western Australia gab es erneute Warnhinweise, keinesfalls Früchte und Nüsse über die Grenze zu nehmen. Ich stieg an der Quarantänestation aus und warf unsere Obstabfälle in die dafür vorgesehene Mülltonne.

Ob er ins Auto hineingucken dürfe, fragte der officer. Natürlich. Er schaute in den Kühlschrank, blickte in drei Vorratsfächer. Er schnüffelte hörbar durch die Nase. Ob wir auch Knoblauch dabeihätten?

»Haben wir gestern Abend vorsorglich verputzt«, sagte ich. Ob er das nicht rieche?!

Deswegen habe er ja gefragt ... Er grinste.

Jetzt waren wir in Western Australia, einem australischen Staat von der siebenfachen Größe Deutschlands. Aber nur zwei Millionen Menschen leben hier!

Um 7.30 Uhr morgens erreichten wir Kununurra. Wir tankten und gingen dann zum Supermarkt. »Down the road«, hatte der Tankwart gesagt. Wir folgten dem Hinweis. Es war fünf Minuten vor acht, gleich würden die Läden öffnen.

Wir bunkerten in Kanister abgefülltes kaltes Trinkwasser und viel Obst.

In einer Imbissstube, an deren Wand ein deutsches Diplom »Meis-

terlehrgang im Fleischerhandwerk« hing, tranken wir ausgezeichneten Cappuccino.

»Komm«, sagte Juliana, »es ist noch ein weiter Weg zu den Bungle Bungles.«

Das Bild des Landes veränderte sich nach Westen hin. Den Tafellandschaften von zuvor folgte monotones Grasland, hier und da Eukalyptusbäume und Boabs, die australischen Baobabs, die mit ihrem tonnenförmigen Stamm mehrere Hundert Liter Wasser speichern können. Manchmal wogte das Gras zwei, drei Meter hoch. Und immer wieder trafen wir auch auf verbranntes Land, über dem der aromatische Duft vor nicht allzu langer Zeit erloschener Feuer lag.

Westlich von Kununurra knickt der Highway One fast rechtwinklig nach Südwesten ab und schlängelt sich in weitem Bogen um die wilden, unzugänglichen Kimberleys herum.

Auf Argyle Downs Station entstand hier eine der größten Rinderdynastien Westaustraliens. Eine legendäre Gestalt namens Patsy Durack hatte diese homestead *gebaut, die später vor der Stauung des Lake Argyle demontiert und oberhalb des Sees wieder errichtet wurde. Durack hatte ab 1882 in einem gut zweijährigen Rinder-Treck von Queensland bis hier sagenhafte 5600 Kilometer zurückgelegt. Als* »longest cattle drove in world history« *ging der Patsy-Durack-Treck in die Geschichte ein.*

Südlich davon, in der Siedlung Halls Creek, traf ich vor Jahren Bryan Yarrick, der hier seit einem Vierteljahrhundert lebt. Genauso lange saß er auch schon im Cockpit seines Flugzeugs.

»Angefangen habe ich als Viehtreiber«, verriet er mir mit einem Schmunzeln. Allerdings als Hightech-Cowboy, der die Rinder aus der Luft zusammentreibt. So war Bryan schon vor vielen Jahren in die Bungle Bungles gelangt, als diese noch unerforscht und unbekannt waren.

Bereits während der Sechzigerjahre hatte man das Bungle-Bungle-Gebiet zur Landschaftsschutzzone erklärt. Man befürchtete, die Rin-

der könnten den empfindlichen Boden zertrampeln und so die Erosion beschleunigen. Doch noch wartete dieser Naturschatz auf seine Entdeckung durch die Öffentlichkeit. Die erfolgte 1983 im Rahmen der Fernsehsendung »Wonders of Western Australia«, die ihn erstmals in australische Wohnzimmer brachte.

Die als Bungle Bungles bezeichneten und an riesige Bienenkörbe erinnernden Felsformationen sind heute als Purnululu-Nationalpark geschützt. Der Park liegt an der Ostflanke der Kimberleys, einer Region, die mit 420 000 Quadratkilometern größer ist als Deutschland. Zwei Drittel davon sind an Station-Inhaber verpachtet, die hier 600 000 Rinder weiden lassen. Demgegenüber ist die Zahl der Menschen mit 25 000 lachhaft gering, und nur drei Orte zählen mehr als 2000 Einwohner.

Wir erreichten das Hinweisschild zum Purnululu-Nationalpark und folgten ihm.

Die Anfahrt zu diesem außergewöhnlichen Naturwunder ist noch immer ein pures Allradvergnügen. Und die Nationalparkverwaltung will, dass es so bleibt, an einen Ausbau der Zufahrtsstraße ist nicht gedacht. Gut so. 80 Kilometer später erreichen wir das Kurrajong Camp.

Tags drauf fuhren wir nach Echidna Chasm, wo ich Kookaburra im spärlichen Schatten schlanker, weißstämmiger Eukalypten vor einer roten Felswand parkte.

Wir wanderten in die Echidna-Schlucht hinein. Das lose Geröll rutschte unter meinen Füßen, Fliegen summten, die Sonne brannte. Nur ein leichter Wind ging, doch er brachte keine Kühlung. Ich trat auf abertausend Kiesel und faustgroße Steine. Steine, wie ich sie auch in den Wänden der Bungle Bungles erkannte. Es sind die Sedimente eines uralten Meeres. Hier und da wuchsen an den senkrechten Hängen dieses »Meeresgebirges« Livistoniapalmen. Ihr zartes, blasses Grün stand in betörendem Kontrast zu dem leuchtenden Rotbraun des Gesteins.

Ein Aussie mit Lederhut, 14-Tage-Bart, sonnenverbranntem Ge-

sicht und behaarten Beinen, die aus kurzen Hosen staken, grüßte: »It's specci, isn't it?!« *(Ist das nicht spektakulär?!)*

Ja. Ich fühlte mich wie jemand, der als Erster ein Pharaonengrab betritt. Wann hatten die aus der Wand gebrochenen Steine das letzte Mal das Licht der Welt gesehen? Vor fünf oder vor 50 Millionen Jahren? Wie viele Jahrtausende hatten die später hier durchschießenden Wasser nachfolgender Regenzeiten benötigt, um den Bungle Bungles ihre heutige Form zu geben?

Abends auf dem Campingplatz fand ich Zeit, darüber zu träumen. Hier und dort glommen Benzin- und Petroleumlichter. Man kochte, grillte und fühlte sich wie in einer verschworenen Gemeinschaft, die einen lange gehüteten Schatz entdeckt hatte.

3. Juni

Mit dem ersten Tageslicht waren auch wir auf den Beinen. Die Fahrt durch die Schluchten war das reinste Allradvergnügen. Für uns … Denn mitten auf der Piste stand ein liegen gebliebener Toyota-Geländewagen. Der Fahrer sagte, ihm sei eine Schraube aus der Antriebswelle gefallen, in zwei Tagen seien seine Freunde zurück, um ihm das Ersatzteil zu bringen. Bis dahin kampierte er eben auf dem track.

Die Cathedral Gorge ist ein Highlight. Bienenkorbartige Formationen erinnerten mich an Pagoden und Pyramiden vergangener Kulturen, die die Erosion nachfolgender Jahrtausende rundlich geschliffen hatten. Aber auch die heutigen Bilder werden sich verändern, ganz langsam, mit dem langen Atem der Natur.

Als wir nachmittags wieder den Highway One erreichten, lachten wir, als ich feststellte, dass es Monsterstädte wie Mexico City und Shanghai gebe, die aus den Nähten platzten, und dann diese unendliche Leere, Stille, Einsamkeit und Schönheit hier.

Der Highway One ist jetzt nicht mehr so gut ausgebaut wie zuvor. Ich reduzierte die Geschwindigkeit, vor allem an Flussbetten, die teilweise noch etwas Wasser führten.

An einem dieser creeks *bat ich Juliana: »Übernimm du das Steuer, ich mache ein paar Fotos, während du durchs Wasser fährst.«*

Ich ging ins Flussbett, nahm die Kamera, wählte den Ausschnitt und gab ihr ein Zeichen. Hatte ich zu kräftig gewunken? Sie trat das Gaspedal durch – und ich bekam eine ordentliche Dusche ab.

Der Ord River ist ein großer Fluss, der nur kurzzeitig während der Regenzeit Wasser führt. Dann aber ist er wild und unberechenbar. Ein einspuriger Betonsteg führt durchs Flussbett hindurch.

An diesem Abend las ich in der Zeitung »The Kimberley Echo« einen Artikel mit der Überschrift: »Grünes Licht für die Ord-Brücke«. Dort hieß es, dass das Federal Government, die Zentralregierung in Canberra, 13,6 Millionen australische Dollar zum Ausbau der Ord River Bridge bereitgestellt habe. Trotz der inzwischen verbesserten Furt sei die Ord-River-Passage zwischen 15 und 25 Tagen pro Jahr wegen Hochwassers unpassierbar. Manchmal müssten Autos fünf Tage lang davor warten. Bei einem Road Train allein betrage der tägliche Verlust 2500 Dollar.

Wenig später erreichten wir Halls Creek, wo wir tankten und Getränke besorgten, um dann mit Kookaburra nach Südwesten weiterzufahren. Das Bild blieb unverändert: Buschland, Hügel, kleine zerbröselte, rot leuchtende Felsmassive, die vom Zahn der Zeit zu Steinhäufchen zerbissen worden waren, ähnlich den Devils Marbles in Zentralaustralien. Dazwischen leuchteten blassgrüne Eukalypten.

Die Sonne sank. Eigentlich wollten wir es heute noch bis Derby schaffen oder bis Broome. Aber wollten wir das wirklich?

Da entdeckte ich den Hinweis »Roadside Table 1 km«. Die Sonne lag wie ein goldgelb flimmernder Ball dicht über der Straße, tausend zermatschte Moskitos auf der Windschutzscheibe verwischten das Bild. Ich pfiff auf alle selbst gesetzten Zeit- und Streckenpläne und bog in den Parkplatz neben der Straße ein.

Es war nicht unbedingt ein Platz, wie wir ihn mögen. Es stank nach

Aas, ein verrosteter Automotor lag neben dem Picknicktisch. Einen riesigen boab tree *hatten rücksichtslose Zeitgenossen mit bunten Graffiti beschmiert. Zum Glück würde die aufziehende Nacht alles mit ihrem freundlichen Mantel bedecken.*

Plötzlich erstarb das Geräusch eines asthmatisch klingenden Motors unmittelbar in unserer Nähe. Ich ging um ein paar Büsche herum und sah einen uralten orangefarbenen station-Wagen. Daneben bauten zwei junge Leute ihr Zelt auf.

»Deutsche Stimmen«, bemerkte Juliana. Wir gingen auf die beiden zu und sagten Hallo.

Sie waren Anfang zwanzig, er reiste schon seit sechs Monaten durch Australien, sie war erst vor fünf Tagen mit dem Flugzeug in Perth gelandet. Da seine eigentliche Freundin ihn verlassen hatte, war eine andere kurzerhand eingesprungen. Sie war aus Hamburg, er aus Erfurt, ihr gemeinsames Ziel hieß Darwin. Ich drückte ihnen die Daumen, dass ihr Auto bis dahin durchhalten würde.

4. Juni

Wir standen um 4.30 Uhr auf. Zum Sonnenaufgang wollten wir in Derby sein. Trotz des Dämmerlichts erkannte ich das Schild am Straßenrand: »Warnung! 1080 vergiftete wild dog baits *(Dingoköder) wurden auf Ländereien innerhalb der Kimberley-Region ausgelegt.«*

Am späten Vormittag erreichten wir Broome.

Broome:
Perle am Rand der Kimberleys

Das »Australian Geographic Magazine« suchte Ende der Achtzigerjahre Freiwillige, die bereit waren, sich selbst in den Kimberleys zu testen. Aus 500 Bewerbern gingen Susan und Michael Cusack als Sieger hervor. Beide hatten Wildniserfahrung, sie von Cape York, er als Nationalparkranger. 1987 begann ihre Robinsonade. Zur Verfügung stand ihnen ein winziges Boot, Mountainbikes, Angelausrüstung und 400 Kilo Lebensmittel. Man setzte sie im Gebiet der Kunmunya-Aborigines ab, dann waren sie ein Jahr lang völlig auf sich allein gestellt.

Nicht die Ereignisse dort seien spektakulär gewesen, sagten sie später. Sondern der Blickwinkel, aus dem sie während jener Zeit, die eine Konzentration auf die elementarsten Lebensbedürfnisse war, und danach ihr Leben und die Welt betrachtet hätten. Und dann war da diese Gelassenheit, mit der sie alltägliche Dinge nach diesem Jahr angegangen seien … Das war die eigentliche Quintessenz ihrer Kimberley-Erfahrung.

Der zwischen dem Südrand der Kimberleys und dem Nordrand der Great Sandy Desert verlaufende Highway One vermittelt einen kleinen Eindruck von dem, was sich nördlich und südlich von ihm verbirgt. Erst 1986 wurden die letzten Lücken in diesem Asphaltband geschlossen.

Ich war bereits zuvor in den Kimberleys gewesen, doch ich würde nicht behaupten, Australiens »Linksaußen« richtig zu kennen. Ich ließ mich im Auto auf dem als Gibb River Road bekannten Rindertreiber-*track* durchschütteln. Wir besuchten die Geikie- und Windjana-Schluchten. In Derby stand ich vor dem riesigen, hohlbäuchigen *boab tree*, der früher als Gefängnis für Aborigines diente. Kürzlich überflog ich die Kimberleys und sah unter mir menschenleere Schluchten, zerklüftete, unzugängliche Berge, steil abfallende Küsten, an die sich die *mud flats*, weit ins Meer reichende Schlamm- und Sandbänke von Fitzroy oder Glenelg River anschlossen. Aus der Sicht des Albatros wirkte die Riffelung der Sandbänke im Abendlicht wie ein von Künstlerhand modelliertes rotbraunes Schattenspiel.

Niemand wird allen Ernstes behaupten wollen, er kenne die Kimberley-Region. Nur hier und da stößt man auf ein von Aborigines bewohntes Gebiet, wie das Kulumburu Aboriginal Reserve. Den Löwenanteil des Landes aber teilen Rinder unter sich auf; 30 Prozent des westaustralischen Fleisches stammen von hier.

Broome liegt im äußersten Südwesten der Kimberleys. Für Australier steht dieser Name für die Perlenfischerei. Gut ein Jahrhundert lang war das die Haupteinnahmequelle des Ortes, doch die verbesserte Straße brachte auch Touristendollars. Aus einem gottverlassenen Perlentauchernest wurde die Top-Adresse im Nordwesten.

Auch ich bin neugierig, was sich hinter dem Logo »South Sea Pearls« verbirgt, denn die so geheimnisvoll schimmernden Perlen sind trotz gestiegener Besucherzahlen nach wie vor die Haupteinnahmequelle hier.

Wir haben uns zu diesem Zweck mit Tim von der Willie Creek Pearlfarm verabredet, die 40 Kilometer nördlich von Broome an der Westflanke einer als Dampier Land bezeichneten Halbinsel liegt. Eine Farm zur Perlengewinnung? Ich war gespannt.

Tim, Ende vierzig, mit einer dicht über den Augen liegenden schmalen, pechschwarzen Sonnenbrille, trägt einen grauen Vollbart. Seine markanten Züge verleihen ihm etwas Piratenhaftes.

Tim ist zu uns in den VW-Bus gestiegen, gemeinsam holpern wir nun auf der roten Erdstraße nach Norden. Das One Mile Aboriginal Reserve liegt bereits hinter uns.

»Noch vor 40 Jahren galt für die Aborigines abends Ausgangssperre. Dann durften sie sich nicht mehr im ›weißen Broome‹ sehen lassen«, erzählt Tim. Damit ist es zum Glück vorbei, heute stellen die Aborigines bereits mehr als 20 Prozent der Einwohner Broomes. Wir haben sie dort auf Parkbänken sitzen und barfuß durch die klimatisierten Einkaufszentren schlendern sehen.

Entlang eines als *mud flats* bezeichneten Überschwemmungsgebietes, über die das Gezeitenwasser ins Land dringen, rollen wir zur Willie Farm. Der Name stamme von den hier als *willie willie* bezeichneten Winden, hören wir. Tim berichtet, dass bei Voll- und bei Neumond die Flut acht, manchmal sogar zehn Meter ansteige. Dies sei eine der stärksten Tiden auf Erden.

»In Derby feierten wir kürzlich die *king tide celebration*. Der Tidenhub war geradezu königlich: elf Meter!«

Aber nicht nur die Gezeiten lassen Rekorde purzeln, auch die Stürme. »Allerdings war unser letzter schwerer Zyklon vor gut einem Jahr«, sagt er. Das sei erstaunlich, denn sonst fegten bis zu zehn dieser gefährlichen Stürme im Jahr über sie hinweg.

Aber Broomes Einwohner nehmen das mit Gelassenheit. Wer beim *cyclon tipping contest* mit seinem Tipp dem Datum des tatsächlichen Sturmes am nächsten kommt, kassiert die Siegerprämie.

Wir erreichen die *pearlfarm*. Perlenfarm, eine merkwürdige Bezeichnung.

»Nun ja«, sagt Tim, »wir haben 190 000 Austern, und in jeder

211

züchten wir eine Perle.« Allerdings lautete vor hundert Jahren die Faustformel noch: eine Perle auf 10 000 Austern.

Ich will mehr darüber wissen. Ich weiß, dass von hier die schönsten und teuersten Zuchtperlen der Welt stammen. Nicht umsonst nennt man Broomes Perlen auch *queen of pearls* oder *pearl of queens*, Königin der Perlen bzw. Perle der Königinnen. Eine tolle Geschichte, die den einstigen Gouverneur Frederick Napier Broome im Nachhinein wohl zufrieden stellen würde. Denn der reagierte säuerlich, als er mitbekam, man habe ein unattraktives Perlenfischerdorf nach ihm benannt. Das war vor 100 Jahren. »Ein Dorf, in dem nur eine Hand voll Pächter lebt und drei Grabsteine stehen«, klagte er in einem Schreiben an das Kolonialbüro in London. Er bat, den Namen zu ändern.

Was nicht geschah.

»Für jemanden in Melbourne oder Adelaide war Broome damals das Ende der Welt, Bali ist dichter dran als Sydney!«, erläutert Tim. Straßen gab es nicht, und die Perlenfischer kamen in Booten. Erstaunlicherweise galt deren Interesse nicht den Perlen – die nahm man als seltene Zugabe gern mit –, hauptsächlich ging es um das Perlmutt.

»Perlmutt für die Schmuckschatulle der Dame, Perlmutt als Einlegearbeit im Griff der Pistole des Mannes«, so Tim.

Perlmutt fand Verwendung in Spazierstöcken, Kruzifixen, vor allem aber bei Knöpfen. Australisches Perlmutt war Weltspitze. Viele *pearl divers* tauchten dafür … und verloren ihr Leben, auch Aborigines. Sie tauchten ohne technische Hilfsmittel, nicht einmal Schutzbrillen gab man ihnen. Als Bezahlung bekamen sie Naturalien wie Kleidung, Tabak oder Zucker.

»Kein einziges festes Gebäude gibt es hier«, notierte noch im Jahr 1888 ein Durchreisender. Damit war es fünf Jahre später vorbei, denn Broome avancierte zum Hauptquartier der China Telegraph Company. Die Telegrafenlinie sorgte auch für den

Boom der Perlmuttfischerei. Die Zeit vor dem Ersten Weltkrieg waren Broomes goldene Jahre.

Mit der sklavenartigen Haltung der Taucher war es nun vorbei, und Gesetze bestimmten, dass mit Helm und schwerem Schutzanzug zu tauchen sei. Neben 300 weißen Einwohnern lebten jetzt 3000 japanische Taucher in Broome.

Doch 1935 zerstörte ein Zyklon 20 von 36 Booten der Perlenfischerflotte. 142 Menschen kamen um. Als sieben Jahre später japanische Zero-Bomber Broomes Militäranlagen angriffen, starben fast hundert Menschen.

Dem Zweiten Weltkrieg folgte ein neuer wirtschaftlicher Boom, da die *mother of pearl*, das Perlmutt, weltweit Spitzenpreise erzielte. Doch nach dem Höhenflug kam der ganz tiefe Sturz. Plastikknopf und Reißverschluss waren erfunden worden. Broomes Stolz, die *pearl-lugger*-Boote, wurden verschleudert oder verrotteten am Ufer. 1960 lag die Perlmuttindustrie darnieder. Es schien, als sei das Aus für Broome gekommen.

Jetzt strahlt Tim. »Der Japaner Mikimoto hatte bereits 1946 die Idee, an unserer Nordküste mit der Perlenzucht zu beginnen, dem *pearl farming*. In den 60er Jahren war es so weit. Heute, wo kein Mensch mehr über Perlmutt spricht, ist die Zuchtperle unser Schatz. *Goldie*, die kostbarste Perle dieser Farm, ist 75 000 australische Dollar wert.«

Das Eigentümliche dabei ist, dass eine solch wunderbare Perle nur dann entsteht, wenn die Auster sich bedroht fühlt.

»Stell dir vor, dir dringt ein kleiner Dorn in den Fuß und du ziehst ihn nicht raus. Der Körper versucht den Dorn abzustoßen, und wenn das nicht klappt, zu isolieren. Die Haut drum herum verhärtet sich, du spürst ihn kaum noch und kannst mit ihm leben. So ähnlich ist es mit der Perle«, sagt Tim.

Während die alten Griechen glaubten, Perlen seien von Mondlicht übergossene Tautropfen, sind Perlen in Wirklichkeit nichts weiter als gut isolierte Fremdkörper – ein Meereswurm oder ein Sandkorn –, die von der Auster mit einer immer dicker werdenden Perlmuttschicht gebunden werden. Diese Erkenntnis nutzte man beim *pearl farming*. Gleich nach der Ankunft auf der Willie Pearl Farm hat uns Tims Kollegin Leah Stratford in diese Geheimnisse eingeweiht.

»Im Alter von drei bis vier Jahren führen wir einen sehr kleinen Fremdkörper in die Auster ein«, erklärt sie. »Wir nehmen dazu winzige Perlmuttkügelchen. Die Auster schließt sich danach und wird in flachen Körben im Meer versenkt. Auf unserer Farm gibt es 20 000 solcher *panels*, die alle zwei Tage gewendet werden.«

Während der nächsten zwei bis drei Jahre genießen die Austern Ruhe, um die Perle zu produzieren – bis auf das regelmäßige Drehen ihrer Körbe. Allerdings haben sie nur dann wirklich Ruhe, wenn sie wie erwartet »funktionieren« und auch an ihrer Perle »arbeiten«. Um da ganz sicher zu gehen, werden sie regelmäßig geröngt; sollte eine Auster den Fremdkörper abstoßen, wird ihr im nächsten Jahr ein neuer eingepflanzt.

Wir folgen Tim zu einem Motorboot, mit dem er uns zu den Austernkörben im Willie Creek bringt. Abrupt drosselt er den Motor, hebt das Fernglas an die Augen und deutet zum anderen Ufer: »Da drüben liegt ein Salzwasserkrokodil!« Er setzt das Fernglas ab. »Dabei sah ich gestern noch, wie Leute hier Wasserski fuhren.«

Einige Hundert Meter weiter drosselt Tim den Motor erneut. Dieses Mal zeigt er auf einen dunklen Punkt im Ufersand. »Vor vier Jahren fuhren ein paar Burschen mit ihrem Geländewagen zum Fischen. Doch auf der Rückfahrt überraschte sie die Flut, sie versackten im breiigen Sand. Der Wagen kam nicht mehr rechtzeitig frei und musste aufgegeben werden. Jetzt reicht der Sand schon bis über die Kühlerhaube.«

Wenig später stoßen wir auf ein Dutzend indonesischer Fischerboote, deren Besatzungen dabei ertappt wurden, wie sie illegal in australischen Gewässern fischten. In anderen beschlagnahmten Booten hatte man Menschen nach Australien geschmuggelt.

»Das Gefangenenlager, in dem die Bootsbesatzungen einsitzen, ist gleich nebenan«, weiß Tim.

Aber schon sind wir beim nächsten Thema. Kürzlich habe es auf drei Perlenfarmen spektakuläre Diebstähle gegeben. In einer Nacht-und-Nebel-Aktion waren von Tauchern gerade jene Perlen gestohlen worden, die von ihren Austern schon fast fertig modelliert gewesen seien.

»Dass hier Insider mit Spezialkenntnissen am Werk waren, war offensichtlich. Der Kreis der Verdächtigen grenzte sich also stark ein. Die Burschen wurden auch bald dingfest gemacht, der Schaden war allerdings mit zwei Millionen Dollar beträchtlich; viele Perlen waren nicht mehr auffindbar.«

Nachdem wir von der Willie Creek Farm zurückgekehrt sind, beschließen wir kurzerhand, noch heute weiterzufahren. Vielleicht schaffen wir es bis zu dem 320 Kilometer entfernten Sandfire Roadhouse.

Es ist ein merkwürdiges Gefühl, jetzt nach Süden zu rollen. Seit unserem Aufbruch in Sydney sind wir nach Norden bzw. Westen gefahren und der Wärme täglich ein Stück näher gekommen, jetzt ist es umgekehrt. Juni heißt Winteranfang in Südaustralien.

Doch bei der Ankunft am Sandfire Roadhouse schmoren wir. 29 Grad, verrät uns das Thermometer. Neben der Zapfanlage röhrt ein chromblitzender Road Train im Leerlauf. Auch ich tanke dort und zahle. Die Wände des *dining-rooms* neben der Tankstelle zeigen Malereien von Wüstenszenen, vermutlich solche von der Burke-&-Wills-Expedition, denn ich sehe Männer auf Kamelen. Daneben schieben Trucker ölige Pommes und riesige Steaks in sich hinein.

Ich parke Kookaburra auf dem Campingplatz neben dem Sandfire Roadhouse. Ich bin durstig, es wird Zeit hineinzugehen.

»Hello«, grüße ich die zwei hageren Burschen mit wallenden Vollbärten im Vorraum. Im Pub jagt mir die Klimaanlage eine Gänsehaut über den Rücken. Ein an der Bar sitzender 30-Jähriger nickt uns freundlich zu: »*G'day.*«

Wohl hundert abgeschnittene Hemdsärmel baumeln von der Decke, an den Wänden kleben Bierreklamen und Zettel mit lockeren Sprüchen.

Der Bursche an der Theke stellt den Fernseher leiser, er sieht zu uns herüber, offenbar sucht er das Gespräch. Er sei aus Broome, erzählt er, morgen früh um fünf wird er hier die Zeitungen entgegennehmen und sie später bei den *news agencies* in Broome ausliefern. Das sei sein Job.

Ich ordere zwei Biere.

»Welche Sorte?«, fragt die Bedienung.

»Etwas Westaustralisches.«

Wir kriegen zwei Emu-Bitter.

»*Wet suits?*« Die übliche Frage nach den Isolierbehältern.

»Yeah.«

Als wir Stunden später den Pub verlassen, sitzen die vollbärtigen *blokes* noch immer da. Der verchromte Truck ist schon längst in der Nacht verschwunden. Stille liegt über dem Roadhouse. Sterne funkeln.

Unsere Nachbarn auf dem *caravan park* schlafen bereits, nur ihre Autotüren stehen offen, das Innere ist mit Fliegengaze vor Insekten geschützt. Neben einer Gästehütte parken zwei prächtige Harley Davidson.

Im Duschblock platze ich allerdings in eine Versammlung hinein. 20 lindgrüne Frösche sitzen im Waschbecken und kauern auf Fensterbänken, zwei Gekkos kleben an den senkrechten Wänden, bewegungslos, doch hinter ihrer scheinbaren Erstarrung ahne ich äußerste Wachsamkeit.

Was für ein Land! Von der Kimberley-Region im Norden bis zur Stirling Range im Süden erstreckt sich Westaustralien über mehrere Klimazonen und Landschaftsformen. Es ist zunächst flach, manchmal wirkt es monoton, die Fahrt schläfert ein, nur Busch begrenzt den Highway, doch dann erlebt man Paukenschläge der Natur, die hier beeindruckender sind als anderswo.

Südwestlich von Broome folgen wir der Eighty Mile Beach, einem 128 Kilometer langen Strand! Morgen werden wir bei Port Hedland zu den roten Schluchten der Hamersley Range abzweigen. Weiter im Süden, dort wo bei Monkey Mia meterdicke, blendend weiße Muschelablagerungen die Strände bedecken, besuchen wilde Delfine die Menschen hier. Und immer wieder begegnet man meisterlichen Fantasieschöpfungen der Natur, der Pinnacle Desert zum Beispiel und dem Wave Rock.

Und dann diese Weite ...

Von Darwin bis Perth sind es mit kleineren Abstechern 6000 Kilometer. Uns ist mittlerweile klar geworden, dass wir für diese Reise mehr Zeit benötigen als geplant. Da es bei Juliana ein Terminproblem gibt, wird sie von Perth nach Deutschland zurückfliegen. Die Fahrt durch die Nullarbor Plains Richtung Südaustralien muss ich allein angehen.

Wunder der Westküste

»Killer-Hai von Fischern getötet«, lautet die Überschrift in der südaustralischen Zeitung »Advertiser«. Es folgt eine wahre Schauergeschichte: Der 23-jährige Paul Buckland war beim Tauchen von einem sechs Meter langen Weißhai zerrissen worden. David Buckland, der Bruder des Getöteten, mutmaßt, der Hai sei wohl zwischenzeitlich von Fischern gefangen und seinerseits getötet worden. Tatsächlich kursieren Gerüchte, dass man im Magen eines Hais Reste eines Taucheranzugs gefunden habe. Die Gerüchteküche verbreitet weiter, der getötete Hai sei so tief im Meer versenkt worden, dass die Fischereiverwaltung den Tätern niemals auf die Schliche kommen würde. Menschenhaie sind in Australien nämlich staatlich geschützt. Wer einen solchen Hai tötet, riskiert zwei Jahre Gefängnis.

Will Zacharin, Polizist der Fischereiverwaltung, tut die Gerüchte allerdings als »Hafengeplapper« ab.

Mein Tierlexikon verrät mir, dass Weißhaie, auch Menschenhaie genannt, bis zu drei Tonnen wiegen, normalerweise sechs Meter lang werden, dass es aber auch Riesen von zwölf Metern Länge gebe. Doch nicht genug: Ein dreieinhalb Meter langer Weißhai könne einen Menschen in zwei Stücke zerbeißen und ein sechs Meter langes Exemplar Menschen komplett verschlingen. Als außerordentlich gefährlich gelten die Weißhaie in australischen Gewässern.

Wir verlassen an diesem Tag die Küste und damit auch die Welt der Haie. Unser »Seitensprung« führt uns südwestlich von Port Hedland auf den Highway 95. Die auch als Great Northern Highway bezeichnete Straße ist eine Inland-Alternative zum Highway One. Beide Straßen treffen 1700 Kilometer südlich, in der Nähe von Perth, wieder zusammen.

Heute stellt sich der Great Northern Highway auf der Landkarte als fette rote Linie dar. Auf meiner alten *roadmap* von vor anderthalb Jahrzehnten ist er nur eine dünn gestrichelte Linie. Mein Camper hatte sich dort in betonharten Querrillen geschüttelt, Road Trains hatten mich mit Staub und Steinchen bedeckt.

Das ist vorbei. Auf einer exzellent ausgebauten Straße huscht Kookaburra nach Süden. Von Kilometer zu Kilometer wird die Erde roter.

»Welcome to East Pilbara, the World's largest Shire« (willkommen in Ost-Pilbara, dem größten Landkreis der Welt), protzt ein Straßenschild. Der Landkreis von East Pilbara ist größer als Italien!

Neben der Fahrbahn türmen sich rote Granitfindlinge, von denen sich dünne Gesteinsschichten wie Zwiebelhäute schälen. Ich stoppe, und wir schlendern durch diese Fantasiewelt, die mich an die »Felsmurmeln« der Devil's Marbles von Tennant Creek erinnert. Und inmitten eines in schachbrettartige Muster gerissenen Felsplateaus entdecke ich eine zarte, lilafarbene Blüte, die aus schierem Fels wächst.

Dieses Land ist so unberührt.

Francis Thomas Gregory war der erste Weiße hier. Das war 1861. So wie er es sah, blieb das Land noch bis in die Fünfzigerjahre des 20. Jahrhunderts. Dann aber entdeckte man die fantastisch reichen Erzlager am Mount Whaleback. Der Ort Newman entstand, von dem aus man sich tiefer und tiefer in den Berg fraß. Mount Whaleback gilt als die größte *open cut mine* der Erde. Ähnlich erfolgreich ist die Geschichte des Minenortes Tom Price.

Und ebenso langlebig schien der Erfolg des Städtchens Wittenoom in den Hamersley-Bergen zu sein.

Nachdem 1943 in der Wittenoom-Schlucht Asbest entdeckt worden war, folgte ein toller Boom dem anderen. Asbest war damals gefragt, aber niemand hinterfragte die Auswirkungen des Asbeststaubs auf die Gesundheit der hier Lebenden.

Viele Arbeiter kamen um, andere quälen sich bis heute mit den Spätfolgen. Die Asbestmine von Wittenoom schloss 1966. Doch auf die Schluchten und Berge der Hamersley Range war man jetzt aufmerksam geworden. Sie wurden zum Karijini-Nationalpark erklärt.

Das Karijini Visitor Centre nimmt man erst auf den zweiten Blick wahr. Der Eingang erinnert an eine riesige, rostfarbene Eisenplatte.

Das sei durchaus so gewollt, bestätigt ein Ranger, denn so füge sich der Komplex unauffällig in die rostrote Landschaft. Und das Erz für diese Platten stamme im Übrigen aus der Pilbara-Region. Es sei zwar in Japan zu Eisen veredelt, aber im Jahr 2001 hier an Ort und Stelle zum Visitor Centre zusammengefügt worden.

In einer Wüste drängt das Leben zum Wasser. Und so sind die durch die Jahrmillionen modellierten, von senkrechten Felswänden begrenzten Schluchten mit ihren Rinnsalen und glasklaren kühlen Pools die Attraktion für eine immer größer werdende Zahl von Besuchern. Es gibt wenige Plätze auf Erden, die auf mich eine so berauschende Wirkung haben wie die Schluchten der Hamersley Range.

Nach einer kurzen Wanderung vom Campingplatz aus erreichen wir den Fortescue Lookout, wo uns die 80 Meter tiefe Fortescue-Schlucht zu Füßen liegt. Während auf dem Plateau spitze Gräser aus kargem Boden sprießen, plätschert unten der liebliche Fortescue Creek durch eine Oase aus Schilf und grünen Gräsern über markante Felsterrassen.

Das Highlight des Karijini-Nationalparks erreichen wir am Oxer Lookout, wo sich die Knox, die Wittenoom, die Weano, die Hancock und die Joffre Gorge treffen. Einhundert Meter fallen die Wände dieser fünf sternförmig aufeinander treffenden Schluchten senkrecht ab!

Der erste Besuch hier wird mir unvergessen bleiben. Von unten drangen überdeutlich die Geräusche springender Kängurus herauf. Hinter mir gurrten Tauben. Ich war der einzige Mensch. Das war *meine* Schöpfungsstunde.

Die Monumentalität der Landschaft ist fraglos geblieben, aber jene »Schöpfungsstunde« wiederholt sich an diesem Tag nicht. Auf dem neu angelegten *campground* läuft gerade ein Tourbus ein.

Ich versuche, die Eindrücke am Oxer Lookout mit der Kamera einzufangen. Doch meine Fotos sind so unzulänglich wie jene von damals. Wie herrlich müsste es sein, die fünf Schluchten aus der Adlerperspektive zu erleben. Doch dann denke ich daran, dass die vom Menschen gemachten »Adler« laut sind und »Hubschrauber« oder »Sightseeing-Flugzeuge« heißen. Und Lärm schleicht sich in meine Erinnerung, so wie ich ihn am Grand Canyon im amerikanischen Westen vernahm, wenn die Touristenflugzeuge durch die Schluchten donnerten. Und so gebe ich mich doch mit meinen Fotos zufrieden, auch wenn sie unzulänglich sind, denn kein Weitwinkelobjektiv spiegelt diese Monumentalität wider.

Ich hätte gedacht, dass es nach dem Blick auf die fünf Schluchten eigentlich keine Steigerung mehr geben kann. Und doch überrascht mich der Blick auf die Joffre Gorge: Mehr als tausend Gesteinsschichten sind wie Lagen eines Baumkuchens übereinander gestapelt; das silberne Wasser des Joffre River springt in einen Pool, aus dessen Mitte eine Sandinsel ragt.

Vom Nationalpark fahren wir in den Ort Tom Price, um Lebensmittel und Sprit fürs Auto zu besorgen. Vor dem Eingang des Coles Supermarket entlockt ein vielleicht 20-jähriger Bursche seiner Gitarre sehnsüchtige Blues-Töne. Niemand nimmt Notiz von ihm und den einladend in der geöffneten Gitarrenbox ausgebreiteten Münzen.

Wir gehen in den Supermarkt, kaufen ein und schmunzeln: Der Knoblauch stammt aus China, das Kaffeepulver aus Mexiko, und die süßsauer eingelegten Gurken sind in Indien verarbeitet worden. Die Herkunftsländer der Waren sind auf den Verpackungen oft schwer erkennbar, doch übergroß steht da: »Abgepackt in Australien«.

Von Tom Price rollen wir an die Westküste zurück. Der Highway 136 ist zunächst kaum mehr als eine ausgefranste Erdpiste. Eine Trappe fährt zusammen, läuft in Rekordtempo neben dem Auto her, erhebt sich und hat Sekunden nach dem Aufsteigen unsere Geschwindigkeit erreicht. Ein Känguru erschreckt, sprintet auf einen Zaun zu, erkennt das Hindernis im letzten Moment, duckt sich, schießt zwischen dem unteren Draht und der Erde durch und hetzt mit großen Sprüngen davon.

Das Rütteln des Wagens endet abrupt, der Highway 136 ist ab jetzt asphaltiert. Die Sonne sinkt. Über eine schmale Farmpiste lenke ich Kookaburra in den Busch.

Ich erinnere mich an Situationen, in denen ich »am Morgen danach« feststellen musste, dass ich einen Reifenplatten hatte, weil ich bei der Platzsuche im abendlichen Dämmerlicht Dornzweige übersah. Doch nichts dergleichen geschieht an diesem Abend.

Auch der Sonnenuntergang ist nicht spektakulär, nur soßiges Gelb kleckert über den Himmel. Zurück bleibt ein lilafarbener Halbkreis, der sich mit dem Schwarz der aufziehenden Nacht vermischt. Noch geheimnisvoller scheint der Mond, in dessen bleichem Licht wir unser Abendessen zubereiten.

Als wir am nächsten Morgen um vier Uhr aufstehen, funkeln die Sterne wie Diamanten auf schwarzem Samt. Die »Dusche« aus der Wasserflasche wird zur Überwindung, denn es ist außergewöhnlich kalt. Mit dem Rest des wie ein Schatz gehüteten guten Trinkwassers aus Broome kochen wir Kaffee.

Das Display unseres Thermometers zeigt 18 Grad. Juliana witzelt, nach der Backofenglut von Darwin und Broome empfinde sie die wie minus 18 Grad. Erstmals seit dem Verlassen von New South Wales stelle ich die Heizung an.

Zwei Stunden später liegt die Außentemperatur wieder bei 26 Grad. Längst habe ich das Fenster geöffnet, warmer Wind bullert, zerwühlt mir die Haare. Unsere Reifen summen die Highwaymelodie. Beim Nanutarra Road House erreichen wir den Küsten-Highway-One.

Man nennt diese Küste auch »Outback Coast«. Hier trifft das Rot des Outback auf das Blau des Indischen Ozeans. Große Meeresabschnitte sind als Ningaloo Marine Park geschützt. Zehn Meter lange Walhaie tummeln sich vor der Küste, und mächtige Meeresschildkröten verbuddeln ihre Eier in diesem Ufersand.

Der Francois-Peron-Nationalpark ist Teil dieses Naturwunders. Er ist ein junger Park, denn erst 1990 wurde hier aus einer 500 Quadratkilometer großen *sheep station* ein Schutzgebiet.

Ich war geblendet, als ich hier erstmals die *Shell Beach* betrat, einen von Milliarden weißer Muscheln bedeckten Strand. Noch vor Jahren war es selbstverständlich, dass man mit dem Auto über diese Strände fuhr. Wohnmobile parkten über Nacht auf einer fünf Meter dicken Muschelschicht, die zu produzieren die Natur 4000 Jahre gekostet hatte.

Mit dem Parken ist es vorbei. Doch für die Menschen dieser Region sind die Muscheln nach wie vor schlichtweg Rohstoffe. Man verwendet sie zum Befestigen von Parkplätzen oder kippt sie auf Straßen, um den Staub zu dämmen. Schade, Vergleichbares sah ich nirgendwo sonst. Zum Glück sind es nachwachsende Ressourcen, denn noch immer leben Milliarden dieser Muscheltiere in der als Hamelin Pool bezeichneten Bucht. Doch es sind vor allem die Delfine, deretwegen Besucher auf die Peron Peninsula kommen.

»Bei uns in Monkey Mia begann alles mit Holy Fin, Heilige Flosse«, weiß Lilly.

Jeden Tag trifft sich die Naturkundlerin mit den Kindern und Großkindern dieser legendären Delfin-Dame.

»Genau genommen brachte Holy Fin diesen Fleck Westaustraliens erst auf die Landkarte«, behauptet die resolute Frau. »Heute kommen Besucher extra aus Singapur, Amerika, Hongkong und Europa, um Nickey und Joy, die Kinder von Holy Fin, zu sehen. Bereits in den Siebzigerjahren kam Holy Fin hierher, um einer Frau namens Alice Watts kleine Fische aus der Hand zu naschen. Als später ein gewisser Wilf Mason hier seinen *caravan park* eröffnete, setzte er Alices Brauch fort«, erinnert sich Lilly.

Wir folgen ihr ins Besucherzentrum von Monkey Mia, wo wir vor Holy Fins Stammbaum stehen bleiben. Während ihr Nachwuchs Nickey 1975 das Licht der Welt erblickte, wurde Joy 1979 geboren. Deren Kinder wiederum heißen Laughin (geb. 1994), Holy Kin (1995) und Nomad (1998). Diese fünf sind die zuverlässigsten Besucher am Strand von Monkey Mia – heute leider ohne Holy Fin, denn 1995 traf sie der tödliche Stachel eines Rochen mitten ins Herz.

Delfine sind von der Aura des Geheimnisvollen umgeben. Der Sohn des listenreichen Odysseus wurde nach einem Sturz ins Meer von einem Delfin gerettet. Plinius, ein römischer Gelehrter, berichtet von einem Kind, das zur Zeit von Kaiser Augustus in der Bucht von Neapel die Freundschaft eines Delfins machte und auf dessen Rücken die Bucht durchquerte. Was zunächst eher in die Welt der Mythen als in die Realität zu passen schien, wird nach und nach von der Wissenschaft bestätigt.

Zum Beispiel jener Bericht von einer Amerikanerin, die vor der Küste Floridas das Bewusstsein verlor und wie tot im Meer trieb, bis Delfine sie bemerkten. Die stupsten die Frau an Land, wo sie gerettet wurde. Delfine sind intelligenter als Menschenaffen.

Dünne Wolken verschleiern den blauen Himmel über der Shark Bay des Indischen Ozean. Gut zwei Dutzend Pelikane promenieren am Ufer. Einer wirft den Kopf in den Nacken, reißt den kolossalen Schnabel auf, hockt sich entspannt in den Sand und vergräbt den Kopf im Gefieder.

Wir folgen Lilly an den Strand, wo 40 Besucher auf die Ankunft der Delfine warten. Nicht einer lässt sich blicken.

Also plaudert Lilly: dass sie hier ehrenamtlich tätig sei und dass sie früher für die Air Force gearbeitet habe. – Daher die Kommandostimme, denke ich.

Die Delfine scheinen das zu mögen, denn behutsam schwimmt der erste vom Meer her auf sie zu und kuschelt sich an ihre Beine.

»*Hello*«, sagt sie und lächelt. »Das ist Holy Kin!«

Ich frage Lilly, wieso sie sich da so sicher sei. Ein Delfin sehe doch aus wie der andere.

»Von wegen! Ihre Rückenflossen unterscheiden sich. Bei der Geburt sind zwar alle gleich, aber spätere Raufereien, vor allem unter den männlichen Tieren, und Haiattacken machen sie zu klar unterscheidbaren Individuen.«

Holy Kin legt sich jetzt auf die Seite, hält den Kopf schräg, dabei ist das eine Auge auf Lilly gerichtet. Ich bilde mir ein, ihn lächeln zu sehen. Plötzlich schießt ein Wasserstrahl aus seinem Luftloch genau auf sie zu.

40 Zuschauer am Ufer lachen.

Jemand bringt Lilly einen Eimer mit kleinen Fischen. Wer von den anwesenden Kindern die Delfine – die anderen sind inzwischen auch eingetroffen – füttern möchte, dürfe jetzt die Hand heben, sagt sie. Aufgeregt reichen die Kleinen den Meeressäugern die Happen. Als der Eimer leer ist, legt Lilly ihn mit der Öffnung schräg auf die Wasseroberfläche, die Delfine überzeugen sich, dass nichts mehr da ist, und schwimmen in die Shark Bay zurück.

Ich gehe noch einmal ins *information centre*, um Näheres über den eigenartigen Namen Monkey Mia zu erfahren: »Monkey«, so erfahre ich, war ein Spitzname für die asiatischen Perlentaucher, die angeblich oft Affen bei sich hatten, »Mia« ist der Aborigine-Sprache entlehnt und bedeutet so viel wie »Zuhause«.

In Gedanken vertieft schlendere ich zum Ausgang des gläsernen Informationszentrums, da verspüre ich einen heftigen Schlag. Ich stolpere nach hinten, verliere die Brille, werfe eine Informationstafel um und gehe in die Knie. Eine ältere Dame kommt auf mich zu und lächelt freundlich, als sie sieht, dass meine Lebensgeister zurückkehren. Dann meint sie, ich hätte nicht versuchen sollen, mit dem Kopf durch die Wand zu gehen, auch wenn die nur aus Glas sei.

Während wir nach Denham fahren, betupfe ich meinen Schädel mit einem Eisbeutel. Die Beule erinnert mich auch noch in den nächsten Tagen an den Besuch von Monkey Mia.

Abends gehen wir in Geraldton in ein Fastfood-Restaurant, um Hamburger und Pommes zu verdrücken.

Bis Perth sind es jetzt nur noch 423 Kilometer.

»Zwei *Big Mac Meals*«, ordere ich.

»*Large or medium?*«, fragt das junge Mädchen, kaum älter als 17 Jahre.

»*Medium.*«

Meine Erinnerung an Geraldton reduziert sich im Wesentlichen auf diesen Besuch bei McDonald's.

Weiches Dämmerlicht liegt über der 21000-Einwohner-Stadt, deren San Francis Xavier Cathedral mich mit ihren runden Kuppeln stark an eine lateinamerikanische Kirche erinnert.

Wir wollten noch ein gutes Stück fahren, um möglichst dicht an Perth heranzukommen. Morgen um diese Zeit wird Juliana bereits im Flugzeug nach Kuala Lumpur sitzen. Die Karte vor uns ausgebreitet schmieden wir Pläne für die letzten gemeinsamen 24 Stunden. Wir wollen versuchen, heute noch bis zum Nambung-Nationalpark zu kommen.

Beim Betrachten der Karte streift mein Blick die westlich von Geraldton im Indischen Ozean liegenden Abrolhos Islands.

Abrolhos?! Woher kenne ich den Namen? Richtig, die Abrolhos Islands waren der Schauplatz der größten Schiffstragödie der australischen Geschichte: 1629 schlug das holländische Schiff Batavia 100 Kilometer vor der Küste leck, doch die meisten kamen nicht etwa durch Ertrinken, sondern durch Mord und Totschlag um ... Ich soll später noch darauf zurückkommen.

Die Straße zum Nambung-Nationalpark ist schmal. Niemand außer uns ist auf dem Highway. Der Mond lächelt als übergroße silberne Scheibe. Ich würde so gern irgendwo hier im *bush* die letzte gemeinsame Nacht verbringen ...

Als ich eine Holzbrücke überfahre, wittere ich Rauch, den herrlichen Duft eines Lagerfeuers. Dort unten im trockenen Flussbett scheint jemand zu kampieren. Ich setze mit dem Wagen zurück, entdecke einen schmalen Pfad, taste mich mit Kookaburra den Uferhang hinab, durchfahre das Flussbett, schrecke zwei große graue Kängurus auf, die gemächlich im Licht meiner Scheinwerfer vor uns den Weg entlanghopsen, und finde einen Übernachtungsplatz unter einem riesigen Eukalyptusbaum. Ein

Stück von uns entfernt flackert ein Lagerfeuer, daneben hocken zwei Menschen.

Der Vollmond leuchtet, matt schimmert sein Licht von den blassen Blättern der Eukalypten.

»Ein Traumplatz für einen Abschieds-Cabernet-Sauvignon.« Ich hole die Flasche heraus, die ich für diesen Moment aufgehoben habe. Wir stoßen an: »Auf Australien!«

Zwei- oder dreimal vernahm ich das verhaltene Glucksen einer *magpie*, etwa so, wie wenn ein Kind im Halbschlaf spricht, ein Gurgeln, nicht das gewohnte tiefe Nachtigall-artige Flöten dieses Meistermusikanten. Auch Frösche sind noch aktiv, es ist ein dezentes Konzert, wie ein Gurren, mal hoch, mal tief, dann laut, mal leiser, in meisterhafter Abstimmung, bei der niemand den Ehrgeiz zu haben scheint, lauter als der andere zu quaken.

Der weiße Eukalyptusstamm neben uns schimmert geheimnisvoll, bleich wie die Mondnacht.

Die Stimmung morgens um fünf ist so geisterhaft wie am Abend. Noch scheint der Mond, jetzt ein wenig blasser. Während die Vögel erwachen, bereitet Juliana den Kaffee. Ein Kookaburra grüßt lachend den jungen Tag, jetzt schluchzt und gurrt die *magpie* richtig. Nur die Kängurus von gestern Abend lassen sich nicht blicken.

Was für ein Morgen. Immer wieder stoppe ich, um zu fotografieren. Der Horizont scheint in Flammen zu stehen. Doch es gelingt der Sonne nicht, die glutroten Wolken zu durchbrechen.

Als wir die Pinnacles im Nambung-Nationalpark erreichen, liegt ein fahlgelbes Licht über dem Land. Im Westen dehnt sich über der Küste eine dralle Wolkenwurst.

Als vor 350 Jahren holländische Seefahrer an der Westküste entlangsegelten, hielten sie die Säulen, Steinspitzen und pfeilerartigen Felsdorne der Pinnacle Desert für die Ruinen einer geheimnisumwitterten Stadt. Andere fühlten sich an eine Armee versteinerter Soldaten erinnert. Fakt ist, dass das Meer die Baumaterialien für die Pinnacles in Form von Muscheln lieferte. Brandungswellen zermahlten und mixten sie mit Dünensand. Wind blies die Mischung landeinwärts, wo sie sich zu einer Gesteinsschicht verband. Nachfolgende Jahrtausende legten Humus darauf, Pflanzenwurzeln krochen jetzt tief ins Erdreich und knackten das weiche Kalkgestein. Erosion erweiterte die Spalten, bis letztlich nur noch die Spitzen der einstigen Kalkschicht wie kariöse Reißzähne aus dem Boden der Pinnacle Desert ragten.

Die Erklärung ist logisch. Doch schöner finde ich die von der geheimnisumwitterten Stadt.

Die Sonne bricht nicht mehr durch. Vom Meer rollen jetzt Nebelbänke heran. Ich bin zunächst enttäuscht, denn dies ist kein Morgen zum Fotografieren. Und so lehne ich mich an einen Stein und lasse die Armee mannshoher Felsgestalten auf mich wirken.

Juliana weckt mich aus meinen Träumen. »In acht Stunden geht mein Flugzeug!«

Noch 200 Kilometer bis Perth. Der Verkehr ist stärker geworden. Buschland weicht Farmland, sattgrüne Felder leuchten. Es muss hier geregnet haben. Ein grüner *lorikeet* gaukelt über die Straße, neben der zwei tote Kängurus liegen.

Ein Pappschild in der Heckscheibe des graubraunen Toyotas vor uns gibt preis, was den Fahrer bewegt: »*Vikky's – 30 – Sunday!*«. Glückwunsch zum 30. Geburtstag, Vikky! Denn heute ist Sonntag.

Auf den, der aus dem Outback kommt, wirkt Perth unwahr, wie eine Arche zwischen Ozean und lebensfeindlichem Outback. Die entlegenste Hauptstadt auf Erden sei sie, sagt man. Ihre Nachbarstadt im Westen ist das südafrikanische Durban. Die nächste Stadt im Osten ist Adelaide. Aber selbst dorthin sind es 2730 Kilometer!

Der Amerikaner John Glenn nannte Perth aus der Perspektive des Astronauten ein »Glühwürmchen in der Unendlichkeit des Westens« und taufte es *»city of lights«*.

So mag auch der *stockman* empfinden, der nach Monaten im staubigen *bush* atemlos dieser aufstrebenden und auch spätabends noch illuminierten Skyline gegenübersteht. Ich spüre hier den Reichtum, der während des letzten halben Jahrhunderts aus den Minen in die Hauptstadt floss. Die Vororte eingerechnet, leben 1,8 Millionen Menschen in dieser Stadt.

In wenigen Augenblicken wird Juliana über Asien nach Deutschland fliegen. Nach 15 000 Kilometern gemeinsamer Reise bleibe ich schließlich hier als Letzter von uns dreien zurück. Ein merkwürdiges Gefühl …

Ich sehe, wie der große metallene Vogel in den weißen Wolken über dem Indischen Ozean verschwindet, und fühle mich auf einmal sehr allein.

Perth:
Die einsamste Hauptstadt der Welt

In den USA besaß ich ein in Kalifornien zugelassenes Fahrzeug. Wann immer ich damit in den Staaten Wyoming, Minnesota, Florida oder sonstwo unterwegs war, sprachen mich irgendwelche *campsite*-Nachbarn oder auch Wildfremde auf Supermarktparkplätzen darauf an: »*A long way from home...*« Und schon waren wir im Gespräch.

Mir fällt auf, dass Ähnliches in Australien die Ausnahme ist. Meine Autonummer hier trägt das Kürzel »NSW«, was für New South Wales steht. Selbst im fernen Northern Territory oder in Western Australia sprach man mich selten darauf an, dass ich vom »anderen Ende« Australiens kam.

Vermutlich haben Aussies eine andere Beziehung zu Entfernungen als andere. Was bedeuten hier schon Entfernungen! Was sind denn schon jene 5000 Kilometer zwischen Perth und Sydney. Sind sie nicht etwas ganz Normales hier?

Aber ich hätte jetzt gern ein paar Menschen gehabt, die mich ansprechen, jetzt, wo ich alleine bin.

Als ich auf der Adelaide Street durch Downtown Perth fahre, finde ich, dass Perth keine aufregende Stadt ist, eher ein riesiges Provinznest. Dann wiederum heißt es, dies sei die modernste Stadt Australiens. Da ist in der Tat was dran, denn wann immer ich hier ankomme, schmückt sich die Skyline mit einem noch beeindruckenderen Hochhaus als zuvor.

Aber ich suche gar keine aufregende Stadt. Ich suche einen

Platz, an dem ich meinen Gedanken nachhängen und träumen kann. Also fahre ich in den Kings Park.

Es ist dunkel, als ich den Park erreiche. Die weite Großstadt liegt mir zu Füßen. Der Himmel über Perth ist von einem düsteren Grau, in das sich das eigentümliche Gelbgrün der nächtlichen Großstadt schleicht. Ein paar winzige Regentropfen vermischen sich mit den toten Fliegen des Outback zu einem Brei auf meiner Windschutzscheibe.

Ich parke das Auto und schlendere die Straße am Kings Park entlang.

Der Blick auf die Stadt ist wunderschön: auf vielspurige, sanft geschwungene Highways, über die sich die weißen und roten Lichter der Autokolonnen ziehen. Dahinter, rechts und links davon wachsen Glas und Stahl in den Himmel. Ich spüre die Vitalität dieser Stadt, in der 80 Prozent der Einwohner von Western Australia leben, das siebenmal so groß wie Deutschland ist.

Ich finde das aufregend.

Von dieser Stadt aus werden die Geschicke der Menschen in Kununurra gelenkt, das an der Grenze zum Northern Territory liegt, 3345 Straßenkilometer nordöstlich von Perth. Oder die Belange der Aborigines in der Siedlung Kulumburu in den Kimberleys: 3170 Kilometer nördlich von hier. Oder die der Menschen in Eucla in der Nullarbor Plain im Osten: 1430 Kilometer sind es bis dahin.

Aber gleichzeitig führen die meisten Menschen hier in Perth ein sehr urbanes Leben, und Orte wie Kulumburu und Kununurra liegen für sie in einer anderen Welt.

Mit seiner Nachbarstadt Fremantle verglichen ist Perth wie Goliath gegenüber David; gerade mal 25000 Einwohner leben dort. Die entspannte, zurückgelehnte Atmosphäre Fremantles – von seinen Bewohnern liebevoll Freo genannt – mit seiner geschlossenen Kolonialarchitektur macht es zu einer der sympathischsten Städte Westaustraliens, wenn nicht sogar ganz Australiens.

Als ich mich wenige Kilometer südlich von Fremantle auf einem *caravan park* einquartiere, dämmert es bereits. Ich lasse mich an der Rezeption registrieren, und der freundliche Eigentümer flitzt mit seinem Fahrrad vor mir über das parkartige Areal, um mir meinen Platz zuzuweisen. Als ich eingeparkt habe, merke ich, wie ein Mann interessiert zu mir herübersieht.

Ich grüße, er grüßt zurück. Er scheint darauf zu brennen, mit mir ins Gespräch zu kommen. Zwei Minuten später ist es so weit.

Jeff, so heißt er, kommt aus Brisbane und hat die Strecke von dort bis hier – einmal quer durch den roten Kontinent – in der Rekordzeit von sieben Tagen zurückgelegt. »Gemeinsam mit meinen Freunden!«, sagt er und zeigt stolz auf deren Wohnmobil gleich daneben.

Für Jeff ist dies der erste Urlaub seit 38 Jahren. Und dann acht Wochen Zeit! Früher habe er sich weder Zeit noch Geld für solch aufwändige Unternehmungen gegönnt. Da seien die Kinder gewesen. Als Hausmeister habe er zwar ganz ordentlich verdient, doch viel sei am Ende nie übrig geblieben. Und überhaupt, früher habe er sich auch nicht fürs Outback interessiert. Das sei aber heute ganz anders.

Jeff strahlt, als er von den wüstenartigen Landschaften *way back east* zwischen Dubbo und Broken Hill erzählt. Dann, hinter Adelaide, habe die ganz große Einsamkeit der Nullarbor Plain begonnen. Die Wüste hat Jeff gepackt. Obwohl er sein Leben in Australien verbrachte, habe er nie geahnt, wie das Outback ihn eines Tages in seinen Bann schlagen würde. Nach meiner Schätzung hat Jeff die sechzig schon überschritten.

Und von nun an wollten sie auch langsamer fahren. Sieben Wochen Zeit liegen noch vor ihnen! Sieben großartige Wochen.

Jeff schaut in meinen Camper, ruft seinem Freund zu, er solle doch gleich mal herkommen. Gemeinsam fachsimpeln wir und stellen fest, dass Kookaburras Treibstoffverbrauch deutlich unter dem seines Fahrzeugs liegt. Mittlerweile hat sich auch die Frau des Freundes bei uns eingestellt.

»Stell dir vor«, schwärmt Jeff, »in der Nullarbor Plain fanden wir auf einem Rastplatz eine Art Unterstand aus Holz, unter dem wir die Nacht verbrachten.« Er lächelt verschmitzt: »Die Nacht hat uns nicht mal 'nen Cent gekostet.«

Erst als Jeffs Frau die drei energisch zum Abendessen ruft, wird es wieder still um mich.

Donner und schwere Regengüsse wecken mich morgens um fünf. Aber so unvermittelt, wie das Gewitter begonnen hat, verschwindet es um sechs. Um sieben Uhr streichen bereits Vögel durch das wolkenlose Blau des Himmels. Früh am Morgen bin ich im Esplanade Park, Fremantles grüner Lunge.

Ein von Patina bedecktes Denkmal mit der Büste eines Mannes lenkt meinen Blick auf sich: Dieses Monument sei von C. J. Brockman zum Gedenken an die Entdecker Harding und Coldwyre errichtet worden, die am 13. November 1864 in Boola Boola nahe der Grange Bay von Aborigines ermordet worden seien, lese ich.

Noch spannender allerdings ist die Lektüre auf der neuen Tafel gleich daneben: Das sei ein Denkmal, das den verzerrten Blickwinkel der weißen Siedler widerspiegele, heißt es dort. Wo seien die Ureinwohner erwähnt, denen schließlich das Recht zugestanden habe, ihr Land zu verteidigen, nirgendwo fände sich ein Hinweis auf jene Provokationen, die erst zum Tode der weißen Forscher geführt hätten! Die letztlich von den Weißen durchgeführte Strafexpedition habe den Tod weiterer 20 Aborigines nach sich gezogen. Kein einziger der bis an die Zähne bewaffneten Weißen hingegen sei auch nur verwundet worden.

Die neue Inschrift endet mit den Worten: »Diese Tafel ist im Gedenken an die in La Grange umgebrachten Aborigines, aber auch im Andenken an all jene Ureinwohner angebracht worden, die bei der Invasion ihres Landes ihr Leben lassen mussten.«

Gedenktafeln wie diese wären noch vor wenigen Jahrzehnten undenkbar gewesen.

In Fremantle begegne ich auf Schritt und Tritt der Geschichte. »Zurückgewandt«, mag der nach vorn blickende Einwohner von Perth lästern. In Perth strebt alles zum Himmel. Aber zu wenig ist mir in Perth von der jungen Geschichte übrig geblieben. Das Gestern liegt dort unter Wolkenkratzern begraben. Womit es anderen jungen Großstädten der Welt gleicht, dem des kanadischen Edmonton oder Calgary beispielsweise. Und so bekenne ich unumwunden: Ich bin in Fremantle verliebt.

Diese Liebeserklärung wiederhole ich für mich, als ich vor der Fremantle Railway Station stehe, einem flachen, hell gestrichenen Gebäude mit einer alten Uhr über dem Portal, die schon zu Queen Victorias Zeiten den Menschen verriet, was die Stunde geschlagen hatte. Das Schönste am Bahnhof aber scheinen mir die sechs steinernen Schwäne rechts und links des Portals zu sein.

Wieso wirkt die Stadt so entspannt?

Da ist die Straßenkünstlerin, die auf dem Asphalt ihre »Freo-Lisa« malt, eine Mona Lisa mit den Insignien Australiens: Kakadu, Kookaburra und natürlich rot und blau leuchtenden *lorikeets*. Und die Freo-Lisa auf dem Pflaster von Fremantle lächelt ebenso geheimnisvoll wie ihr großes Vorbild. Achtlos latschen ein paar Menschen darüber hinweg.

Bei Rosie o'Grady's, einem alten Pub mit gusseisernen Arkaden, fällt mein Blick durch die geöffneten Fenster ins Dämmerlicht. Am Straßenrand gegenüber fidelt ein 14-jähriges Mädchen auf der Geige, den aufgeklappten Geigenkasten vor sich, auf dessen Rand ein Regenbogenlori sitzt. Ein Zettelchen verrät, dass das Mädchen hier spielt, um seinen Geigenunterricht finanzieren zu können.

Während ich mich morgens um neun im Esplanade Park noch allein wie der erste Mensch gefühlt habe, sind nachmittags die Fußwege und Parks proppenvoll. In den Straßencafés sehe ich essende, trinkende und lachende Menschen. Einen Moment lang fühle ich mich in die Hippie-Zeit der Siebzigerjahre zurückversetzt, denn ich schnuppere den Duft indischer Räucherstäbchen.

Fremantle ist auch Westaustraliens Tor zur Welt. Ich bin deshalb auf das Maritime Museum gespannt.

Dessen große Halle liegt im Halbdunkel. Das Licht von Punktstrahlern trifft effektvoll eine Kanone, ein steinernes Hausportal, das einst für Batavia, das heutige Jakarta, bestimmt war, und vom Zahn der Zeit benagte Schiffsplanken. Drei Kinder einer Schulklasse beugen sich interessiert über ein Skelett. Es ist still im Maritime Museum von Fremantle. Eine Grabesstille …

Für die mächtigen Schiffsplanken des holländischen Flaggschiffes Batavia vor mir war das Grab der Indische Ozean, zumindest von 1629 bis weit ins 20. Jahrhundert hinein.

Die Schulklasse ist gegangen. Es ist jetzt noch stiller als zuvor. Der Schädel unter der Glasplatte blickt aus traurigen Augenlöchern ins Leere. Es ist das Skelett eines Mannes, den ein Säbelhieb tötete. Er war einer von 316 Reisenden, die voller Erwartung im Oktober 1628 in Amsterdam die Weltreise nach Batavia angetreten hatten. Warst du ein Soldat, ein Kaufmann, ein Matrose? Warst du einer der Meuterer oder einer, der sich den Meuterern in den Weg stellte? Vielleicht wolltest du am großen Ostindien-Handel teilhaben, denn der Reichtum lag in den Kolonien. Es war jene Zeit, als das kleine Holland neben Spanien, England und Portugal die Weltmeere beherrschte. Knapp drei Jahrzehnte vor dem tödlichen Schlag an deinen Schädel war 1602 die »Vereenigde Oost-Indische Compagnie«, kurz VOC genannt, gegründet worden. 1619 entstand Batavia, und die Holländer schickten sich an, den Portugiesen in diesem Teil der Welt den Rang abzulaufen. Holländische Schiffe waren größer und wehrhafter denn je, waffenstrotzend wie Kriegsschiffe, denn sie brachten Geld und Tauschwaren in die Kolonien.

So auch die *Batavia*, in deren Bauch zwölf Paletten mit Silbermünzen im Wert von einer Viertelmillion Gulden lagerten. Ein Vermögen in einer Zeit, in der ein einfacher Seemann gerade mal zehn Gulden im Monat verdiente. Sieben Monate war die *Batavia* nun auf hoher See. In der klaren Nacht des 3. Juni 1629 folgte sie der westaustralischen Küste. Es war die Nacht des Desasters. Denn da irrte sich der Mann im Ausguck, als er Wellen über einem Riff für das romantische Gleißen des Mondlichts auf der Wasseroberfläche hielt. Die *Batavia* krachte auf ein Riff.

Es war vier Uhr morgens.

Francisco Pelsaert, der Präsident der VOC-Flotte und gleichzeitig Kommandant dieses Flaggschiffes, war entsetzt. Er selbst war kein Seemann, den Fachverstand hatte Kapitän Ariaen Jacobsz. Es war auch Jacobsz, der als Erster die Axt an den Mittelmast legte in der Hoffnung, das Schiffsgewicht so weit zu senken, dass die *Batavia* wenigstens freikam. Man warf auch Kanonen über Bord. Es half alles nichts. Das Abrolhos-Riff hielt die *Batavia* umklammert.

Zehn Uhr vormittags: Die *Batavia* war nicht mehr zu retten. Pelsaert beschloss, zusammen mit Kapitän Jacobsz und ein paar Dutzend Männern im größten Rettungsboot die zweieinhalbtausend Kilometer lange Seereise nach Batavia anzutreten, um Hilfe zu holen. Gut 250 Menschen blieben zurück, 180 davon auf einer Insel, die übrigen noch an Bord des havarierten Schiffes. Einige ertranken bei dem Versuch, an Land zu kommen.

Jeronimus Cornelisz war kein Held. Er hatte als Letzter an Bord ausgeharrt. Nicht etwa aus edlen Motiven – er konnte schlichtweg nicht schwimmen. Letztlich trug ihn, der sich an einen Balken klammerte, eine Welle an Land. Cornelisz war in der Hierarchie an Bord der Dritte gewesen.

Jetzt an Land aber riss er die Macht an sich und umgab sich mit Männern, die ihm hündisch ergeben waren. Schließlich warteten in dem nicht allzu tief liegenden Wrack mehr Schätze, als er jemals auf legalem Wege zusammenraffen konnte. Und war es nicht ein simples Rechenexempel, dass Wasser, Rum und Essen für ihn und die Hand voll Getreuer weitaus länger reichten als für alle Geretteten …

Cornelisz' Plan war teuflisch. Einen nach dem anderen ließ er umbringen, Männer, Frauen und Kinder.

Auf einer heute als West Walleby Island bezeichneten Insel hatte eine Hand voll Soldaten der *Batavia* Unterschlupf gefunden. Wiebbe Hayes war einer von ihnen. Hayes traute seinen Augen und Ohren nicht, als immer mehr Menschen vor Cornelisz' Gräueltaten zu ihm auf die Insel flüchteten. Kurz entschlossen baute Hayes eine Verteidigungsbastion, um sich vor Cornelisz zu schützen. Zwei Angriffe des Mördertrupps schlug er mit seinen Kameraden zurück. Beim dritten Angriff machte er den Rädelsführer Cornelisz dingfest.

Das Blatt wendete sich.

Inzwischen kehrte Kommandeur Pelsaert an Bord des Rettungsschiffes *Sardam* zurück. Rettung? Die Hälfte der auf den Abrolhos Zurückgelassenen war ermordet worden.

Pelsaert ließ den Anführer Cornelisz und seine übelsten Gefolgsleute wegen Mordes an Ort und Stelle aufknüpfen. Die anderen Meuterer nahm er an Bord der *Sardam* nach Batavia mit, wo sie bald vor den Stadttoren am Galgen baumeln sollten.

Wiebbe Hayes und seine Getreuen aber wurden als Helden

gefeiert. Die »Vereenigde Oost-Indische Compagnie« ernannte Hayes sogar zum Offizier.

Ich schrecke auf. Eine weitere Schulklasse! Auch diese Kinder drängen sich um das Skelett, das mehr als 300 Jahre lang im trockenen Boden der Abrolhos lag. Warst du einer von jenen 125 Ungücklichen, die Jeronimus Cornelisz ermorden ließ? Niemand weiß die Antwort.

Als ich das geheimnisvolle Dämmerlicht des Museums verlasse, sticht mir die Sonne in die Augen. Im Park gleich gegenüber picknicken fröhliche Menschen.

Einen Moment lang kommt es mir vor, als wäre die *Batavia*-Meuterei der Fantasie eines Romanautors entsprungen. Doch dann fällt mir wieder ein, dass das Wrack 1963 tatsächlich entdeckt wurde, auch jene Silberschätze, auf die Cornelisz seinen mörderisch gierigen Blick geworfen hatte.

Tagebuchnotizen:
Delfine und Baumgiganten

In Fremantle und Perth lege ich die Details meiner Weiterfahrt nach Kalgoorlie fest. Über den Highway 94 wäre es gerade mal eine Tagesreise bis dahin. Folgte ich jedoch konsequent dem Highway One über Bunbury, Walpole und Albany, käme ich leicht auf die dreifache Strecke. Wie ich es auch drehe und wende, Kalgoorlie liegt außerhalb meiner eigentlichen Route. Doch da Goldgräberorte mich reizen, beschließe ich, den Abstecher zu machen.

Die erste Nacht verbringe ich südlich von Perth auf dem *caravan park* von Bunbury.

18. Juni
Ich schreckte auf, griff nach dem Wecker. Verflixt, ich hatte verschlafen und war spät dran. Morgens zwischen sieben und acht sei die beste Zeit für die Delfinbeobachtung, hatte mir mein Platznachbar Mike verraten.

Ich sprang aus dem Auto.

Alles auf dem Campingplatz leuchtete rostrot, die Patina des westaustralischen Bodens bedeckte einen Meter hoch die Wände der Gebäude, sie lag auf den Planen der Zelte und den Wänden der Wohnwagen. Rostrote Erde klebte an meinem VW-Bus, ich entdeckte sie an meinen Sandalen, das Rot war in die Hornhaut meiner Füße gewalkt.

Ich schien der Erste zu sein, der hier auf den Beinen war. Es war still auf dem campground *von Bunbury, auf dem zu drei Vierteln* residents, *Dauercamper, wohnten. Ich setzte Kaffeewasser auf, goss das heiße Wasser über meinen Instantkaffee, belegte mein* German rye bread *(deutsches Roggenbrot) mit* »Hans-Salami« *und futterte zum Nachtisch* »old world yoghurt«.

Die knapp 30 000 Einwohner zählende Stadt Bunbury ist eine Hafenstadt, doch die Besucher kommen wegen der Delfine in der Koombana Bay. Dort lernte ich Phil, den Chef des Dolphin Information Centre, kennen.

Der Mann, der mir barfuß entgegentrat, war vielleicht Mitte dreißig, ein schlanker, sportlicher, durchtrainierter Typ mit durchscheinend hellgrauen, wachsamen Augen.

»Ich stamme aus Cairns in Queensland. Schon als Kind interessierte mich das Leben im Meer«, berichtet er. »Es war nahe liegend, dass ich Meeresbiologe wurde. Nach dem Studium an der James Cook University von Townsville war ich Kurator des Aquariums von Cairns. Aber ich wollte mir die Welt ansehen. Da traf es sich gut, dass ich eines Tages das Angebot erhielt, an einem Lachsforschungsprojekt in Sitka, Alaska, mitzuarbeiten. Nichts wie hin!, sagte ich mir.«

Phil gefiel mir.

Nach dem Alaska-Aufenthalt jobbte er in Banff, in den kanadischen Rocky Mountains, als Skilehrer. Hier in Bunbury koordiniert er während der Sommermonate 50 Ehrenamtliche, die zusammen mit Besuchern und Delfinen in der Koombana-Bucht schwimmen.

»Bei 60 Prozent aller Touren haben wir Erfolg.« Phil lächelte. »Erfolg heißt, dass sich Delfine auch tatsächlich einstellen. Ein oder zwei sind fast immer neugierig, manchmal kommt eine ganze Gruppe.«

Phil war in dem kleinen Museum des Dolphin Centre vor dem Skelett eines Delfins stehen geblieben. »Mir wird bei solchen Begegnungen vor Augen geführt, wie unzulänglich wir Menschen sind, wie haushoch Delfine uns im Wasser überlegen sind. Auch für unsere Besucher ist das eine Erfahrung fürs Leben. Nicht allein die Tatsache, mit einem

Delfin schwimmen zu können, sondern mit einem wilden Delfin zu schwimmen.«

Ich erkundigte mich bei Phil, wie es hier begonnen habe.

»Mit unserer ›lady of the dolphins‹, *einer Mrs. Smith, sie fütterte damals die Delfine.«* Phil wurde nachdenklich: »Heute wäre das undenkbar. Für das Füttern wilder Delfine bekommt man eine saftige Strafe von bis zu 4000 Dollar aufgebrummt.«

Diese Reglementierung gilt auch für die Delfine von Monkey Mia. Es gebe aber spezielle staatliche permits, *hörte ich, die für Monkey Mia ebenso ausgestellt würden wie für das Dolphin Centre von Bunbury. Bis zu 500 Gramm Fisch dürfe man einem wilden Delfin pro Tag zufüttern. Das sei allerdings kaum mehr als ein Snack.*

Ich fragte Phil, warum es problematisch sei, wilde Delfine zu füttern.

»Sie werden sonst träge und vom Menschen abhängig. Das belegen Forschungsergebnisse in Monkey Mia. Die Todesrate von Jungdelfinen stieg dort von 40 auf 80 Prozent, weil das Füttern die Muttertiere ablenkte und zu sehr auf den Menschen fixierte. Ihr Nachwuchs fiel dabei unverhältnismäßig oft Haien zum Opfer.«

»Was war dein schönstes Delfinerlebnis?«, möchte ich wissen.

Wenn ich erwartet hätte, eine spektakuläre Geschichte zu hören, wäre ich sicherlich enttäuscht gewesen.

»Das Spektakuläre ist das Alltägliche … Nimm einen ganz normalen Tauchgang. Ich tauche 15 Meter hinab und sehe plötzlich, wie drei oder vier Delfine auf mich zu schwimmen. Dann fühle ich mich wie in dem Unterwasserfilm »Deep Blue«. Die Tiere umschwärmen mich, schauen mir in die Augen, versuchen sich mit mir durch Pfeiflaute zu unterhalten. Tauche ich auf, folgen sie mir. Tauche ich noch mal hinab, tauchen sie mit mir. Kürzlich war ich wieder mal in zehn Metern Tiefe, als sie immer näher kamen. Es war, als wollten sie mehr über mich herausfinden. Vielleicht war da das Gespür – auf beiden Seiten –, dass wir zu wenig von der Welt des anderen wissen.«

Für den Nachmittag hatte ich eine Dolphin Cruise gebucht. Wir waren keine Viertelstunde auf dem Wasser, als mich der Ruf des Kapitäns aufschreckte: »Delfine!«

Mit spielerischer Leichtigkeit zogen die Delfine neben dem Boot her, tauchten ab und drehten sich im Wasser. Mal kreuzten sie unser Boot, dann tauchten sie unter dem Bug weg, um Sekunden später auf der anderen Seite hochzukommen. 20 Minuten lang schienen sie daran Gefallen zu finden, dann drehten sie zum Indischen Ozean hin ab.

Am frühen Abend verließ ich Bunbury und fuhr durch kleine Weinanbaugebiete nach Süden. Obwohl nur drei Prozent des australischen Weins aus Westaustralien kommt, genießt dieser Tropfen doch einen guten Ruf. Schon wechselten die Weinfelder über in Obstplantagen, dann begannen Wälder. Der Highway One gab erstmals seit langem seine Geradlinigkeit auf und schlängelte sich durchs hügelige Land. Die Bäume wurden jetzt größer, zum Schluss waren sie riesig.

19. Juni

Habe heute den diamond tree *bestiegen, einen »Feuerbeobachtungsbaum«. Mit bis zu 80 Metern Höhe ist er der Gigant unter den Bäumen Australiens. Ein atemberaubender Aufstieg bis in 40 Meter Höhe! Nur auf Trittstufen. Ein Stahlseil suggerierte Sicherheit. Trotzdem hatte ich Herzklopfen!*

Wenn dieser riesige Karri-Stamm doch erzählen könnte ... Zum Beispiel von 1795, als sein Leben begann. Mehr als 100 Jahre gedieh er prächtig in der Ruhe dieses Waldes. Doch 1911 durchdrangen Stimmen die Stille, dann folgte der dumpfe Axtschlag der Pioniere von Manjimup. Ihn, den sie diamond tree *nannten, ließen sie stehen und bauten 1940 in seiner Krone den* diamond tree lookout, *einen Feuerbeobachtungsposten. Zwischen 1938 und 1952 entstand so ein Gitterwerk von acht* fire lookouts.

Mabel Saw, eine Stenotypistin des Forstamtes von Manjimup, war die Erste, die hier in einer Holzhütte in luftigen 51 Metern Höhe lebte. 30 Jahre später machten Flugzeuge, spotter planes, *diese Adlerhorste für die Waldbrandbekämpfung überflüssig. Heute dürfen wir Touristen sie besteigen.*

50 Meter hohe Baumriesen säumten auch später den Highway One, als ich die Shannon- und Mt.-Frankland-Nationalparks durchfuhr. Ein betörender Duft, wie der erfrischende Duft eines Saunaaufgusses, lag in der Luft. Vielleicht waren hier ein paar Tropfen Regen gefallen.

Nach den Monaten im Outback genoss ich die großen Wälder.

Kurz entschlossen lenkte ich Kookaburra auf eine schmale, fast zugewachsene Nebenstraße und rollte ein Stück in diese Landschaft, die so gar nicht zu dem gängigen Australienbild passte. Noch lange saß ich dort im Campingstuhl vor meinem Auto. Unmerklich wurde es Nacht. Nur einmal vernahm ich das Springen eines Kängurus, die Vögel waren schon längst verstummt.

20. Juni

Ich erreichte den kleinen Ort Walpole, bevor er aus seiner Schläfrigkeit erwachte. Nur der Fahrer der Großbäckerei belieferte bereits seine Kunden mit Brötchen. Hinter Walpole folgte ich dem Hinweis »Valley of the Giants«, Tal der Giganten. Das klang verheißungsvoll, obwohl ich schon so viele gigantische Bäume gesehen hatte. Fünf Kilometer folgte ich dem Pfad durch einen Wald mit knorrigen, ausladenden Karri-Bäumen, dann stand ich vor einem riesigen Tor, wie ich es von den Nationalparks in Botswana kannte, wo man auf diese Weise Elefanten abhält. Hier gab es aber nur Kängurus. Ich fand es komisch, Riesenbäume durch Riesentore zu schützen, und bekam auf einem Schild erklärt, dass nur von 9 bis 16 Uhr Zutritt sei. Schade. Ich sah auf die Uhr und stellte fest, dass ich noch zwei Stunden bis zum Öffnen hätte warten müssen. Ich fuhr zurück.

An einer Straßenbaustelle rissen Männer mit Maschinen die Straße auf. Es war morgens, noch war ihr Arbeitsrhythmus bar jeder Aktivität. Geduldig wartete ich. An beiden Enden der Baustelle regelten junge Burschen mit Stop- und Go-Schildern den Verkehr. Der auf meiner Seite paffte eine Zigarette, warf den Stummel auf den Boden und stocherte gelangweilt mit dem unteren Ende der Stange seines Schildes die Kippe aus. Ich konnte verstehen, dass er sich bei diesem Job jeder Abwechslung hingab.

Albany ist für den Reisenden hier ein Versorgungspunkt. Da waren die Tankstelle und das Fastfood-Restaurant, vor dem ein Trucker hielt, um sich eiskalte Cokes und ein heißes Frühstück zu holen.

Von Albany fuhr ich 270 Kilometer nach Osten, 270 Kilometer ohne Abwechslung. Das Buschland reichte bis zur Straße. Ortschaften gab es nicht. Stattdessen las ich die Namen kleiner Nationalparks, zu denen rote Erdstraßen führten. Als ich in Raventhorpe einlief, fiel mir ein Warnschild der Polizei auf: »If you don't know the limit ... we do: .05« – *0,5 Promille Blutalkohol wurden hier bei Autofahrern toleriert, mehr nicht.*

Ein kleiner grauer Hund wartete auf der Ladefläche eines alten amerikanischen Ford Pickup Truck vor dem arkadenumschlossenen Palace Hotel, das groß mit billigen counter meals *warb. Während ich eben noch den Eindruck hatte, durch ein vergessenes Stück am Ende der Welt zu fahren, traf ich im Supermarkt auf einen jungen Menschen aus Fleisch und Blut: eine Frau im dunklen, eng anliegenden Kleid. Ich schlenderte durch den Shop und entdeckte, dass ich hier Nägel und Sägeblätter kaufen konnte; aber auch Werkzeug gab es, Zeitungen, Lebensmittel, Obst und Gemüse, Kaugummi, Fleisch, Gummistiefel und Arbeitsanzüge. Ich erstand eine Tageszeitung und eine Tüte Kartoffelchips und bezahlte bei der jungen Frau.*

Danach segelte ich mit Kookaburra durch ein Meer aus gelbbraunem Gras und Büschen. Ich registrierte jetzt zunehmend wieder Bäume mit ausladenden Kronen. Ein paar Kilometer außerhalb des Ortes bremste ich, denn ich sah den Friedhof von Raventhorpe. Während man bei uns die Toten oft unter sich behält, ums Dorfkirchlein schart, bestatteten die Raventhorper ihre Verblichenen kilometerweit außerhalb.

Die Landschaft blieb monoton, das Bild vom Mittag glich dem Bild des Nachmittags. Gegen Abend erreichte ich Norseman, wo der Highway One als Eyre Highway nach Osten hin abzweigt. Ich ignorierte den Abknick.

Vor einem einfachen Haus beobachtete ein Mann den Verkehr. Da war nicht viel zu sehen. Ich war der einzige »Verkehr«.

1897 sei in Norseman ein Pferd über einen Erdklumpen gestolpert. Woraufhin der Reiter abgestiegen sei und nachgeschaut habe. Und was fand er? Einen Klumpen Gold! Diese Geschichte vom australischen »Hans im Glück« gefiel mir.

Rund 200 Kilometer waren es jetzt noch bis zur Goldstadt Kalgoorlie. Diese Nacht verbrachte ich im Busch.

21. Juni
Ich saß hinter dem Steuer, noch ehe die Sonne aufging. Das Rot des anbrechenden Tages kroch im Osten über den Horizont, als ein Schild mich aufforderte, die Geschwindigkeit zu reduzieren. Gleich würde ich mich dem Biedgie Roadhouse nähern. Der Verkehr wurde heftig, Autos im Minutentakt, darunter auch schwere Road Trains mit großen Minengeräten huckepack.

Der Mensch machte sich die Erde hier untertan und nannte es Fortschritt. Das war vor rund 110 Jahren. Aber ich will kein Klagelied anstimmen, denn schließlich kam ich der Geschichte des Goldes wegen nach Kalgoorlie. Und wie um zu dokumentieren, wer bei der Rasanz den Kürzeren zog, lag am Fahrbahnrand ein totgefahrenes Känguru.

Ich erreichte Boulder, die Schwesterstadt von Kalgoorlie, wo das Unterste nach oben gekrempelt schien. Da waren Abraumhalden, Fördertürme, Lagerhallen.

Ein paar Kilometer später kam ich nach Kalgoorlie.

Begegnung mit einem Road-Train.

Zwei Aborigine-Frauen, die offensichtlich die Nacht hindurch getrunken hatten, schlenderten schweren Schrittes die Hauptstraße hinunter. Neben der Touristeninformation schwadronierten fünf weitere. Die Alkoholausdünstungen waren schwer zu ertragen. Eine korpulente Frau mit verquollenem Gesicht giftete den neben ihr sitzenden Mann an: »Piss off!« Der schlurfte auf abgetretenen Gummilatschen davon.

Ein schlanker Mann vornüber gebeugt, mit grauen Haaren, aufgedunsenem Gesicht und schwarzer Lederjacke kam mir entgegen. Die unten eng zulaufende schwarze Lederhose war am Hintern weit aufgerissen.

Aus dem »Wild West Saloon« im aufgemotzten Exchange Hotel

dröhnte bereits morgens um acht bierseliges Gelächter. Die rote Reklame über der Tür flackerte: »open«.

Kalgoorlie ist eine bunte Stadt, wie aus einem Western, mit Kneipen und hübschen Gebäuden. Vor allem das York Hotel in der Hannan Street ist ein Blickfang. Trotzdem hatte ich zunächst Anlaufschwierigkeiten: Ich ging in die Touristeninformation, um mich beraten zu lassen. Mit der Anteilnahme eines Menschen, der aus tiefem Schlaf gerissen wurde, fragte mich eine Angestellte, ob ich Wünsche hätte. Was ich einen halben Tag lang Tolles in Kalgoorlie machen könnte, wollte ich wissen. Sie knallte mir einen Touristenstadtplan auf den Tresen und sagte, dort stünde alles drin. Ich wagte keine weitere Frage zu stellen und suchte ein freundlicheres Gesicht im Supermarkt. Die junge Frau an der Kasse blickte nicht einmal hoch, als ich sie bat, mir Zwei-Dollar-Stücke in one-dollar-coins *für den Waschautomaten nebenan zu wechseln. Ihre Kasse sei zu, schnauzte sie mich an.*

Morgenstund hatte hier nicht Gold im Mund!

Aber nach der Morgenruhe kehrte jetzt das Leben zurück. Selten sah ich so viele Toyota-Geländewagen auf einem Fleck wie hier. Ich fuhr hinaus zum lookout, *wo mir das wunderschöne Panorama dieses Goldrauschortes zu Füßen lag. Da schlurfte plötzlich ein untersetzter Vierzigjähriger in Gummilatschen und ausgebeulten, schmierigen Turnhosen auf mich zu. Seine Arme und Beine waren bunt tätowiert, und an seinen Ohren und Lippen hingen Ringe. Er sah mich verschmitzt an und zuckte mit dem Kinn, was so viel wie ein Kopfnicken bedeutete. Ich hörte ein nasales* »G'day mate« *und musste plötzlich lachen. Er lachte zurück, dass die Lippenringe klimperten.*

Nullarbor:
Auf der Straße ohne Knick

Das uralte Foto zeigt Kalgoorlie, das aus 22 Zelten und ein paar Dutzend Erdhügeln besteht. Natürlich ist das abgegriffene Bild schwarzweiß, aber »alles war überdeckt von rotem Staub«, wie ein Zeitzeuge anmerkte.

Es war jene Zeit, als die Goldfunde von Coolgardie und Kalgoorlie für Schlagzeilen, aber auch für Aufschwung an den Börsen von London und New York sorgten, seit die Glückspilze Arthur Bayley und William Ford in Coolgardie 17 Kilo Gold entdeckt hatten. Das war 1892.

Andere Glücksritter folgten ihnen. Auch Patrick Hannan gehörte dazu, den seine Freunde Paddy nannten. Er war kein wilder Kerl, wie man vielleicht meinen könnte. Im Gegenteil. Paddy wird als bescheiden und von der Statur her als klein beschrieben. Doch an einem Junitag des Jahres 1893 knackte der bärtige Ire den Jackpot seines Lebens. Er hatte östlich von Coolgardie die »Golden Mile« entdeckt, die goldreichste Quadratmeile auf Erden. Anfangs hieß der Fleck »Hannan's«, später setzte sich der Aborigine-Name Kalgoorlie durch.

Neun Jahre nach dem Fund hatte Kalgoorlie 30 000 Einwohner, 93 Hotels, acht Brauereien, ungezählte Bordelle und Goldschächte. Vom Nachbarort Boulder hieß es, eine Kneipe stehe an jeder Straßenecke, und mehrere seien dazwischen. Doch während Coolgardies goldener Stern bald sank, strahlt der von Kalgoorlie bis heute. Dort, wo Paddy Hannans Geschichte begann, befindet sich die »Prospectors & Miners Hall of Fame«.

Ein rumpelnder Fahrstuhl, dessen Wände am Fels entlangschrappen, bringt mich unter Tage. Ich bin heilfroh, als ich in 40 Meter Tiefe ankomme.

Zwischen 1897 und den Fünfzigerjahren des 20. Jahrhunderts wurde hier Gold abgebaut. Das war nur der Anfang. Man trieb später den Schacht bis in 500 Meter Tiefe. Bar jeder Romantik, haben die Vorkommnisse in der Mine mit Jungenfantasien von Paddy Hannans Goldfund rein gar nichts zu tun. Zwölf Stunden lang schufteten die Männer im Akkord. Gegen Gewinnbeteiligung, versteht sich. Jeder hoffte auf sein Glück, doch das blieb meist aus. Stattdessen gingen viele mit Staublunge vor die Hunde. Sehr viel später erst pumpten Maschinen Frischluft nach unten, und lange noch ließen Bohrer auf sich warten, die mit Hilfe von Feuchtigkeit den tödlichen Staub dämpften.

Rumpelnd und polternd zieht mich der Aufzug wieder ans Tageslicht. Plötzlich piepst es in meiner Tasche. Die SMS, die mich über 20 000 Kilometer Entfernung von Juliana erreicht, sagt mir, dass daheim im Garten der Rhododendron blüht.

In Kalgoorlie und Boulder hingegen blüht noch immer das Geschäft mit dem Gold. Kalgoorlies Jahresausbeute von 28 Tonnen katapultierte Australien international in das Spitzenfeld der Goldproduzenten.

Kambalda liegt südlich von Kalgoorlie. Als Tourist fährt man kaum in den Ort, der nicht mehr ist als eine Schlafstadt ohne das Wildwestflair von Kalgoorlie. Nach Nickelfunden entstand die Siedlung ab 1967 am Ufer des Lake Lefroy.

So wie die Fahrzeuge der Arbeiter frühmorgens zu den Minen gerollt sind, rollen sie am Abend nach Kambalda zurück. Lake Lefroy und den südlich gelegenen Lake Cowan registriere ich nur als trockene, weißrote Salzpfannen, über denen sich ineinander verquollene Wolkengebirge türmen. Norseman erreiche ich bei Einbruch der Dämmerung. Das große Verkehrsschild dort bringt auf den Punkt, was vor mir liegt: »Adelaide – 1979 Kilometer«.

Klar, ich könnte die Nacht auf dem *caravan park* verbringen. Das wäre vernünftig, denn aus den prallen Wolken fallen unvermittelt schwere Regentropfen. Ich könnte sehr früh am nächsten Morgen starten, so wie ich das während der letzten Tage auch gemacht habe. Aber ich brenne darauf, endlich eine der außergewöhnlichsten australischen Straßen anzugehen: den Eyre Highway durch die Nullarbor Plain. Klar, in dieser Nacht würde ich nichts mehr von der Landschaft sehen. Der Regen ist jetzt zum Wolkenbruch geworden. Kirschgroße Tropfen detonieren auf der Windschutzscheibe und perlen wasserfallartig am Wagen herab.

Ich mag es, mich als Teil der Elemente zu fühlen.

Ich lachte früher wie ein *loon*, ein Seetaucher, wenn die Wellen auf dem Großen Sklavensee in Kanada höher und höher schlugen. Ich trotzte den Stürmen, die mir mit 45 Grad Kälte in Alaska entgegenschlugen, als ich mit meinem Schlittenhundegespann nach 1500 Kilometern am Beringmeer ankam.

So mag es verständlicher erscheinen, weshalb ich, während andere Wohnmobilfahrer unter dem Dach der großen Tankstelle von Norseman Schutz suchen, mein Auto voll tanke und in die pechschwarze Nacht hineinfahre.

Nie zuvor habe ich eine solche Sound-and-Light-Show wie während dieser Fahrt erlebt. Die Blitze fallen in Sekundentakten aus dem Himmel. Ein Donnerkrachen höre ich nicht, das Prasseln des Regens aufs Wagendach ist lauter. Aber was heißt hier überhaupt Regen?! Das Wasser stürzt in dicken Fäden herab, die im Scheinwerferlicht silbern blitzen. Ich drossele die Geschwindigkeit auf 15 Stundenkilometer. Das Licht durchdringt den Wolkenbruch nicht weiter als zehn Meter.

In der Dunkelheit ertastet meine Hand eine Musikkassette. Kurz darauf tönen Ry Cooders Gitarrenklänge aus »Paris-Texas« durch den Camper. Draußen zucken Blitze durch die Nacht.

Nach einer Stunde endet das Unwetter so abrupt, wie es begonnen hat. Da erfassen meine Scheinwerfer eine Schneise im Busch. Ich stoppe, folge ihr und finde einen stillen Platz für die Nacht.

Später blättere ich noch ein wenig in meinen älteren Zeitungen.

Der »Advertiser« vom 8. Mai schreibt unter der Überschrift: »Mehr Immigranten willkommen, aber keine Flüchtlinge«, dass der Immigration Minister betont habe, im nächsten Jahr werde die Regierung mehr Immigranten einreisen lassen. Die Gesamtzahl solle bei 100 000 bis 110 000 liegen. Die Quote für Flüchtlinge und Asylsuchende allerdings werde bei 12 000 eingefroren. Dem Minister zufolge soll mehr als die Hälfte der Immigranten hoch qualifiziert sein, womit sichergestellt sei, dass Australiens Wirtschaftswachstum nicht durch Minderqualifizierte gefährdet werde. Stolz wies der Minister darauf hin, dass die strengen Maßnahmen der Regierung zur Sicherung der Grenzen zu einem dramatischen Rückgang so genannter *boat people* geführt hätten.

Ich lege den Artikel an die Seite.

Durch die offene Wagentür dringt kühle, feuchte Luft. Ich schalte das Licht aus und schaue in die Sterne. Dabei geht mir durch den Kopf, dass gewiss auch die weltweiten Schlagzeilen über die von Australien zurückgewiesenen afghanischen Bootsflüchtlinge dem Minister zu der »Erfolgsmeldung« über den Rückgang der *boat people* verholfen haben. Und dann denke ich daran, dass die ungeheuren Bodenschätze den Menschen hier doch förmlich in den Schoß fallen. Und dann habe ich vor Augen, wie Captain Cook 1770 dieses riesige Land auf Possession Island mit einer kleinen Handbewegung zum Eigentum seiner Nation erklärte ...

Ich muss wohl darüber eingenickt sein, denn als ich erwache, ist mir kalt. Ein neuer Regenschauer geht nieder, schleunigst schließe ich Kookaburras Tür.

Der Highway One trägt zwischen Norseman und der Grenze zu Südaustralien die Zusatzbezeichnung Eyre Highway.

John Eyre: Wer war dieser Mann, nach dem eine der außergewöhnlichsten Outbackstraßen benannt wurde? Wir wissen, dass er erst 23 Jahre alt war, als er seine Australienabenteuer begann. Wie die meisten »Australier« seiner Zeit war er nicht im Land geboren, sondern stammte aus Bedfordshire im fernen England.

Die Natur schien ihn nicht fürs Extremabenteuer bestimmt zu haben. John Eyre war feingliedrig, sehr schlank, die Züge seines schmalen Gesichts verrieten kaum etwas von der Zähigkeit und dem Durchsetzungsvermögen, die sich dahinter verbargen.

Bereits 1837 erreichte er mit einer großen Schafs- und Rinderherde das aufstrebende Melbourne. Sein Ehrgeiz aber galt dem Westen.

»Mein Ziel ist, der Erste zu sein, der Adelaide auf dem Landweg erreicht«, schrieb er an Freunde. Er wurde nur Zweiter. Gleichwohl strich er beim Verkauf seiner Herde an die hungrigen Siedler dort einen satten Gewinn von 1300 Pfund ein. Bereits im Oktober desselben Jahres startete er den nächsten Viehtrieb mit 1000 Schafen. Sein Gewinn diesmal: 4000 Pfund. Er war auf den Geschmack gekommen.

1840 trat John Eyre jene Reise an, die seinen Namen auf die Karte Australiens brachte.

Man weiß wenig über seine Motive. War es Ehrgeiz, Abenteuerlust? Er schoss dabei deutlich über das gesteckte Ziel hinaus, denn seine Sponsoren hatten ihn gebeten, die Finger von der nur ansatzweise bekannten Nullarbor Plain zu lassen.

Doch in Gesellschaft von John Baxter, seiner rechten Hand, und drei Aborigines trieb es Eyre unbeirrt weiter nach Westen. Ein mörderischer Trip, über den er im März 1841 schrieb: »Seit vier Tagen und Nächten haben wir nicht einen Tropfen Wasser und fast kein Futter für unsere Pferde gefunden.«

Endlich, am fünften Tag, entdeckte er einen offenbar von Aborigines begangenen Wüstenpfad. Am Ende fand er Wasser. Jahrzehnte später sollte hier die Telegrafenstation von Eucla entstehen.

Im April 1841 töteten zwei Aborigine-Expeditionsteilnehmer John Baxter und desertierten mit den besten Waffen. Eyre war jetzt mit dem Aborigine Wylie allein.

Am 2. Juni entdeckte Eyre unweit des Festlandes ein Schiff. Es gelang den beiden, die Aufmerksamkeit der Besatzung durch Rauchzeichen auf sich zu lenken. Der Kapitän des französischen Walfangschiffes Mississippi holte sie an Bord, wo sie zu Kräften kamen und die Expedition fortsetzen konnten.

Einen Monat später erreichten die beiden Albany in Westaustralien.

Eyre und Wylie hatten weder saftige Weiden noch attraktives Farmland entdeckt. Und doch feierte man sie später in Adelaide als Helden.

Mich fröstelt, ich ziehe den Fenstervorhang an die Seite und sehe in den wolkenlosen Himmel. Im Tagebuch findet sich der Hinweis: »Ein kristallklarer Morgen.« Es ist, als hätte der Wahnsinnsregen der vergangenen Nacht die Welt blank gewaschen.

Merkwürdig, dass die Vögel so wenig singen. Als hätten sie Probleme mit der veränderten Situation, mit der Feuchtigkeit anstatt der sonst brütenden Hitze.

Ich bin gespannt auf das, was vor mir liegt.

Nur langsam komme ich voran; häufig stoppe ich, um zu fotografieren. Millionenfach funkeln Tropfen in den Bäumen. Wie abgeschält hängen dünne Baumrindenfäden von den Stämmen herab, fast so, als hätte der Regen sie über Nacht heruntergeschwemmt. Es duftet nach Eukalyptus und dem Moder verrottenden Holzes, nach der Frische sprießender Blätter und nach jenem Atem des Lebens, den Regen hier mit sich bringt.

Es ist ein Morgen der Stille über dem Highway, der sich wie mit einem Lineal gezogen durch das Outback nach Osten zieht.

»Nächster Picknickplatz in 120 Kilometern«, lese ich auf einem Schild. Eine andere Tafel warnt vor Kängurus, Emus und Kamelen auf den nächsten 150 Kilometern.

Am Balladonia Roadhouse winken mir die beiden Motorradfahrer zu, die frühmorgens wie Denis Hopper in »Easy Rider« mit wehenden Haaren an mir vorbeigezogen sind – sie auf einem Yamaha Chopper, blond, zierlich und schlank, er dunkelhaarig, mittelgroß, sportlich.

Balladonia, so lese ich, sei eine Telegrafenstation gewesen. Heute leben jahrein, jahraus 20 Menschen im und am Roadhouse. Denen muss es wie der Besuch Außerirdischer vorgekommen sein, als 1979 Teile des Skylab, der ersten bemannten US-Raumstation, aus dem Himmel herabsausten und in der Nähe einschlugen.

Ebenso unglaublich ist das Verkehrsschild östlich von Balladonia: »*Nullarbor – Australia's longest straight road: 146,6 km*«, das Australiens längstes Stück schnurgerader Straße ankündigt.

Ich werde nie vergessen, wie hier vor Jahren Bettinas Tränen kullerten. Es war der 23. Dezember.

»Morgen ist Heiligabend«, sagte sie betrübt. »Ob mich der Weihnachtsmann überhaupt findet?« Sie war damals zweieinhalb.

Heiligabend kam. Wir übernachteten auf einem Platz, der dem Namen dieses Landstriches alle Ehre machte: Nullarbor, »kein Baum« – und Bäume gab es weit und breit nicht. Niedriges Buschwerk bedeckte den Boden, auf den das Licht des späten Abends fiel. Ich bummelte mit Bettina in den blassroten Sonnenuntergang hinein, und als wir zurückkamen, stand da doch tatsächlich ein Weihnachtsbaum im Camp. Kein Tannenbaum, aber dieser war ebenso schön. Er war nicht groß, gut einen Meter. Er trug sogar Kerzen, und da ein kühler Wind vom Meer her wehte, wirkten die zuvor in der Hitze gebogenen Kerzen jetzt wie in der Bewegung erstarrt.

Unter dem Weihnachtsbaum saß ein knuddeliger kleiner Koala-Teddy, der noch an diesem Tag den Namen »Little Aussie« bekam.

Und Bettinas Augen strahlten. Sie strahlten wie einst die Augen der Kinder von Rawlinna, Loongana und Mundrabilla entlang der Nullarbor-Bahntrasse, wenn der Zugführer des Versorgungszugs »No 4205« in das rote Gewand des *Santa Claus* schlüpfte, um die Steppkes hier im entlegenen Outback zu bescheren.

Leider gibt es den legendären *tea and sugar train* seit 1996 nicht mehr. Jetzt verkehrt hier nur noch der komfortable Indian Pacific. Und dem entsteigt kein *Santa Claus*, um Kinderherzen zu erfreuen.

Was für eine Bahntrasse! Sie durchquert zwei Drittel der Nullarbor-Ebene, bevor sie nach 478 Kilometern erstmals abknickt. Nach der Transsib gilt der Indian-Pacific-Trip als die längste durchgehende Bahnreise der Welt. Von Sydney bis Perth sind es 4352 Kilometer!

Diese Landschaft hat aber auch etwas Beängstigendes. Ihre Monotonie kann einen erdrücken. Gelegentliche Fahrbahnverbreiterungen mit Hinweisen, dieser Abschnitt sei eine Landebahn für Flugzeuge des »Royal Flying Doctor Service«, unterbrechen für Momente die Gleichförmigkeit.

Eucla an der Grenze zu Südaustralien erreiche ich am Spätnachmittag. Hier fand John Eyre kurz vor dem Verdursten Wasser. Und hier war es, wo am Ende des 19. Jahrhunderts die Eucla Telegraph Station entstand.

Kurz entschlossen biege ich vom Eyre Highway auf eine grobe Erdpiste ab. Die Nacht verbringe ich zwischen Dünen am Meer.

Die Telegraph Station war ein stattlicher Bungalow. Fotos belegen das. Zwei Männer, ein zweirädriger Karren und ein Kamel stehen vor dem Bau. Auf einem anderen Foto haben sich die Angestellten mit dunklen Anzügen, Strohhüten und breiten Krawatten herausgeputzt. So wie sie aussehen, passen sie eher in ein Büro in London, New York oder Frankfurt als in diese Wüste.

Eucla galt als »einsamster Ort der Welt« und hatte doch hundert Einwohner. Der Grund: Die Telegraph Station verband Perth mit dem Rest der Welt.

Manches war kurios: Hier arbeiteten zwei Telegrafenteams, eines aus Südaustralien, das andere aus Westaustralien. Die Zeitdifferenz zwischen den beiden Staaten betrug – damals wie heute – 90 Minuten. Damit nicht genug: Sie benutzten auch zwei unterschiedliche telegrafische Code-Systeme. Trotz allem klappte die Verbindung, 1927 allerdings schloss die Eucla Telegraph Station, denn Leitungen entlang der Nullarbor-Bahntrasse und neue Techniken hatten eine neue Epoche in der Kommunikation eingeläutet.

Ich wandere über die Dünen und stehe plötzlich in Höhe des Dachgiebels. Seit jenen Tagen, in denen die Fotos entstanden, hat der Wind die Ruine der alten Telegraph Station mit Treibsand bedeckt. Längst ist das Dach demontiert. Auch die Räume sind voller Sand.

Unvermittelt, ich habe nicht einmal gesehen, woher sie kamen, fallen pfeilschnell 50 Rosenkakadus in den Baum neben dem Gebäude ein. Eilig schieße ich ein paar Fotos, doch die Vögel ignorieren mich, sie kreischen und schnäbeln, einige dösen, die Köpfe unter die Federn gesteckt.

Wenige Kilometer östlich von Eucla erreiche ich Südaustralien. Ein riesiger Känguru-Pappkamerad lässt keine Zweifel aufkommen, wo ich mich hier befinde: Berlin ist 16 025 Kilometer entfernt. Bis Kapstadt sind es 4657 und nach Sydney 2080 Kilometer.

Begegnungen – das Salz in der Suppe des Reisens

Es ist kühl im Süden, und ich sehne mich bereits jetzt nach der Backofenhitze von Darwin zurück.

Der Highway One zeichnet meine Fahrroute vor, obgleich ich mir auch hier den einen oder anderen Abstecher bewillige. Ich muss das einfach tun, denn die fast 37000 Kilometer lange australische Küste zeigt in Südaustralien und Victoria einige ihrer Höhepunkte.

Ich durchstreife auch das Barossa Valley, Australiens Top-Weinanbaugebiet. Ich fühle mich wohl hier, denn die Dörfer, Kirchen und Friedhöfe erzählen mir die Geschichte der deutschen Pioniere, die dieses Land erschlossen. 1838 waren sie aus Glaubensgründen aus Preußen ausgewandert. Ende des 19. Jahrhunderts produzierten die Barossa-Deutschen allerdings schon zwei Millionen Liter Wein!

Südöstlich davon schmiegt sich der Highway One erneut an die Küste. In einer Stunde würde ich den Ort Millicent erreichen.

Ich erinnere mich an Reisen, bei denen wir an irgendeiner Kreuzung statt wie geplant nach links spontan nach rechts abbogen. Dabei entfernten wir uns immer weiter von der ursprünglich gedachten Route. Doch wir begegneten dabei Neuem, Unvorhergesehenem, vor allem interessanten neuen Menschen.

So sehr ich mir jetzt auch großzügig bemessene Zeitpakete wie auf unseren vorausgegangenen Weltreisen wünschte, so deutlich sagt mir doch der Blick auf den Kalender, dass ich in einer Woche in Sydney sein muss. Und doch gibt es immer wieder kleine Begegnungen, die diese Reise zu einem besonderen Erlebnis machten.

Das Zusammentreffen mit Peter Wright zum Beispiel, gleich zu Beginn, als Juliana das Dach unseres Campers verklemmt hatte. Das war vor gut 18 000 Kilometern gewesen!

Peter wohnt in Millicent, und seine Visitenkarte steckt in meiner Tasche.

Ich treffe Peter am Hospital, wo er im Ambulanzteam arbeitet.

Ja, genau so hatte ich ihn in Erinnerung: einsachtzig, mit kräftigem Schnauzer und markantem Musketier-Bärtchen zwischen Unterlippe und Kinn. Schlank, sportlich, offenes Gesicht und freundlich. Seine Augen glänzen, als wir über das Reisen sprechen. Ich war auf seinen Bus gespannt, mit dem er drei Jahre lang durch Australien gereist ist. Derzeit baut er einen Allrad-Camper aus. Ich spreche Peter darauf an.

»Ich will jetzt ein Fahrzeug, das nicht so monströs ist wie mein Bus. Manchmal«, sinniert er, »gingen den Leuten, die mich damals überholten, die Augen über.« Denn hinter seinem Bus, der die Größe eines ausgewachsenen Linienbusses hatte, hing noch ein Anhänger, auf dem ein großer Geländewagen stand. 20 Meter lang war dieser private Road Train.

Auf seiner Fahrt durch Australien arbeitete er nicht, sondern genoss das Leben

»Ich habe gesurft, Musik gehört und bin Menschen begegnet.«

Wir sitzen an einem einfachen Tisch im Einsatzraum der Sanitäter, knabbern Kekse und trinken Tee.

»Das ist Leben!«, sagt Peter und meint das Reisen. »Was haben denn die von ihrem Leben, die Tag für Tag nur vor sich hin schuften und sich immer wieder einreden: ›Eines Tages steigst du aus und machst dein großes Ding!‹ Um dann doch nur zu entdecken, dass sie zu müde geworden sind oder zu krank oder Angst haben vor dem, wovon sie ein Leben lang träumten.«

Dann fragt er mich unvermittelt, ob ich meiner Familie eine E-Mail schicken will.

»Ja, prima!«, erwidere ich.

Damit beginnt der elektronische Leidensweg.

»Der Computer ist ja schlimmer als je zuvor«, grummelt Peter. Dabei habe man ihn doch gerade erst repariert. Eine halbe Stunde später steckt meine E-Mail noch immer in unergründlich tiefen virtuellen Kanälen. Ich sage Peter, morgen würde ich eine Postkarte schicken, damit kenne ich mich besser aus. Er lacht.

Wir fahren zum Campingplatz, wo Peters Bus steht, ein silbern glänzendes rollendes Straßenschiff von zehn Tonnen Gewicht. Er lebt permanent hier auf dem Platz.

»Eines Tages«, erklärt er, »werde ich mein Hobby, die Aquarellmalerei, zum Beruf machen.«

Er hofft, dass es so viel Geld abwirft, dass er davon einigermaßen leben kann. Er würde dann ein halbes Jahr lang reisen und malen und das andere halbe Jahr Ausstellungen beschicken.

Träume sind schön.

Als ich am anderen Morgen von Millicent nach Südosten fahre, immer dicht entlang der Küste, stelle ich wieder mal fest: Begegnungen sind das Salz in der Suppe des Reisens.

Zwei Tage später folge ich der Great Ocean Road.

Die fantasievolle Architektur der Häuser hier fasziniert ebenso wie die Küstenlandschaft. Auf zwei riesigen Betonsäulen stehen hoch oben auf Plattformen zwei Häuser. »Wie Vogelkästen«, vermerke ich im Tagebuch. Der Blick von dort über die Brandung des Meeres muss atemberaubend sein.

In Geelong, hundert Kilometer westlich von Melbourne, endet die Romantik und Beschaulichkeit schlagartig.

Eine Stunde später erreiche ich die Hauptstadt des Staates Victoria.

In Melbourne möchte ich alte Freunde besuchen, zunächst aber habe ich mich mit einem Mann verabredet, der mich in Melbournes Aborigine-Kultur einführen will.

Aborigines in Melbourne? Ein ungewöhnliches, aber sehr spannendes Thema.

Ich treffe ihn in den Royal Botanic Gardens.

Dean Stuart ist 35 Jahre alt. Aborigine-Züge meine ich zwar bei ihm auszumachen, aber ist er wirklich ein Aborigine? Auf mich wirkt er wie der kleine Bruder von Crocodile Dundee. Dean hockt sich auf den Boden und entzündet in einer kleinen Räucherschale Blätter und Zweige. Er hält mir ein Eukalyptusblatt hin.

»Das ist dein ›Besucher-Visum‹.« So sei das bei den Aborigines gewesen, mit solch einem Blatt sei man in deren Kreis aufgenommen worden. Ich verwahre das Blatt des *river red gum tree* sorgfältig in meiner Geldbörse.

»Oft werde ich gefragt«, sagt Dean, »wie viel Aborigine-Blut in mir steckt.« Er sieht mich fest an: »Ich bin ebenso ein Aborigine, wie ich ein Europäer bin: Mein Vater ist ein Aborigine. Ein starker Aborigine! Meine Mutter ist eine starke Europäerin!«

So empfindet er sich als Vermittler zwischen den Kulturen. Interessierte Besucher will er über die Brücke zwischen den Kulturen führen, damit die Kluft schmaler wird.

Nach der Begrüßungszeremonie bummeln wir durch die Royal Botanic Gardens.

»Sieh nur diese Pflanze an.« Wir bleiben stehen. »Die Aborigines nutzten sie in vielfältiger Weise.«

Er nimmt die *kangaroo apples*, die Früchte des Eukalyptusbaums, die, wenn sie reif sind, rot leuchten. »Aborigine-Frauen nahmen sie als ›Pille‹ zur Geburtenkontrolle. Wirkungsvoll sind sie allerdings nur, solange die Frucht rot ist. Aber all das bewahrten die Frauen als ihr Geheimnis, für Männer war das Thema tabu.« Er schmunzelt.

»Sie hatten sowieso eine stark geschlechterspezifische Trennung mit klarer Rollenverteilung.«

Dean erzählt auch von einem sehr starken Wir-Gefühl. »Was einer besitzt, gehört auch allen anderen. Man teilt. Nimm nur das Beispiel eines mir bekannten Aborigine Rangers im Northern Territory. Am Zahltag steht die Großfamilie vor dem Lohnbüro und wartet nur darauf, dass das Geld des einen unter allen aufgeteilt werden kann.«

Wir setzen uns ins Gras und blicken über einen ehemaligen Wasserarm des Yarra River. Heute ist er ein an den Rändern mit hohem Schilf zugewachsener Teich. Schon vor langer Zeit wurde der Fluss im Rahmen der Stadtplanung umgelegt.

»Dort drüben«, Dean streckt die Hand aus, »befindet sich der Melbourne Cricket Ground, der MCG. Dort sang kürzlich Elton John, und 1956 fand dort die Olympiade statt.« Er lächelt: »Aber bereits 1840 registrierten die ersten weißen Farmer, dass genau an der Stelle des heutigen MCG ein großes *corroborre*, ein Aborigine-Treffen, abgehalten wurde. Nie zuvor hatten die Farmer so viele Menschen hier gesehen, und sie fragten, was die Aborigines da machten. Die sagten, bereits seit Menschengedenken versammelten sich die Stämme der Bunurong, Woiworung und Taungurong hier.«

Dean sieht mich nachdenklich an.

»Die Weißen tun heute genau das, was Aborigines seit Jahrtausenden vor ihnen hier machten. In modifizierter Form … Sie treffen sich, mal mit Elton John, dann beim Kricketspiel. Der Kreis schließt sich. Vielleicht verbinden sich unsere Kulturen eines Tages.«

Dieter Dittebrandt mit seinem Motto »Wenn du einen Bayern triffst, dann triff ihn richtig!«

Man sagt, Melbourne habe vier Jahreszeiten an einem einzigen Tag. Es überrascht mich also nicht, als es nach dem morgendlichen Sonnenschein abends kräftig regnet.

Auch Dieter Dittebrandt hat das Melbourner Wetter akzeptiert. Schließlich fesselte die Küstenlandschaft Victorias den Bayern, sodass er blieb. Nach einem langen Umweg um den Globus wurde er südlich von Melbourne auf der Mornington Peninsula heimisch.

»Eigentlich wollte ich bereits in den Sechzigerjahren nach Australien auswandern, aber mein Bruder ging damals nach Südafrika«, erinnert er sich. Er folgte ihm dorthin. Er arbeitete für eine südafrikanische Bank, dann für einen international agierenden Elektrokonzern.

Wir trafen uns erstmals vor vielen Jahren in den südafrikanischen Drakensbergen. Genau genommen traf er uns …

Ich kniete am Rande eines Parkplatzes vor einem Strauch, um einen bunten Schmetterling zu fotografieren, als ein VW-Käfer rasant auf den Platz gebrettert kam. Der Fahrer bremste, Staub nebelte mich ein. So war Dieter in unser Leben gedüst. Seitdem haben sich unsere Wege vielfach gekreuzt.

Später verließ er unter dem Druck der politischen Ereignisse und der Gewalt am Ende des Apartheid-Regimes Südafrika. Er kam zurück nach Deutschland. Doch Arbeit zu finden war schwer. Ein Testballon bei den australischen Einwanderungsbehörden erlebte Höhenflüge. Man ließ ihn einwandern.

In Australien begann für ihn wieder alles von vorn.

»Mit der Erkenntnis von heute … würdest du das noch einmal tun?«, frage ich Dieter.

»Ein Neubeginn ist nichts Neues für mich. Ich habe auch nie bereut, dass ich immer wieder auf eigene Faust losgezogen bin und neu begonnen habe.«

Jede freie Minute erkundet Dieter Dittebrandt Australien mit seinem alten VW-Bulli der zweiten Generation. Seinem Motto: »Wenn du einen Bayern triffst, dann mach es richtig!« gehen wir abends beim Victoria-Bitter-Bier nach.

Fünf Tage später schließt sich der Kreis der Australientour, als ich mit Kookaburra in Sydney einlaufe. Die Farben über Australiens schönster City sind so verführerisch wie am Tag des Starts. Über den millionenfachen Lichtern der Stadt funkelt das Kreuz des Südens. Schiffe ziehen durch die Bucht. Und wie ein weißes Segel strahlt das illuminierte Dach des Opera House vor dem grün schimmernden Bogen der Sydney Harbour Bridge.

Ende einer Traumreise auf einer Straße, die genau das im Schilde führt, was sie tatsächlich ist: die »Number One«.

Infos für Australien-Reisende

Traumstraße – auf eigene Faust

Länge des Highway One: knapp 20 000 km, Minimum für die Befahrung der Gesamtstrecke: 8 Wochen, besser 12 Wochen. Lohnend sind einzelne reizvolle Abschnitte: z. B. von Sydney nach Cairns: 3 Wochen. Oder von Darwin nach Perth: 3 Wochen.

Highlights entlang Highway One
Sydney – Sonnenuntergang mit Blick aufs Opernhaus von Mrs. Macquaries Chair
Brisbane – Blick über den Brisbane River auf die gläserne Skyline der Stadt
Bundaberg – Besuch und Pröbchen bei der größten Rumdestillerie Australiens
Airlie Beach – auf Segeltörn durch die Whitsunday Islands
Cairns – Schnorcheln im Great Barrier Reef
Darwin – bei den springenden Krokodilen vom Adelaide River
Karijini Nationalpark – zwischen brandroten Felsen Kängurus und Emus belauschen
Monkey Mia – plaudern mit wilden Delfinen
Pinnacle Desert – Bummeln zwischen Obelix-Hinkelsteinen im Nambung-Nationalpark
Fremantle – koloniales Schmuckstück und Westaustraliens Tor zur Welt

Barossa Valley – zum Weinschoppen bei den Nachfahren deutscher Siedler
Great Ocean Road – am fotogensten Küstenabschnitt der Welt
Sydney – Hafenrundfahrt und Blick auf Super-Panorama mit der Manly-Fähre

Australien auf einen Blick

Größe: Von Osten nach Westen 4025 km; von Norden nach Süden 3330 km.
Fläche: 7 686 850 qkm. Australien hat ungefähr die gleiche Größe wie die Vereinigten Staaten und ist größer als Europa (ohne Russland). Es ist das sechstgrößte Land der Erde. Australien ist ein Zusammenschluss von sechs Staaten und zwei Territorien.
Bevölkerung: Fast 20 Mio. Einwohner – anfangs überwiegend europäischer Abstammung, heute starker Zuzug aus dem asiatischen Raum. Seit dem Zweiten Weltkrieg hat sich Australiens Bevölkerung mehr als verdoppelt. Etwa ein Prozent sind Aborigines.
Hauptstadt: Canberra, Australian Capital Territory.
Staaten und Hauptstädte: New South Wales (Sydney); Queensland (Brisbane); Victoria (Melbourne); Tasmania (Hobart); South Australia (Adelaide); Western Australia (Perth) und das Northern Territory (Darwin).

Der australische Kontinent ...
... ist der flachste: Durchschnittshöhe 350 m (Erdmittel: 875 Höhenmeter)
... ist der einzige, den eine Nation bewohnt.
... hat die größten Rinderfarmen der Welt (bis zu 30 000 qkm).

... ist Natur pur: Es gibt zum Beispiel 550 Eukalyptus-, 230 Säugetier-, 700 Vogel- und 140 Schlangenarten.

Die Australier ...

... geben doppelt so viel für Glücksspiel und Pferdewetten aus wie für Verteidigung.

... haben eine Königin: Formell ist das die englische Queen Elizabeth, vertreten durch einen Generalgouverneur und die sechs Gouverneure der Bundesstaaten.

... nennen 36 735 km Küstenlinie ihr Eigen und können sehr viel Sonnenschein genießen.

Die wichtigsten Daten der Geschichte

50 000 v. Chr. Über die noch bestehende Landbrücke von Neuguinea wandern die ersten Vorfahren der Aborigines nach Australien.
1642 Der Holländer Abel Tasman entdeckt Van-Diemens-Land, das 1856 nach ihm Tasmanien genannt wird.
1688 Der Pirat William Dampier besucht als erster Brite Westaustralien.
1770 Auf Befehl des englischen Königs Georg III., den unbekannten Südkontinent zu finden, erreicht Captain Cook die Ostküste Australiens.
1788 Unter Kapitän Arthur Phillip erreicht die First Fleet mit 736 Sträflingen und 294 Soldaten Sydney Cove/Port Jackson, das heutige Sydney.
1789 Bei der Meuterei auf der Bounty wird Captain Bligh ausgesetzt, überlebt und wird später Gouverneur der Kolonie New South Wales.
1792 – 1809 Mit Major Francis Grose, der Phillip als Gouverneur

ablöst, beginnt die Herrschaft des korrupten »Rum Corps«: Offizieren wird Land zugeteilt, während Sträflinge gegen Bezahlung in Rum für sie Extraarbeiten verrichten. Bald schon konzentrieren sich Macht und Reichtum der Kolonie in den Händen weniger Militärs. Selbst Gouverneur Bligh wird nicht mit ihnen fertig.

1797 Import von Merinoschafen aus Südafrika.

1798 Die Seeleute Flinders und Bass stellen erstmals fest: Tasmanien ist eine Insel.

1804 Hobart, die Hauptstadt Tasmaniens, wird gegründet.

1814 Statt des für den Kontinent gebräuchlichen Namens »New Holland« verwendet der Forscher Matthew Flinders den Namen »Australien«.

1820 In Sydney leben 26 000 Menschen, 10 000 von ihnen sind Sträflinge.

1825 Das Gebiet des heutigen Brisbane wird von Sträflingen urbar gemacht.

1827 Die britische Krone dehnt ihren Besitzanspruch auf Westaustralien aus.

1829 Perth wird gegründet.

1835 Gründung Melbournes.

1836 Adelaide entsteht.

1840 Beendigung der Sträflingstransporte nach New South Wales.

1841 Neuseeland löst sich von »Australien« und wird eine separate Kolonie.

1845 Die Expedition des Deutschen Ludwig Leichhardt ist erfolgreich.

1851 Goldfunde in New South Wales. An der Bucht von Port Phillip entsteht die neue Kolonie Victoria.

1858 Australien hat eine Million Einwohner.

1860 Die Burke-&-Wills-Expedition bricht von Melbourne auf, um den Kontinent der Länge nach zu durchqueren.
1862 Von Adelaide aus durchquert John McDouall Stuart Australien auf der Zentralroute, dem heutigen Stuart Highway.
1864 Erste Zuckerproduktion in Queensland.
1868 Mit dem letzten Sträflingstransport nach Westaustralien sind insgesamt 168 000 Gefangene auf den fünften Kontinent gebracht worden.
1872 Nach der Verlegung des Telegrafenkabels zwischen Java und Darwin ist Australien an den Rest der Welt angeschlossen.
1876 Truganini, die letzte reinrassige Ureinwohnerin auf Tasmanien, stirbt.
1877 Australien hat zwei Millionen Einwohner.
1880 Ned Kelly, der trotz seiner Vergehen als Polizistenmörder und Buschbandit zur Legende geworden ist, wird in Melbourne gehängt.
1888 In Melbourne finden Australiens 100-Jahr-Feier und die Expo statt.
1889 Australien hat drei Millionen Einwohner.
1894 In Südaustralien wird das Frauenwahlrecht eingeführt.
1901 Der »Commonwealth of Australia« wird gegründet und mit der »White Australia Policy« die Einwanderung Farbiger nach Australien unterbunden.
1905 Australien hat vier Millionen Einwohner.
1908 Canberra wird Hauptstadt Australiens.
1914 Norfolk Island kommt zu Australien.
1918 Australien hat fünf Millionen Einwohner.
1925 Australien hat sechs Millionen Einwohner.
1927 Das Parlament zieht von Melbourne nach Canberra.
1928 Erster Flug des »Royal Flying Doctor Service«.
1932 Die Sydney Harbour Bridge wird feierlich eröffnet.

1939 Australien hat sieben Millionen Einwohner.
1948 Die 40-Stunden-Woche wird eingeführt. Die auf dem fünften Kontinent lebenden Menschen bekommen die australische Staatsbürgerschaft zugesprochen; für Aborigines gilt sie hingegen nur eingeschränkt. Der erste Holden-PKW wird im Land produziert.
1949 Australien hat acht Millionen Einwohner.
1951 Gründung der »School of the Air«; Schüler im Outback werden jetzt per Funk unterrichtet.
1955 Australien hat neun Millionen Einwohner.
1956 Austragung der Olympischen Spiele in Melbourne.
1959 Australien hat zehn Millionen Einwohner.
1961 Eisenerzvorkommen werden in der westaustralischen Pilbara Region entdeckt und Ölfunde in Südwest-Queensland.
1962 Die Aborigines im Northern Territory erhalten das Wahlrecht.
1963 Australien hat elf Millionen Einwohner.
1968 Australien hat zwölf Millionen Einwohner.
1971 Australien hat 13 Millionen Einwohner.
1973 In Sydney wird das Opernhaus eingeweiht.
1974 Der Zyklon »Tracy« zerstört große Teile Darwins.
1976 Australien hat 14 Millionen Einwohner.
1977 Mit dem Aboriginal »Land Rights Act« werden den Ureinwohnern erstmals Landansprüche zugestanden.
1981 Australien hat 15 Millionen Einwohner.
1982 Wirtschaftliche Depression und Dürre im Osten.
1985 Der Ayers Rock (Uluru) wird den Aborigines als Eigentum zugesprochen.
1986 Australien hat 16 Millionen Einwohner.
1988 Mit der 200-Jahr-Feier der ersten Besiedlung sowie der Weltausstellung in Brisbane wird das Interesse der Welt auf den fünften Kontinent gelenkt.

1990 Australien hat 17 Millionen Einwohner.
1992 Der Harbour Tunnel in Sydney wird eingeweiht.
1993 Sydney wird als Austragungsort für die Olympiade 2000 nominiert.
1995 Australien hat 18 Millionen Einwohner.
2000 Olympiade in Sydney. Nach den Spielen ist das Olympische Dorf mit rund 5000 Dauerbewohnern der größte mit Solarstrom versorgte Stadtbezirk der Welt.
2002 Riesige Brände rund um Sydney.
2003 Die größten Buschfeuer in der Region Canberra seit 100 Jahren. Die Einwohnerzahl Australiens nähert sich der 20-Millionen-Marke.

Praktische Reisetipps

Wichtige Adressen

> Australische Botschaft
> Friedrichstr. 200
> 10117 Berlin
> Tel. 0 30/88 00 88-0
> Fax 0 30/88 00 88-210
> www.australian-embassy.de

Australische Touristenbüros

> Australian Tourist Commission
> Tel. 0 69/2 74 00 60
> www.australia.com

Northern Territory Tourist Commission
Tel. 0 69/71 91 44-0
www.ntholidays.com

Tourism Queensland
Tel. 0 89/23 17 71 77
www.queensland-europe.com

Western Australian Tourism Commission
Tel. 0 89/4 41 19 58-0
www.westernaustralia.net

Tourism Victoria
Tel. 0 61 62/85 55-0
www.visitmelbourne.com

New South Wales
Tel. 0 89/33 66 21-61
www.tourism.nsw.gov.au

South Australia
Tel. 0 89/23 66 21 37
www.visit-southaustralia.com.au

Geld

Landeswährung ist der australische Dollar (A$). 1 A$ entspricht umgerechnet 0,58 Euro (Stand: Juni 2003). Gängige Zahlungsmittel sind auch auf A$ ausgestellte Reiseschecks sowie die meisten Kreditkarten.

Anreise
Es gibt zwei weit voneinander entfernt liegende Hauptrouten von Europa nach Australien. Die kürzere (ca. 20 Std.) und gebräuchlichere führt über Asien (z. B. Stopp in Kuala Lumpur, Hongkong, Singapur oder Bangkok). Alternativ über Nordamerika und Südsee (ca. 30 Std.).

Visum
Die Einreise ist für Touristen unkompliziert. Voraussetzung ist jedoch ein Besuchervisum im gültigen Reisepass. Das so genannte »elektronische Besuchervisum« (kostenlos) wird vom Reisebüro oder der Fluggesellschaft ausgestellt.

Beste Reisezeit
Die Jahreszeiten sind denen in Europa entgegengesetzt. Frühling: Sept.–Nov., Sommer: Dez.–Febr., Herbst: März–Mai, Winter: Juni–Aug. Im tropischen Norden (z. B. Cairns, Darwin) unterscheidet man zwischen Regenzeit (Nov.–April) und Trockenzeit (Mai–Okt.), als *the wet* und *the dry* bezeichnet. Das vor der Regenzeit herrschende Treibhausklima kann wegen fast täglicher Regengüsse unangenehm sein. Im Norden Queenslands wird während der Regenzeit wegen giftiger Quallen (*stingers, box jellyfishes*) vom Baden im Meer abgeraten. Lebensgefahr! Im roten Zentrum ist es von Mai bis Oktober am angenehmsten.

Sonnenhungrige Achtung: Das Ozonloch über Australien ist gefährlich groß. Nach Möglichkeit Hut oder Mütze tragen, für die Haut eine Sonnencreme mit sehr hohem Lichtschutzfaktor wählen.

Wetter
(siehe Karte Seite 8/9)

Gesundheit

Empfehlenswert ist eine Reisekrankenversicherung. In größeren Ortschaften gibt es 24-Stunden-Arztnotdienste. Medikamente – auch Aerogard (gegen Mücken, Fliegen) sowie Sonnenschutzcremes – gibt es beim *chemist*. Impfungen sind grundsätzlich nicht erforderlich.

Vorsicht, aber keine Panik: Schlangen und Spinnen

Während jahrelanger Reisen durch den australischen Busch habe ich kaum mehr als 30 lebende Schlangen gesehen. Es ist ratsam, vorsichtig zu sein, Ängstlichkeit ist jedoch fehl am Platz.

In unübersichtlichem Gelände oder bei Nacht sollte man kräftig auf den Boden treten. Schlangen spüren Vibrationen auf große Distanz und flüchten. Im dichten Gras ist ein Stock angebracht, mit dem man vor sich auf den Boden schlägt. Während der kühlen Stunden ist besondere Vorsicht geboten. Schlangen sind dann in ihrer Beweglichkeit beeinträchtigt. Wenn sie aber nicht fliehen können, greifen sie schon mal an.

Die meisten Schlangen sind Nachttiere. Abends sollte beim Buschcamping immer eine starke Taschenlampe benutzt werden, mit der der Boden sorgfältig abgeleuchtet wird.

Viele, die ein Lagerfeuer vorbereiten, greifen zuerst nach trockenen Blättern, um sie zum Anzünden zu benutzen. Vorsicht! Blätterhaufen sind beliebte Schlangenverstecke. In ihnen leben Mikroorganismen und Insekten, die Frösche und Lurche anlocken. Und wo die sind, ist eine Schlange nicht fern.

Vorsicht auch bei Spinnen. Der *funnel web spider* (z. B. in der Gegend von Sydney) und der *red back spider* zählen zu den gefährlichsten. Immer die Schuhe vor dem Anziehen ausschütteln, Steine, die zum Lagerfeuerbau aufgehoben werden sollen, kurz zuvor mit dem Fuß anstoßen. Darunter könnten Spinnen sein. Abends sollte man vermeiden, auf dem Boden zu sitzen; neben einer allgemeinen Kriechtieraktivität beginnt dann auch die große Zeit der Skorpione.

Gegen aggressive Fliegen verschafft das Spray »Aerogard« für kurze Zeit Schutz. Wer eine Buschwanderung plant oder besonders empfindlich ist, sollte sich schon zu Hause im Campingzubehör ein Gesichtsnetz, das über Hut oder Mütze gestülpt wird, besorgen.

Tipps rund ums Auto

Mietwagen unbedingt schon vom Heimatland aus reservieren. Besonders während der Hauptreisezeiten kann es sonst eng werden. Während der deutschen Sommerferien sowie zwischen Dezember und Januar werden auch Aussies vom Reisefieber gepackt.

Fahrerlaubnis: Der nationale Führerschein reicht aus. Im ganzen Land herrscht Linksverkehr. Ein kleines Schild »links fahren« am Armaturenbrett hilft anfangs über Umstellungsschwierigkeiten hinweg. Die Höchstgeschwindigkeit im Ortsverkehr beträgt zumeist 60 km/h und auf Land- und Fernstraßen, soweit keine andere Ausschilderung besteht, 100 km/h. Auf Hauptverkehrswegen in den Ballungsräumen wird kräftig geblitzt. Das Anlegen des Sicherheitsgurts ist Pflicht.

Australische Automobilklubs: Bei Vorlage der Mitgliedskarte eines europäischen Automobilklubs bekommt man Informationsmaterial wie z. B. Straßenkarten etc. gratis.

Unterwegs im Outback: Nachtfahrten sollten wegen frei laufender Känguruhs und Kühe unterbleiben. Große Kollisionsgefahr! Im entlegenen Outback immer ausreichend Treibstoff und Wasser mitführen. Eine Trinkwasserreserve von mindestens fünf Litern pro Person und Tag ist das Minimum. Grundregel: Bei einer Panne in der Nähe des Fahrzeugs im Schatten bleiben!

Unterkunft

Gut und preisgünstig sind Appartements mit Kochgelegenheit, Küchenutensilien, Fernseher, Kühlschrank und Wasserkocher. *Laundrys*, Selbstbedienungs-Waschsalons mit Trockengerät gibt es in jeder Art von Unterkunft.

Backpacker-Unterkünfte sind beliebt. Manche bieten die volle Palette vom Bett im Gemeinschaftszimmer für 15 A$ bis zum komfortablen Appartement.

Bed & Breakfast sind dem heimischen »Zimmer mit Frühstück« vergleichbar.

Farmaufenthalte: Wegen individueller Gästebetreuung preislich etwas höher als Hotelunterkünfte. Dafür kann man der Schafschur beiwohnen oder im Geländewagen Rinder besuchen.

Camping: Nationalparks bieten naturnahes Camping. Weit verbreitet sind private Plätze mit hohen Standards (z. B. Big 4): Elektrizität, warmes und kaltes Wasser, Dusche, WC, Waschmaschinen und Gasgrills. Faustformel für die Platzmiete: knapp halb so teuer wie in Deutschland. Auf fast allen *caravanparks* gibt es voll eingerichtete Mietwohnwagen oder Hütten (*cabins*), eine preisgünstige und beliebte Alternative zur Hotel-/Motelunterkunft. Im Voraus buchen – ggf. per Telefon oder Internet.

Essen und Trinken

Shrimps (Krabben) und Prawns (Garnelen) gibt es fangfrisch an der Küste. Emu-, Büffel- und Kängurufleisch setzt sich in Schlemmerlokalen durch. Der Barramundi ist die Fischdelikatesse des tropischen Nordens.

Das Barbecue (Grillen saftiger Steaks) ist eine nationale Leidenschaft.

Beer, der *number one drink*, wird eiskalt gekippt (z. B. Fosters, Victoria Bitter – »Vee Bee« – und Four X). Ausgezeichnet ist der

Wein aus dem südaustralischen Barossa Valley, andere Weinanbaugebiete sind z. B. Hunter Valley (New South Wales) und Yarra Valley (Victoria).

Alkoholische Getränke werden fast nur in *bottle shops* oder *liquor stores* verkauft. In Restaurants ohne Alkoholausschank deutet ein Schild BYO (*Bring Your Own*) darauf hin, dass man sich seinen eigenen Wein mitbringen kann.

Veranstaltungstipps

März: Australian Surf Lifesaving Championship: Wettkampf der Lebensretter an der Gold Coast.

Juni: Beer Can Regatta in Darwin. Typisch im Land des großen Durstes – Boote aus geleerten Bierdosen stechen in See.

November: Melbourne Cup. Das Leben steht still, wenn am 1. Novemberdienstag das berühmteste Pferderennen des Kontinents stattfindet.

Dezember: Sydney to Hobart Yacht Race: Spektakuläres Hochseerennen zwischen Sydney und der tasmanischen Hauptstadt.

Begegnungen mit Aborigines

Barunga Festival: Im Juni. Rund 4000 Aborigines versammeln sich in Barunga, 80 km südöstlich von Katherine. U. a. Bumerang- und Speerwurfwettkämpfe. Traditionelle Tänze. Dauer: 4 Tage.

Mala Walk: Im Uluru-Kata-Tjuta-Nationalpark, Informationen: Uluru Cultural Centre.

Dreamtime Tour, Alice Springs: Informative Einführung in die Lebensart der Aborigines, Rod Steinert Tours.

**NATIONAL GEOGRAPHIC
ADVENTURE PRESS**

GO DOWN UNDER!

REISEN · MENSCHEN · ABENTEUER

Michèle Decoust
Träume auf roter Erde
Eine Begegnung mit Australien
ISBN 3-442-71141-X
Ab Mai 2002

Michèle Decoust kehrt nach Australien zurück, dem Ziel ihrer Sehnsucht und ihrer Träume. Diesmal dringt sie mit dem Jeep bis ins Gebiet der Aborigines vor. Erst hier lernt sie dieses Land wirklich zu verstehen ...

Roff Smith
Eiskaltes Bier und Krokodile
Mit dem Fahrrad durch Australien
ISBN 3-442-71180-0
Ab Juni 2002

Nach 15 Jahren in Australien stellt der Amerikaner Roff Smith fest, dass er das Land weder richtig kennt noch liebt. Eine Entscheidung steht an. Er kündigt, packt ein Rad und macht sich auf den Weg: Einmal rundherum. Doch das ist bekanntlich ein ganzer Kontinent ...

John B. Haviland/Roger Hart
Rückkehr zu den Ahnen
Ein Aborigine erzählt ...
ISBN 3-442-71171-1
Ab Juli 2002

Australien, ganz unten: Die Geschichte des letzten Überlebenden eines Aborigine-Clans, der von den Weißen ausgelöscht wurde. Aus Erinnerungen, Gesprächen, Mythen, Diskussionen entsteht das faszinierende Bild einer untergegangenen Welt, ihrer Sprache, ihrer Kultur.

So spannend wie die Welt.

NATIONAL GEOGRAPHIC

**NATIONAL GEOGRAPHIC
ADVENTURE PRESS**

Wieder unterwegs

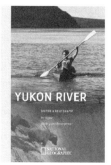

Dieter Kreutzkamp
Yukon River
Im Kajak allein zum Beringmeer
ISBN 3-442-71146-0

Yukon River – der Name weckt Erinnerungen an den Goldrausch und die Romane von Jack London. Über 3.000 Kilometer legt der Autor mit dem Kajak auf diesem reißenden Strom zurück und begegnet Lachsfängern, Flößern und Indianern.

Carmen Rohrbach
Im Reich der Königin von Saba
Auf Karawanenwegen im Jemen
ISBN 3-442-71179-7

Nach Erfahrungen auf allen Kontinenten beschließt die Abenteurerin Carmen Rohrbach, sich den Traum ihrer Kindheit zu erfüllen: Allein durch den geheimnisvollen Jemen. Mit viel Intuition und Hintergrundwissen schildert sie das Leben der Menschen, vor allem der Frauen.

Christian E. Hannig
Unter den Schwingen des Condor
Rad-Abenteuer zwischen Anden und Pazifik
ISBN 3-442-71133-9

Mit dem Fahrrad ins Abenteuer: Auf seiner Fahrt von Bolivien über die Anden bis nach Lima schließt der Autor Freundschaft mit Indios, gerät in einen Rebellenaufstand und begibt sich auf die geheimnisvollen Spuren der Inka.

So spannend wie die Welt.

**NATIONAL GEOGRAPHIC
ADVENTURE PRESS**

Über alle Berge

REISEN · MENSCHEN · ABENTEUER

Philip Temple
Schnee über dem Regenwald
Mit Heinrich Harrer auf den Gipfeln Neuguineas
ISBN 3-442-71194-0

Neuguinea 1962: Zusammen mit dem berühmten Bergsteiger Heinrich Harrer dringt der Autor in die faszinierende Dschungel- und Bergwelt Neuguineas vor. Ohne Kartenmaterial erforschen sie Regionen, die bis dahin noch kein Weißer betreten hat.

Franjo Terhart
Unentdeckte Pyrenäen
Auf alten Schäferpfaden durch das Land der Katharer
ISBN 3-442-71169-X

Es gibt sie noch: Schäfer, die mit ihren Herden auf uralten Pfaden wandern. Franjo Terhart hat einen von ihnen durch die Pyrenäen begleitet. Ein Streifzug durch eine an Kultur- und Naturschätzen, an Geschichte und Mystik unerhört reiche Landschaft.

Heidi Howkins
Herausforderung K2
Eine Frau auf dem Weg zum Gipfel
ISBN 3-442-71201-7

Die erste Amerikanerin auf dem K2: Heidi Howkins bezwingt den berüchtigten Achttausender im klassischen alpinen Stil – ohne Träger, ohne aufwändiges Basislager, ohne modernes Equipment. Ein mitreißender Bericht über den Kampf einer Bergsteigerin gegen Fels und Eis.

So spannend wie die Welt.

NATIONAL GEOGRAPHIC
ADVENTURE PRESS

Gott und die Welt

REISEN · MENSCHEN · ABENTEUER

Hajo Bergmann
Das Fest der Derwische
Unterwegs zu den Wurzeln islamischer Mystik
Mit einem Vorwort von Annemarie Schimmel
ISBN 3-442-71197-5

Ein Derwischfest im unzugänglichen Südwesten Pakistans zieht den Filmautor Hajo Bergmann in seinen Bann. Er folgt den Spuren des Sufismus und erfährt die leidenschaftliche, undogmatische Welt islamischer Mystik.

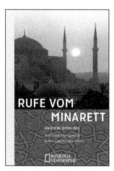

Andrew Dowling
Rufe vom Minarett
Auf Entdeckungsreise durch Länder des Islam
ISBN 3-442-71184-3

Im fundamentalistisch geprägten Iran, in den Republiken der ehemaligen Sowjetunion, in Pakistan und Bangladesch – neun Monate lang sucht Dowling die Begegnung mit den Menschen vor Ort, um die Religion und Kultur des Islam kennen zu lernen.

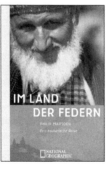

Philip Marsden
Im Land der Federn
Eine kaukasische Reise
ISBN 3-442-71187-8

Skythen, Kosaken, Molokanen und Adygier – klangvolle Namen aus der fremden Welt des Kaukasus. Auf der Suche nach uralten Volksstämmen im "Land der Federn" begegnet der Autor Menschen, die sich trotz härtester Existenzbedingungen ihren Glauben an die Zukunft bewahrt haben.

So spannend wie die Welt.

NATIONAL GEOGRAPHIC   GOLDMANN

**NATIONAL GEOGRAPHIC
ADVENTURE PRESS**

Leinen los!

W. Hodding Carter
Wie die Wikinger
Von der verrückten Idee zur abenteuerlichen Fahrt
ISBN 3-442-71199-1

Kontiki? – Das war gestern. Heute segelt der amerikanische Abenteurer W. Hodding Carter auf den Spuren des Wikingers Leif Eriksson durch die eisigen Gewässer des Ozeans – mit "Snorri", dem originalgetreuen Nachbau eines Wikinger-schiffs.

Dea Birkett
Jella
Allein unter Männern auf dem Schiff von Lagos nach Liverpool
ISBN 3-442-71156-8

Die Welt entdecken, zur See fahren – reine Männersache? Nicht für Dea Birkett. Sie heuert auf der "Minos" an, als einzige Frau unter lauter rauen Kerlen denen sie rasch beweist, dass sie seetüchtig, wind- und wetterfest ist.

Patrice Franceschi
Die Odyssee der "La Boudeuse"
Abenteuerreisen auf einer Hochseedschunke
ISBN 3-442-71195-9

Auf einer Hochseedschunke in indonesischen Gewässern: Die Besatzung des Forschungsschiffes "La Boudeuse" ist fasziniert und verzaubert von der Inselwelt Indonesiens. Die Reise führt sie zum Stamm der Sakuddei und zu der überwältigenden Höhlenlandschaft der Sungai Bai auf Borneo ...

So spannend wie die Welt.

REISEN · MENSCHEN · ABENTEUER

**NATIONAL GEOGRAPHIC
ADVENTURE PRESS**

Manche mögen's weiß

Jean-Louis Etienne
Zauberwelt Arktis
Abenteuer im Polareis
ISBN 3-442-71189-4

Enthusiasmus, Poesie und die Lust am Abenteuer prägen die Schilderungen des berühmten Polarforschers Jean-Louis Etienne. Abenteuerbericht und Resümee zugleich, lässt dieses Buch vor unseren Augen ein zerbrechliches Universum von sensationeller Schönheit entstehen.

Richard Parry
Die Männer der Polaris
Die wahre Geschichte der tragischen
Arktis-Expedition von 1871
ISBN 3-442-71183-5

Mord und Kannibalismus – ist dies die Bilanz der letzten Nordpolexpedition von Charles Francis Hall? Doch was 1871 unter scheinbar besten Voraussetzungen beginnt, endet bald in einer Spirale aus Missgunst und Verrat ...

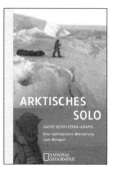

David Hempleman-Adams
Arktisches Solo
Eine spektakuläre Wanderung zum Nordpol
ISBN 3-442-71196-7

Alle Wege führen nach Norden: Unter diesem Motto macht sich der Abenteurer David Hempleman-Adams auf den riskanten und beschwerlichen Marsch durch das ewige Eis der Arktis zum Nordpol. Ein dramatisches und fesselndes Soloabenteuer auf Skiern.

So spannend wie die Welt.

REISEN · MENSCHEN · ABENTEUER

**NATIONAL GEOGRAPHIC
ADVENTURE PRESS**

Auf alten Pfaden

Karin Muller
Entlang der Inka-Straße
Eine Frau bereist ein ehemaliges Weltreich
ISBN 3-442-71164-9

Das Straßennetz der Inka, mit dessen Hilfe sie ihr Riesenreich kontrollierten, ist legendär – und wenig bekannt. Zu Fuß erkundet Karin Muller die alten Routen von Ecuador bis nach Chile. Ein Forschungs- und Reisebericht zugleich, packend und humorvoll geschrieben.

Eberhard Neubronner
Das Schwarze Tal
Unterwegs in den Bergen des Piemont
Mit einem Vorwort von Reinhold Messner
ISBN 3-442-71178-9

Nur eine Autostunde von Turin scheint die Welt eine andere zu sein: aufgegebene Dörfer, verlassene Täler in den piemontesischen Alpen. Unsentimental und doch poetisch schildert Neubronner die wildromantische Landschaft und die Menschen, die in ihr leben.

Jean Lescuyer
Pilgern ins Gelobte Land
Zu Fuß und ohne Geld von Frankreich nach Jerusalem
ISBN 3-442-71167-3

Eine Pilgerreise, die kaum zu überbieten ist: Zu Fuß von Lourdes nach Jerusalem, ohne Geld und mit viel Gottvertrauen.
Acht Monate Zweifel und Gefahren, aber auch beglückende Erfahrungen und berührende Begegnungen.

So spannend wie die Welt.

REISEN · MENSCHEN · ABENTEUER

NATIONAL GEOGRAPHIC

GOLDMANN

**NATIONAL GEOGRAPHIC
ADVENTURE PRESS**

Frisch aus dem Wok

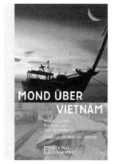

Maria Coffey
Mond über Vietnam
Streifzüge mit Boot und Fahrrad
ISBN 3-442-71166-5

Vom Mekong-Delta im Süden bis zum Roten Fluss im Norden bereist Maria Coffey drei Monate lang vor allem die Küste Vietnams. Tradition und Moderne, Kriegstrauma und Alltag: die sensible Schilderung eines Landes im Umbruch.

Judy Schultz
Im Land des Himmelsdrachen
Impressionen aus China
ISBN 3-442-71170-3

Wohl wenige Länder haben sich in den letzten 20 Jahren so gewandelt wie China. Judy Schultz erfasst diese Zeitspanne in mehreren Reisen. Genau beobachtend und mit offenem Sinn, muss sie immer wieder feststellen: die Realität ist anders als ihre Vorstellungen.

Josie Dew
Tour de Nippon
Mit dem Fahrrad allein durch Japan
ISBN 3-442-71174-6

Josie Dew ist nicht unterzukriegen: Seit Jahren radelt die Engländerin durch die Welt und berichtet davon auf humorvolle Weise. Diesmal erkundet sie Japan – und ihre Schilderungen von Land und Leuten sind so spannend wie ihre Reiseerlebnisse.

REISEN · MENSCHEN · ABENTEUER

So spannend wie die Welt.

NATIONAL GEOGRAPHIC

GOLDMANN